"十三五"国家重点图书出版规划项目

新版《列国志》与《国际组织志》联合编辑委员会

主　　任	谢伏瞻					
副 主 任	李培林	蔡　昉				
秘 书 长	马　援	谢寿光				

委　　员（按姓氏音序排列）

陈东晓	陈　甦	陈志敏	陈众议	冯仲平	郝　平	黄　平
贾烈英	姜　锋	李安山	李晨阳	李东燕	李国强	李剑鸣
李绍先	李向阳	李永全	刘北成	刘德斌	刘新成	罗　林
彭　龙	钱乘旦	秦亚青	饶戈平	孙壮志	汪朝光	王　镭
王灵桂	王延中	王　正	吴白乙	邢广程	杨伯江	杨　光
于洪君	袁东振	张倩红	张宇燕	张蕴岭	赵忠秀	郑秉文
郑春荣	周　弘	庄国土	卓新平	邹治波		

列国志 新版

GUIDE TO THE WORLD NATIONS

王涛 曹峰毓 编著

MAURITIUS

毛里求斯

社会科学文献出版社
SOCIAL SCIENCES ACADEMIC PRESS (CHINA)

毛里求斯
MAURITIUS

东经E58

印度洋 INDIAN OCEAN

塞尔邦岛　圆岛
弗拉特岛　　　Round I.
Flat I.　加布里埃尔岛
冈纳斯科因岛
马勒勒角　Gunner's Quoin I.

格朗德贝
特里奥莱
Triolet
路易港　阿普拉瓦　贝勒维莫雷勒
PORT LOUIS　西卡德区
博巴森　　　　弗拉克中心村
Beau Bassin
罗斯希尔Rose Hill　毛里求斯
居尔皮普　　　塞尔夫群岛
Curepipe　MAURITIUS
拉米瓦
莫尔纳岛　小黑河峰
　　　▲827　马埃堡
莫尔纳山　尤宁韦尔
西南角　　Union Vale
　　　苏里南村　苏亚克

N

毛里求斯国旗

毛里求斯国徽

国家历史博物馆

邮政博物馆

阿德莱德堡

毛里求斯大学

毛里求斯政府大楼

伯特兰·弗朗索瓦·马埃·德·拉布尔多内马雕像

马埃堡地方法院

西沃萨古尔·拉姆古兰爵士纪念碑

路易港的中国城

科当水门

红顶教堂

路易港街景

朗帕河区海滨

庞波慕斯植物园的亚马逊王莲

出版说明

《列国志》编撰出版工作自1999年正式启动，截至目前，已出版144卷，涵盖世界五大洲163个国家和国际组织，成为中国出版史上第一套百科全书式的大型国际知识参考书。该套丛书自出版以来，受到社会各界的广泛好评，被誉为"21世纪的《海国图志》"，中国人了解外部世界的全景式"窗口"。

这项凝聚着近千学人、出版人心血与期盼的工程，前后历时十多年，作为此项工作的组织实施者，我们为这皇皇144卷《列国志》的出版深感欣慰。与此同时，我们也深刻认识到当今国际形势风云变幻，国家发展日新月异，人们了解世界各国最新动态的需要也更为迫切。鉴于此，为使《列国志》丛书能够不断补充最新资料，更好地服务于社会各界，我们决定启动新版《列国志》编撰出版工作。

与已出版的144卷《列国志》相比，新版《列国志》无论是形式还是内容都有新的调整。国际组织卷次将单独作为一个系列编撰出版，原来合并出版的国家将独立成书，而之前尚未出版的国家都将增补齐全。新版《列国志》的封面设计、版面设计更加新颖，力求带给读者更好的阅读享受。内容上的调整主要体现在数据的更新、最新情况的增补以及章节设置的变化等方面，目的在于进一步加强该套丛书将基础研究和应用对策研究相结合，将基础研究成果应用于实践的特色。例如，增加

毛里求斯

了各国有关资源开发、环境治理的内容；特设"社会"一章，介绍各国的国民生活情况、社会管理经验以及存在的社会问题，等等；增设"大事纪年"，方便读者在短时间内熟悉各国的发展线索；增设"索引"，便于读者根据人名、地名、关键词查找所需相关信息。

顺应时代发展的要求，新版《列国志》将以纸质书为基础，全面整合国别国际问题研究资源，构建列国志数据库。这是《列国志》在新时期发展的一个重大突破，由此形成的国别国际问题研究与知识服务平台，必将更好地服务于中央和地方政府部门应对日益繁杂的国际事务的决策需要，促进国别国际问题研究领域的学术交流，拓宽中国民众的国际视野。

新版《列国志》的编撰出版工作得到了各方的支持：国家主管部门高度重视，将其列入"'十二五'国家重点图书出版规划项目"；中国社会科学院将其列为创新工程学术出版资助项目，王伟光院长亲自担任编辑委员会主任，指导相关工作的开展；国内各高校和研究机构鼎力相助，国别国际问题研究领域的知名学者相继加入编辑委员会，提供优质的学术指导。相信在各方的通力合作之下，新版《列国志》必将更上一层楼，以崭新的面貌呈现给读者，在中国改革开放的新征程中更好地发挥其作为"知识向导"、"资政参考"和"文化桥梁"的作用！

新版《列国志》编辑委员会
2013 年 9 月

前　言

　　自1840年前后中国被迫开关、步入世界以来，对外国舆地政情的了解即应时而起。还在第一次鸦片战争期间，受林则徐之托，1842年魏源编辑刊刻了近代中国首部介绍当时世界主要国家舆地政情的大型志书《海国图志》。林、魏之目的是为长期生活在闭关锁国之中、对外部世界知之甚少的国人"睁眼看世界"，提供一部基本的参考资料，尤其是让当时中国的各级统治者知道"天朝上国"之外的天地，学习西方的科学技术，"师夷之长技以制夷"。这部著作，在当时乃至其后相当长一段时间内，产生过巨大影响，对国人了解外部世界起到了积极的作用。

　　自那时起中国认识世界、融入世界的步伐就再也没有停止过。中华人民共和国成立以后，尤其是1978年改革开放以来，中国更以主动的自信自强的积极姿态，加速融入世界的步伐。与之相适应，不同时期先后出版过相当数量的不同层次的有关国际问题、列国政情、异域风俗等方面的著作，数量之多，可谓汗牛充栋。它们对时人了解外部世界起到了积极的作用。

　　当今世界，资本与现代科技正以前所未有的速度与广度在国际流动和传播，"全球化"浪潮席卷世界各地，极大地影响着世界历史进程，对中国的发展也产生极其深刻的影响。面临不同以往的"大变局"，中国已经并将继续以更开放的姿态、更快的步伐全面步入世界，迎接时代的挑战。不同的是，我们所面

临的已不是林则徐、魏源时代要不要"睁眼看世界"、要不要"开放"的问题，而是在新的历史条件下，在新的世界发展大势下，如何更好地步入世界，如何在融入世界的进程中更好地维护民族国家的主权与独立，积极参与国际事务，为维护世界和平，促进世界与人类共同发展做出贡献。这就要求我们对外部世界有比以往更深切、全面的了解，我们只有更全面、更深入地了解世界，才能在更高的层次上融入世界，也才能在融入世界的进程中不迷失方向，保持自我。

与此时代要求相比，已有的种种有关介绍、论述各国史地政情的著述，无论就规模还是内容来看，已远远不能适应我们了解外部世界的要求。人们期盼有更新、更系统、更权威的著作问世。

中国社会科学院作为国家哲学社会科学的最高研究机构和国际问题综合研究中心，有11个专门研究国际问题和外国问题的研究所，学科门类齐全，研究力量雄厚，有能力也有责任担当这一重任。早在20世纪90年代初，中国社会科学院的领导和中国社会科学出版社就提出编撰"简明国际百科全书"的设想。1993年3月11日，时任中国社会科学院院长的胡绳先生在科研局的一份报告上批示："我想，国际片各所可考虑出一套列国志，体例类似几年前出的《简明中国百科全书》，以一国（美、日、英、法等）或几个国家（北欧各国、印支各国）为一册，请考虑可行否。"

中国社会科学院科研局根据胡绳院长的批示，在调查研究的基础上，于1994年2月28日发出《关于编纂〈简明国际百科全书〉和〈列国志〉立项的通报》。《列国志》和《简明国际百科全书》一起被列为中国社会科学院重点项目。按照当时的计划，首先编写《简明国际百科全书》，待这一项目完成后，再着手编写《列国志》。

1998年，率先完成《简明国际百科全书》有关卷编写任务的研究所开始了《列国志》的编写工作。随后，其他研究所也陆续启动这一项目。为了保证《列国志》这套大型丛书的高质量，科研局和社会科学文献出版社于1999年1月27日召开国际学科片各研究所及世界历史研究所负责人会议，讨论了这套大型丛书的编写大纲及基本要求。根据会议精神，科研局随后印发了《关于〈列国志〉编写工作有关事项的通知》，陆续为启动项目拨付研究经费。

为了加强对《列国志》项目编撰出版工作的组织协调，根据时任中国社会科学院院长的李铁映同志的提议，2002年8月，成立了由分管国际学科片的陈佳贵副院长为主任的《列国志》编辑委员会。编委会成员包括国际片各研究所、科研局、研究生院及社会科学文献出版社等部门的主要领导及有关同志。科研局和社会科学文献出版社组成《列国志》项目工作组，社会科学文献出版社成立了《列国志》工作室。同年，《列国志》项目被批准为中国社会科学院重大课题，新闻出版总署将《列国志》项目列入国家重点图书出版计划。

在《列国志》编辑委员会的领导下，《列国志》各承担单位尤其是各位学者加快了编撰进度。作为一项大型研究项目和大型丛书，编委会对《列国志》提出的基本要求是：资料翔实、准确、最新，文笔流畅，学术性和可读性兼备。《列国志》之所以强调学术性，是因为这套丛书不是一般的"手册""概览"，而是在尽可能吸收前人成果的基础上，体现专家学者们的研究所得和个人见解。正因为如此，《列国志》在强调基本要求的同时，本着文责自负的原则，没有对各卷的具体内容及学术观点强行统一。应当指出，参加这一浩繁工程的，除了中国社会科学院的专业科研人员以外，还有院外的一些在该领域颇有研究的专家学者。

现在凝聚着数百位专家学者心血，共计141卷，涵盖了当今世界151个国家和地区以及数十个主要国际组织的《列国志》丛书，将陆续出版与广大读者见面。我们希望这样一套大型丛书，能为各级干部了解、认识当代世界各国及主要国际组织的情况，了解世界发展趋势，把握时代发展脉络，提供有益的帮助；希望它能成为我国外交外事工作者、国际经贸企业及日渐增多的广大出国公民和旅游者走向世界的忠实"向导"，引领其步入更广阔的世界；希望它在帮助中国人民认识世界的同时，也能够架起世界各国人民认识中国的一座"桥梁"，一座中国走向世界、世界走向中国的"桥梁"。

《列国志》编辑委员会

2003年6月

导　言

毛里求斯是位于非洲东南部、印度洋上的小岛屿国家，国土面积只相当于北京市的1/8，是一个名副其实的"袖珍国家"。自1968年独立以来，毛里求斯较为成功地克服了族裔间矛盾，改变了单一作物经济格局，在较好地保持与外部世界关系的基础上，实现了国家的平稳发展，在非洲独树一帜。甚至国人在提及毛里求斯时，也更多抱持正面观感，与非洲国家有关的一些负面标签往往不会与毛里求斯联系到一起。

毛里求斯确实与非洲多数国家有所差异，这些差异使毛里求斯在某种意义上成为非洲国家发展中的一个"另类"。这里仅举一例。多数非洲国家都有原住民，如广泛分布于非洲大陆诸国的黑人群体。黑人创造了属于自己的文明，拥有自己的文化、习俗。欧洲殖民者输入非洲的西方体制与本土黑人文明发生碰撞，难免"水土不服"。现有许多非洲国家的国家边界、国家体制、国名都是欧洲人赋予的。非洲国家在独立后就必须要解决根基不牢的"新建国家"的生存与合法性问题。在这一探索过程中，失败在所难免，表现为各种政治、经济、社会中的"乱象"。而毛里求斯是一个没有原住民的无人岛，欧洲殖民者就是来此定居的最早的"原住民"。随着欧洲人在岛上经济活动的开展，非裔、印裔、华裔等多元族群纷纷会聚于此，形成一个典型的移民国家。在居民人数上，印裔占据多数；在政治上，欧洲人在独立前掌握着主导权。大多数非洲国家经历的殖民统治只有半个多世纪，殖民者对非洲破坏有余、建设不足，便匆匆撤离。而从1638年起，毛里求斯便先后成为荷兰、法国、英国的殖民地，殖民历史长达300多年，比其作为独立国家的历史要长得多。殖民统治对毛里求斯的影响自然也更为深远，除了消极影响外，积极的影响也值得重

视，如完备而成熟的制度基础，较为发达的教育等。这些差异或许有助于我们理解毛里求斯何以与多数非洲国家不同。

不过，非洲有多个小岛屿国家，情况也并不完全都像毛里求斯这般。小岛屿国家并不全都因孤悬海外的地理位置，以及人口少、面积小，而易于保持稳定和发展。即使如毛里求斯一样的纯移民小岛国，虽然也经历了较长时间的殖民统治，但不稳定的国家也比比皆是，如圣多美和普林西比、科摩罗。后者甚至还是非洲最贫穷的国家之一。因此，毛里求斯为何稳定与富庶，恐怕还要考虑其他因素。本书尽可能搜集、整理了与毛里求斯有关的各方面资料（多数数据截至2016~2017年，少数数据更新到2018年），王涛撰写了第一、二、三、四章，曹峰毓撰写了第五、六、七、八章内容。王涛最后对全书进行了统稿，相信读者从中可以发现更多有关毛里求斯成功的"秘密"。

毛里求斯自1972年同中国建交以来，两国政治关系发展平稳，经贸联系日益密切，文化水乳交融。尤其值得注意的是，毛里求斯是唯一将春节定为法定假日的非洲国家。随着2003年中国政府宣布毛里求斯成为中国公民自费出境旅游目的地国，2013年两国签署《中华人民共和国政府和毛里求斯共和国政府关于互免签证的协定》，毛里求斯也将日益成为富起来的国人"海外游"的重要选择。目前，香港、上海、广州、成都四个城市已开设了直通毛里求斯的航班，期待未来会有更多国人有机会实地感受毛里求斯的魅力。

本书在撰写过程中，曾得到北京大学李安山教授、毛里求斯伊甸园旅游文化公司董事长冯景广先生的具体指导与帮助，特此致谢。同时也要感谢编辑老师认真的编辑，帮我们避免了许多错误。

王　涛
2018年6月27日于云南大学映秋院

CONTENTS
目 录

第一章 概　　览 / 1

　第一节　国土与人口 / 1

　　一　地理位置 / 1

　　二　国土面积 / 1

　　三　地形与气候 / 2

　　四　行政区划 / 3

　　五　人口、民族、语言 / 5

　　六　国旗、国徽、国歌 / 8

　第二节　民俗与宗教 / 11

　　一　民俗 / 11

　　二　节日 / 13

　　三　宗教 / 15

　第三节　特色资源 / 16

　　一　游览胜地 / 16

　　二　著名城市 / 18

　　三　稀有生物 / 23

第二章 历　　史 / 27

　第一节　古代与近代史 / 27

　　一　早期人类活动与荷兰殖民时期 / 27

　　二　法国殖民时期 / 30

CONTENTS
目 录

　　三　英国殖民时期 / 34

第二节　现当代史 / 43

　　一　君主立宪时期 / 43

　　二　共和国时期 / 49

第三节　著名历史人物 / 55

　　一　马埃·德·拉布尔多内马 / 55

　　二　西沃萨古尔·拉姆古兰 / 57

　　三　阿内罗德·贾格纳特 / 59

　　四　保罗·贝仁格 / 61

　　五　朱梅麟 / 62

第三章　政　　治 / 65

第一节　宪法与选举制度 / 65

　　一　宪法与选举制度的发展 / 65

　　二　现行宪法与选举制度 / 68

第二节　国家形式 / 70

　　一　国体与政体 / 70

　　二　国家元首 / 71

第三节　行政 / 73

　　一　中央行政机构 / 73

　　二　地方行政机构 / 76

第四节　立法 / 82

CONTENTS 目录

　　一　国民议会的权限 / 82

　　二　国民议会的组织结构 / 83

　　三　国民议会的运作 / 86

第五节　司法 / 88

　　一　司法体系的发展 / 88

　　二　现行司法体系 / 89

第六节　政党、团体 / 93

　　一　政党 / 93

　　二　毛里求斯历次议会选举结果 / 95

　　三　团体 / 100

第四章　经　济 / 105

第一节　概述 / 105

　　一　经济发展简史 / 105

　　二　经济发展战略 / 112

第二节　农业 / 114

　　一　甘蔗 / 114

　　二　茶叶 / 117

　　三　食品作物 / 119

　　四　畜牧业 / 120

　　五　渔业 / 120

第三节　工业 / 122

　　一　制糖业 / 122

CONTENTS
目 录

  二　纺织服装业 / 124

第四节　商业、服务业 / 126

  一　商业 / 129

  二　旅游业 / 135

第五节　交通运输、邮电通信 / 139

  一　交通运输 / 139

  二　邮电通信 / 144

第六节　财政、金融 / 147

  一　财政 / 147

  二　金融 / 152

第七节　对外经济关系 / 156

  一　对外贸易 / 156

  二　投资 / 162

第五章　军　　事 / 169

第一节　武装力量简史 / 169

第二节　国防体制 / 172

  一　领导体制与组织架构 / 172

  二　国防支出 / 174

第三节　武装力量 / 176

第四节　对外军事关系 / 177

第六章　社　　会 / 181

第一节　国民生活 / 181

CONTENTS
目 录

  一 就　业 / 182

  二 收入与消费 / 188

  三 物　价 / 199

  四 住　房 / 203

  五 社会保障与福利 / 210

  六 移　民 / 220

 第二节 医疗卫生 / 225

  一 医疗卫生体系发展历程 / 225

  二 医疗卫生现状 / 227

  三 医学科学研究 / 232

 第三节 环境保护 / 234

  一 环境保护现状 / 234

  二 环境保护机制 / 236

第七章 文　　化 / 239

 第一节 教育、科研 / 239

  一 教育简史 / 239

  二 现行教育制度 / 242

  三 教育概况 / 248

  四 科学研究 / 253

 第二节 文学艺术 / 255

  一 文　学 / 255

  二 音乐与美术 / 261

CONTENTS
目 录

　　三　文化设施 / 263

第三节　体育 / 270

　　一　体育发展概况与主要体育组织 / 270

　　二　体育参与 / 274

　　三　体育设施 / 277

第五节　新闻出版 / 279

　　一　纸质媒体 / 279

　　二　广播电视媒体 / 281

第八章　外　交 / 285

第一节　外交概况 / 285

　　一　外交历史 / 285

　　二　外交现状 / 286

　　三　外交机制 / 288

第二节　同法国的关系 / 290

第三节　同英国的关系 / 294

第四节　同印度的关系 / 296

第五节　同美国的关系 / 299

第六节　同周边国家的关系 / 301

　　一　同南非的关系 / 301

　　二　同其他周边国家的关系 / 303

第七节　同主要国际组织的关系 / 306

　　一　同联合国的关系 / 306

目录

　　二　同非洲联盟的关系 / 308

第八节　同中国的关系 / 309

　　一　历史回顾 / 309

　　二　政治交往现状 / 311

　　三　经贸、文化往来 / 314

大事纪年 / 317

参考文献 / 321

索　引 / 325

第一章
概　览

第一节　国土与人口

一　地理位置

毛里求斯共和国位于西南印度洋上，在东经57°18′~57°46′，南纬19°50′~20°32′，由一系列岛屿组成。其中，最大的岛屿是毛里求斯岛（The Island of Mauritius），距离留尼汪岛（Reunion Island）160公里，距离马达加斯加岛（Madagascar Island）约800公里，距离非洲大陆东海岸约2200公里，距离澳大利亚约4827公里；罗德里格斯岛（Rodrigues Island）为毛里求斯第二大岛，位于毛里求斯岛以东560公里处；阿加莱加群岛（Agalega Islands）位于毛里求斯岛以北1100公里处。此外，毛里求斯还拥有圣布兰登群岛（St. Brandon Islands）、查戈斯群岛（Chagos Archipelago）和特罗姆兰岛（Tromelin Island）等100多个小岛和礁石。

二　国土面积

毛里求斯国土面积2040平方公里，只相当于北京市的1/8，是一个名副其实的"袖珍国家"。其中，主岛毛里求斯岛面积为1865平方公里。其南北长50公里，东西长40公里。如果驱车环岛行驶，不到一天的时间就可以逛遍全岛。罗德里格斯岛面积为108平方公里，阿加莱加群岛面积为 26 平方公里，其他属岛总面积 41 平方公里。[①]

毛里求斯的领海 12 海里。此外，毛里求斯还拥有 200 海里的专属经济区。

三 地形与气候

（一）地形

毛里求斯岛由火山爆发形成，地形较为复杂。该岛浅海地区被珊瑚礁环绕；沿海地区主要为平原，东部与北部的宽度都超过 16 公里，而西部与南部则相对狭窄；中部为高原，地形复杂，包括大港（Grand Port）山脉、黑河（Black River）山脉和莫卡山脉（Moka Range），平均海拔 600 米。其中，最高峰为小黑河峰（Piton de la Petite Riviere Noire），海拔 826 米。毛里求斯岛上的河流短小，其中东南大河（Grand River South East）最长，约 34 公里。罗德里格斯岛由火山爆发形成，全岛被珊瑚礁环绕，最高点海拔 355 米。

（二）气候

毛里求斯位于南回归线附近，属亚热带海洋性气候。由于靠近赤道，毛里求斯几乎是受阳光直射且日照时间特别长。寒冷的天气在毛里求斯极为少见，气温在 10℃ 以下的天气几乎没有。由于远离大陆，毛里求斯常年受到东南季风的影响，且时常受到热带气旋的侵袭。全年分为旱、雨两季：11 月至次年 4 月为雨季，季风与热带气旋会带来大量降雨，甚至造成洪涝灾害；雨季毛里求斯沿海平均气温 30℃，中部高原平均气温 22℃，海水平均温度约为 27℃。5 月～10 月为旱季，此时的降雨多半是地形雨，降雨量随着地势的升高而增加；旱季毛里求斯沿海平均气温 34℃，中部高原平均气温 19℃，海水平均温度约为 22℃（参见表 1 - 1）。总体而言，毛里求斯全年雨量充沛但分布不均，中部高原的年平均降雨量为 5080 毫米，西海岸为 1010 毫米，东海岸为 1900 毫米。[②]

[①] 中国银行股份有限公司、社会科学文献出版社编《毛里求斯》，社会科学文献出版社，2016，第 11 页。

[②] 中国银行股份有限公司、社会科学文献出版社编《毛里求斯》，社会科学文献出版社，2016，第 16 页。

值得一提的是，毛里求斯是世界上空气质量最好的国家之一，在世界卫生组织公布的全球空气质量排名中列第 2 位。

表 1-1 毛里求斯气温、降水

	1 月	2 月	3 月	4 月	5 月	6 月	7 月	8 月	9 月	10 月	11 月	12 月
平均最高温(℃)	30	30	30	29	27	25	25	25	26	27	29	29
平均最低温(℃)	22	22	22	21	19	17	17	16	17	18	20	21
平均海水温度(℃)	28	28	28	27	26	25	24	23	23	24	25	27
平均降雨量(毫米)	235	242	191	171	97	83	83	76	54	50	66	162

资料来源："Mauritius Climate Guide"，weather2travel，2016，http://www.weather2travel.com/climate-guides/mauritius/。

四 行政区划

毛里求斯本岛共分为 9 个区，其中路易港（Port Louis）为毛里求斯首都。具体行政区划见表 1-2。

表 1-2 毛里求斯岛行政区划

序号	地区	首府	面积(平方公里)
1	黑河区(Black River District)	巴姆布斯(Bambous)	259
2	弗拉克区(Flacq)	弗拉克中心村(Centre de Flacq)	298
3	大港区(Grand Port)	马可邦(Mahébourg)	259
4	莫卡区(Moka)	军营村(Quartier Militaire)	221
5	庞波慕斯区(Pamplemousses)	特里奥莱(Triolet)	179
6	威廉平原区(Plaines Wilhems)	罗斯希尔(Rose Hill)	205
7	路易港(Port Louis)	路易港	42.7
8	朗帕河区(Rivière du Rempart)	马普(Mapou)	148
9	萨凡纳区(Savanne)	苏亚克(Souillac)	259

毛里求斯

罗德里格斯岛分为 14 个区（见表 1-3），首府为马特琳港（Port Mathurin）。该岛在 2002 年 10 月获得自治权。目前罗德里格斯岛的外交、国防、安全事务由中央政府负责，而教育、卫生等领域事务由罗德里格斯岛地方政府负责。

表 1-3 罗德里格斯岛 14 个区

序号	地区
1	辣椒田-黄玉湾（Piments-Baie Topaze）
2	农场（La Ferme）
3	马尔加什湾（Baie Malgache）
4	牡蛎湾（Oyster Bay）
5	马特琳港（Port Mathurin）
6	大湾-番石榴山（Grand Baie-Montagne Goyaves）
7	罗氏善神-三叶草（Roche Bon Dieu-Trèfles）
8	拉坦尼尔斯-鲁宾山（Lataniers-Mont Lubin）
9	小加布里埃尔（Petit Gabriel）
10	杧果田-四面风（Mangues-Quatre Vents）
11	珊瑚平原-富歇珊瑚（Plaine Corail-La Fouche Corail）
12	科科河（Rivière Cocos）
13	东南港（Port Sud-Est）
14	科罗曼德-沙砾（Coromandel-Graviers）

阿加莱加群岛由两个岛屿组成，首府为 Vingt Cinq（法语意为"二十五"）。卡加多斯·卡拉若斯群岛（Cargados Carajos Islands）位于毛里求斯岛东北方，首府为拉斐尔（Raphael），由 16 个位于一片大浅滩上的小岛和礁石组成，无常住人口。

毛里求斯专属经济区包括以下沙洲：苏丹沙洲（Soudan Banks，包括东苏丹沙洲）、纳札勒夫沙洲（Nazareth Bank）、萨耶·迪·马尼亚沙洲（Saya de Malha Bank）、贺坚斯沙洲（Hawkins Bank）。

毛里求斯还声称对查戈斯群岛、特罗姆兰岛拥有主权。历史上，查戈斯群岛的主岛迪戈加西亚岛（Diego Garcia）由毛里求斯管辖。1965 年，该岛被毛里求斯政府以 300 万英镑出让给英国，成为"英属印度洋领地"（British Indian Ocean Territory）。后来，英国将岛上居民驱逐并将其租借给美国用作军事基地。2009 年，英国政府决定在查戈斯群岛建立海洋保护区，毛里求斯政府对此表示强烈不满，并于 2010 年底向国际海洋法庭提起诉讼。毛里求斯政府还在非盟、联合国等机构中多次表达对英国的不满，声称对查戈斯群岛拥有主权。特罗姆兰岛则被法国占有，但毛里求斯一直声称对其拥有主权。

五 人口、民族、语言

（一）人口

18 世纪以前，毛里求斯为一无人岛。毛里求斯的人口在 18 世纪法国殖民统治期间开始增加。1735 年，毛里求斯的人口增加了 1000 人，1767 年达到近 2 万人（其中 1.5 万为奴隶）。1835 年英国废除奴隶制后，毛里求斯人口一直在 10 万人左右徘徊。1835~1865 年，大约有 20 万名印度劳工来到毛里求斯，使其人口进一步增加。20 世纪初，毛里求斯的人口增加至 37.1 万人，1944 年达到 41.9 万人。二战后，随着婴儿潮的出现，毛里求斯的人口得以继续增长。20 世纪 60 年代，毛里求斯的人口增长率达 3%。随后，随着计划生育宣传的普及与教育水平的提升，人口增长率快速下降。[①]

根据毛里求斯国家统计局的数据，截至 2016 年 1 月，毛里求斯总人口为 1263747 人，其中男性 625380 人，女性 638367 人；性别比为 98.0。人口构成情况为：0~14 岁人口占 21.99%（男性 141928 人，女性 135918 人），15~24 岁人口占 16.22%（男性 103549 人，女性 101469 人），25~54 岁人口占 46.65%（男性 294700 人，女性 294863 人），55~64 岁人口占 11.82%（男性 70810 人，女性 78599 人），65 岁以上人口占 9.33%（男性 47900 人，女性 70091 人）。人口密度为每平方公里 619 人。人口增长率为 0.1%。

---

① "People and Population", Government of Mauritius, 2016, http://www.govmu.org/English/ExploreMauritius/Geography-People/Pages/PeopleandPopulation.aspx.

毛里求斯

在毛里求斯诸岛中,毛里求斯岛的人口最多,为 1221213 人,其中男性 604444 人,女性 616769 人;性别比为 98.0;人口密度为每平方公里 655 人;人口增长率为 0.0%。其次为罗德里格斯岛,人口为 42260 人,其中男性 20762 人,女性 21498 人;性别比为 96.6;人口密度为每平方公里 406 人;人口增长率为 0.8%。阿加莱加群岛和圣布兰登群岛共有 274 人,其中男性 174 人,女性 100 人;性别比为 174;人口密度为每平方公里 4 人;人口增长率为 0.0%。[①]

(二) 民族

18~20 世纪的数次移民运动使毛里求斯成为一个独特的多民族国家。居民中,约 68.4% 是印度裔,27% 是克里奥尔人,2.3% 是华人,1.7% 为欧洲裔。民族融合度较低,各族群均保持了原有的民族特性。不过,总体上看,毛里求斯族际关系较为融洽,很少发生族群冲突。即使是在独立前期各族群权力斗争白热化时,毛里求斯也未发生大规模的社会动荡。

然而,需要指出的是,毛里求斯各民族间的分歧依然存在,仍有进一步加深的可能。例如,1999 年深受克里奥尔人喜爱的毛里求斯著名歌手约瑟夫·雷金纳德·托匹斯 [Joseph Reginald Topize, 又名卡亚 (Kaya)] 在拘留所疑因受印度裔警察虐待而死。他的死引起了克里奥尔人的强烈不满,并引发了长达 4 天的骚乱,造成多人死亡。虽然尸检结果最终排除了警方的嫌疑,但该事件也迫使印度裔控制的政府承认与克里奥尔人之间的分歧。

1. 印度裔

毛里求斯的印度裔人口是印度劳工的后代,从宗教信仰上看,可分为印度教徒与穆斯林两个群体。在穆斯林中,极少一部分是作为契约劳工来到毛里求斯的,他们大多是从事商业活动的移民,分布在路易港等城市;而印度教徒则几乎都是作为契约劳工来到毛里求斯。如今,印度裔得到了劳工与农业团体的支持,并在生产和零售贸易领域拥有许多中小企业。其

---

① "Population & Vital Statistics-Jan-Jun 2016", Statistics Mauritius, 2016, http://statsmauritius.govmu.org/English/Publications/Documents/EI1266/Pop_Vital_Stats_Jan-Jun16.pdf.

聚居区如中部高原城市罗斯希尔带有强烈的印度特色。印度裔由于在毛里求斯人口中占多数,因此总能赢得大选。直至2003年与前任总理阿内罗德·贾格纳特(Anerood Jugnauth)达成合作协议,法裔保罗·贝仁格(Paul Bérenger)才成为毛里求斯历史上首位非印度裔总理。

2. 克里奥尔人

克里奥尔人是毛里求斯第二大族群,其内部可分为有色人种与非洲裔黑色人种。其中有色人种主要是各种族之间相互通婚形成的混血后代,主要说法语,信奉天主教,保留法国上层社会的生活方式;他们与法裔毛里求斯人有着认同感,在政治与经济地位等方面是仅次于法裔的一个特殊群体。黑色人种主要是非洲黑奴的后代。尽管毛里求斯宪法禁止任何形式的种族歧视,属黑色人种的克里奥尔人在社会、经济和政治方面仍面临被边缘化的危险。

如今,克里奥尔人属于毛里求斯社会中的弱势群体。大多数克里奥尔人薪水很低,以渔业和农业艰难维持生计。由于受教育程度低(很少有克里奥尔人完成中等教育),克里奥尔人很难找到高薪工作。罗德里格斯岛是毛里求斯克里奥尔人的文化中心,岛上的克里奥尔人占总人口的99%。[①]

3. 华裔

华裔是毛里求斯人口较少的一个族群,总人口仅有3万人。第一批华裔居民来自中国广东,主要讲粤语;但大多数华裔居民来自中国湖南,主要讲广东的客家语。大多数华裔居民信奉天主教,少部分信奉佛教。他们多以创业者的身份来到毛里求斯,大多定居在路易港附近。华裔对政治不感兴趣,多参与毛里求斯的商业活动(尤其是零售业),在国家经济中扮演着重要角色。如今,每个村庄都至少有一个中国商店。尽管华裔居民所占比例较小,但他们仍然保留了自身的族群认同。与毛里求斯的其他族群相比,华裔特别重视教育,受教育人口比例也远高于其他亚裔群体。[②]

[①] 刘金源:《印度洋英联邦国家》,四川人民出版社,2003,第104页。
[②] 刘金源:《印度洋英联邦国家》,四川人民出版社,2003,第104页。

4. 欧洲裔毛里求斯人

欧洲裔是英、法等殖民者的后代。作为毛里求斯曾经的"统治者",他们一度垄断了所有的政治、经济资源。目前,欧洲裔依然掌握着毛里求斯的经济命脉,控制着多数糖厂、银行和其他大企业。目前,欧洲裔毛里求斯人多居住在居尔皮普(Curepipe)周围的别墅区。

(三)语言

在毛里求斯,多语言混用的情况较为普遍。毛里求斯宪法并未涉及官方语言的问题,国会虽规定英语为官方语言,但议员仍可用法语发言。毛里求斯宪法使用英语书写,但民法典等其他法律则使用法语。在教学与专业领域,上述两种语言均被广泛使用。不过,在大部分报纸、杂志等媒体上,法语的使用偏多。

在居民日常的非正式口语交流中,克里奥尔语则占有统治地位。该语言被毛里求斯人视为母语,普及率达 90%。克里奥尔语起源于 18 世纪,当时的奴隶为了与来自法国的殖民者和来自其他地方的奴隶沟通,便发展出混集了几种语言的皮钦语(Pidgin,或称"混杂语言"),经过不断演化吸收便成为现在的克里奥尔语。克里奥尔语深受法语影响,同时也含有英语、旁遮普语等语言的成分。此外,各民族也有自己的语言,如印地语、波吉布里语、泰米尔语、泰卢固语、马拉迪语、乌尔都语、古吉拉特语以及中国广东的客家话等。大部分毛里求斯人都能以双语沟通,少数能说三种以上语言。[①]

六 国旗、国徽、国歌

(一)国旗

毛里求斯国旗为"四条旗"(Four Bands),于 1968 年 3 月 12 日(毛里求斯独立日)采用,长宽比为 3∶2,由红、蓝、黄、绿四个平行长方形自上而下排列构成。其中,红色象征为独立自由而斗争,蓝色表示毛里求斯位于蓝色

---

① 中国银行股份有限公司、社会科学文献出版社编《毛里求斯》,社会科学文献出版社,2016,第 15 页。

的印度洋，黄色象征独立的光芒照耀岛国，绿色表示农业和四季常青。

毛里求斯在独立之前还采用过以下旗帜（见图1-1）。

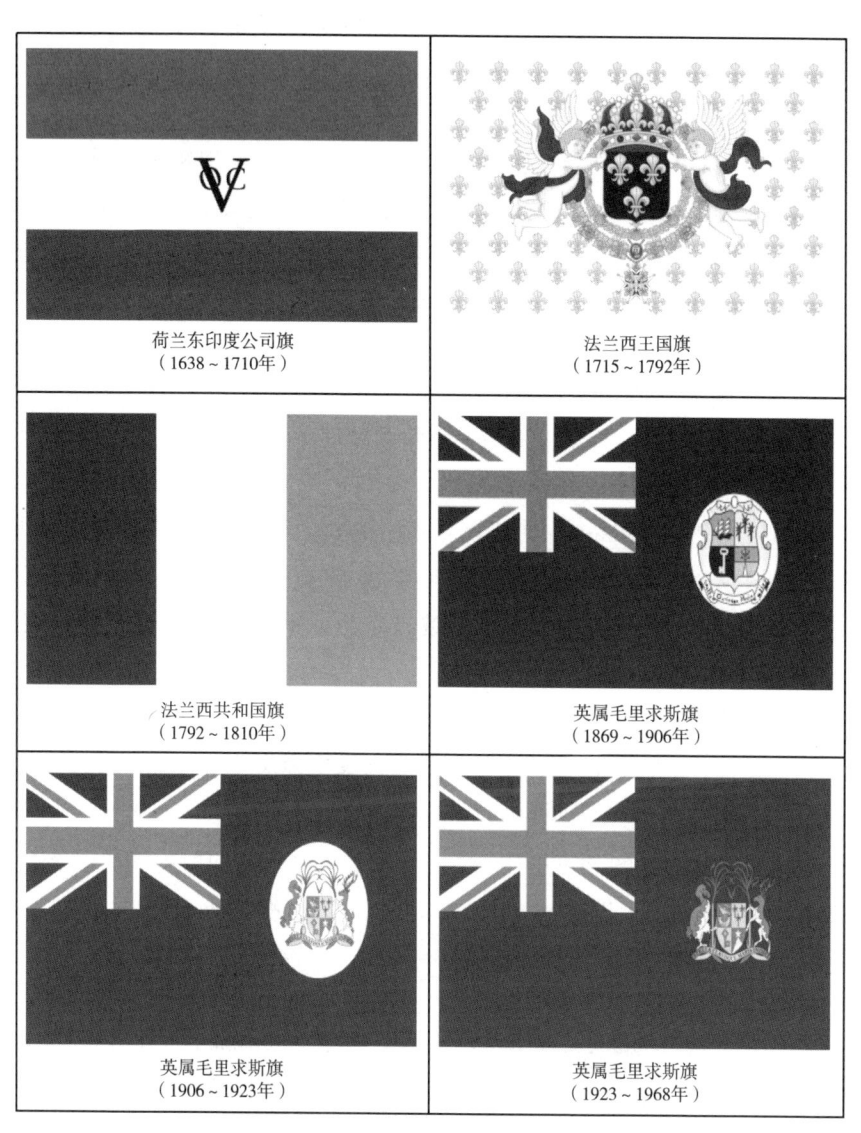

荷兰东印度公司旗 （1638~1710年）	法兰西王国旗 （1715~1792年）
法兰西共和国旗 （1792~1810年）	英属毛里求斯旗 （1869~1906年）
英属毛里求斯旗 （1906~1923年）	英属毛里求斯旗 （1923~1968年）

图1-1 独立之前毛里求斯使用过的旗帜

资料来源："Flag of Mauritius"，Wikipedia，http：//en.wikipedia.org/wiki/Flag_of_Mauritius。

（二）国徽

毛里求斯的国徽为盾徽（Coat Of Arms），由约翰·范·德·普夫（Johann Van Der Puf）在1906年设计，于1990年被正式确定为毛里求斯的国徽。盾徽由三部分组成，其中中心部分为一面盾牌，其上按顺时针方向绘制了一艘帆船、三棵棕榈、一个象征毛里求斯是"印度洋明星"的图案（一颗白色五角星立于蓝底白色三角之上）和一把钥匙；盾牌两旁的甘蔗则是毛里求斯主要的农作物，左右两侧分别立有毛里求斯特有的渡渡鸟和帝汶鹿，作为国家的守护者；第三部分是一条绶带，其上以拉丁语写着毛里求斯的国家格言"Stella Clavisque Maris Indici"，意为"印度洋的钥匙和明星"。

（三）国歌

1968年独立后，毛里求斯为征集国歌歌词举办了全国性的征文活动，最终毛里求斯著名诗人让·乔治·普罗斯珀（Jean Georges Prosper）的《祖国》（英语：Motherland，法语：Mère Patrie）获选。随后，该诗由时任警察乐队（Police Band）的小号手兼萨克斯手菲利普·真梯尔（M. B. E. Philippe Gentil）谱曲，最终被定为毛里求斯共和国国歌。歌词原文与中译文如下：

毛里求斯国歌原文及中译文[①]

Glory to thee, Motherland	光荣归于你，祖国，
O motherland of mine.	啊，我们的父母邦。
Sweet is thy beauty,	多么美丽，
Sweet is thy fragrance,	多么芳香。
Around thee we gather	让我们团结成
As one people,	一个民族，
As one nation,	一个国家，

[①] "National Anthem", Government of Mauritius, 2016, http://www.govmu.org/English/ExploreMauritius/NationalSymbols/Pages/National-Anthem.aspx.

In peace, justice and liberty.	和平、公正、自由永享。
Beloved Country,	亲爱的国家,
May God bless thee	愿上帝保佑你,
For ever and ever.	千秋万代长兴旺。

第二节 民俗与宗教

一 民俗

由于是一个移民社会,加之没有原住民文化,毛里求斯实际上并不存在纯粹的本土民俗。另外,毛里求斯不同族群和宗教信仰的人由于在文化上差异过大,因此很难融合。例如,毛里求斯人认为族群身份在婚姻问题上是十分重要的考量因素,甚至高于社会阶层。其婚姻通常只发生在族群内,跨族群通婚通常不被父母认可,有时甚至会招致惩罚。据统计,不同族群通婚的现象在毛里求斯较为少见,只占约8%。在服饰方面,毛里求斯人也多遵循其宗教信仰的规定或延续其祖先的穿着习惯。穆斯林女性佩戴面纱,而印度教徒多穿着纱丽、围裤等传统服饰。[①] 目前,族群隔阂虽有所弱化,但并未彻底消除。

毛里求斯的饮食文化是毛里求斯民俗中的特例,各族群的饮食相互渗透,并形成了独特的毛里求斯风格。如今,毛里求斯人通常会在三餐中尝试各种风格的饮食,甚至在一顿饭中混合多地菜肴的情况也时常出现。总体来讲,毛里求斯的饮食是法国菜、印度菜与中国菜的混合品。

由于曾受法国殖民统治,因此法国菜是毛里求斯常见的菜式之一。其中较为常见的有法式炖肉、炖野兔以及酒焖鸡仔。不过,随着时间的推移,如今毛里求斯的法国菜逐渐受到印度菜和非洲菜的影响,多加入辣椒

---

① "Dress Code in Mauritius", Bungalow Vanille, 2011, http://bungalowvanille.com/2011/11/dress-code-in-mauritius/.

和香料进行调味。

19世纪,随着大量印度劳工来到毛里求斯定居,他们也带来了其独特的饮食文化。这些印度移民喜欢在饮食中加入大量诸如藏红花、肉桂、豆蔻和丁香之类的香料。起源于印度的美食木豆包(Dholl Puri,一种被填入豌豆酱,并配以腌蔬菜和新鲜番茄酱,以及蒜、姜等佐料的油炸面包)和印度煎饼(Roti)逐渐风靡毛里求斯。比尔亚尼菜(Biryani,用藏红花或姜黄调味的羊肉米饭、鸡肉米饭或菜饭)也随着印度穆斯林的到来在毛里求斯流行起来。值得注意的是,与印度人不同,毛里求斯的印度裔和欧洲裔一样爱用刀叉。①

19世纪末,大量来自中国东南部(主要是广东)的移民来到毛里求斯,同时也带来了中式饮食。中国菜讲究色香味俱全。这种特性使中餐最终征服了毛里求斯人的餐桌,尽管中国移民在毛里求斯的数量非常少。炒面或炒饭、炒杂碎、春卷已成为毛里求斯人的家常便饭,其他如鱼翅、鲍鱼汤、咕噜肉等美味佳肴仍需到中国餐馆才能品尝到。1948年开业的老字号金龙饭店(Restaurant Lai Min)中,"富阳虾"是其秘制菜肴。2004年以来,华商总会创立的中国美食文化节,每年5月在毛里求斯唐人街举行。②

近20年里,汉堡、披萨与薯条等西式快餐也进入了毛里求斯,进一步丰富了毛里求斯的饮食文化。

此外,毛里求斯的饮食存在地方差异。与毛里求斯岛相比,罗德里格斯岛的饮食辣味较少,新鲜水果和豆子的使用更多一些。

毛里求斯的饮品也颇具特色。在酒精饮料方面,毛里求斯受英、法的影响较深。其中,毛里求斯产量巨大的甘蔗成为酿造朗姆酒的绝佳材料。1850年,法国人皮埃尔·查尔斯·弗朗索瓦·哈雷尔(Pierre Charles Francois Harel)首先提出在毛里求斯兴建朗姆酒酿酒厂。现在,朗姆酒已

---

① 王丽娟等编《WTO成员国(地区)经贸概况与礼仪习俗》,中国物价出版社,2002,第187页。
② 李安山:《二战后非洲华人社会生活的嬗变》,《西亚非洲》2017年第5期,第117~118页。

经成为毛里求斯的国酒,其中"绿岛"(Green Island)等优秀品牌国际知名,而富有地方特色的黑朗姆酒则更是一绝。此外,毛里求斯的啤酒品质也相当高,本土的"凤凰"(Phoenix)啤酒多次在世界级比赛中获奖。由于曾受英国殖民统治,威士忌也深受毛里求斯民众的喜爱。

在非酒精类饮料方面,毛里求斯受中印文化的影响较深。毛里求斯人非常偏爱茶叶,其中,博伊斯·谢里茶(Bois Cheri)十分有名。此外,受移民的影响,印度酸奶饮品(lassi)和杏仁奶(添加杏仁和豆蔻)也十分流行。

此外,由于毛里求斯是一个多族群、多宗教国家,其难免存在诸多禁忌。除了需要遵守各宗教相关的礼仪规范外,以下几条也需要特别注意。首先,受法国影响,毛里求斯人对餐桌礼仪要求较为严格,挑食与混食都是不礼貌的行为,而且在餐馆须穿着得体。其次,由于毛里求斯受宗教影响较深,除非在海边,否则穿着不能过于暴露。[1] 最后,由于历史和社会因素,毛里求斯人对谈论肤色问题非常反感,更不能用 black、negro 等词称呼当地人。

二 节 日

3月12日为毛里求斯独立日和共和国日,圣诞节是毛里求斯人共同的传统节日。此外,每个民族都有自己的节日,如印度人的排灯节(Divali)、泰米尔人的扎针节(Thaipoosam Cavade[2])、穆斯林的开斋节和华人的春节等。其中,扎针节、中国的春节、圣诞节、复活节、排灯节、开斋节、甘尼许节(Ganesh Chathurti)、湿婆节(Maha Shivaratree)、胡里节(Holi)、皮尔·拉瓦尔朝圣节(Père Laval Pilgrimage)和印度人新年(Ugadi)为毛里求斯的主要节日。

1. 扎针节

扎针节是毛里求斯泰米尔人庆祝的节日,是为了庆祝湿婆(Shiva)与雪山神女帕尔瓦蒂(Parvati)的儿子——战神穆卢干(Muruga)的诞

---

[1] "Dress Code in Mauritius", Bungalow Vanille, 2011, http://bungalowvanille.com/2011/11/dress-code-in-mauritius/.
[2] 这个节日有多种译法。在针对马来西亚或印度时多被翻译成"大宝森节",不过在毛里求斯的相关文献中多被翻译成"扎针节"。

生。该节日在每年的1月或2月举行。扎针节是泰米尔人最壮观的节日,节日期间有惊险的火上行走和攀登剑的仪式。在身上穿针,在舌头和脸颊插上叉子,神情恍惚的苦修者身负"卡瓦第"(Cavadee,一种用鲜花装饰、底端有牛奶罐的木头架子)徒步前行,并最终将它放到庙里的神祇面前。

2. 排灯节

排灯节是所有印度教节日中最快乐的,时间在10月或11月,用于纪念印度教神话中正义的罗摩(Rama)战胜了邪恶的罗波那(Ravana)。传统上,各家都会在门前摆上黏土做的油灯,为罗摩神照亮他被流放后的回家之路,使整个岛屿变成一座闪烁着灯光的人间仙境。不过现在油灯已经被电灯取代。

3. 开斋节

开斋节是穆斯林为庆祝斋月结束而设定的传统节日。这是一个身为穆斯林而感恩的日子。此日穆斯林穿上节日盛装,到清真寺参加"会礼"和庆祝活动,恭贺"斋功"胜利完成,互道节日快乐并馈赠礼品。

4. 甘尼许节

甘尼许节是为了纪念印度教中象头人身的大象神"甘尼许"——智慧与克服一切困难的象征。时间通常在印历9月第四天。信徒在举行完祭祀仪式后,会把大象神像带到附近的河流中,口中大喊"歌颂圣者并乞求他明年再度显圣",接着把大象神像投入河里,这代表着大象神返回天庭。

5. 胡里节

胡里节是为了庆祝春天的到来,象征着正义战胜邪恶。印度教信徒在这一天会朝其他人喷洒彩色的水和粉末以传递欢乐和问候。在胡里节前夜,人们会点起篝火,这标志着打败了邪恶的魔鬼"胡里卡"(Holika)。

6. 湿婆节

湿婆节是为了纪念作为印度教主神之一的湿婆,时间为印历5月下半月(公历7~8月)第三天夜晚。相传,湿婆和他的妻子雪山女神帕尔瓦蒂环游世界时被毛里求斯的美丽吸引。在他们降落的过程中,湿婆头顶的恒河水有几滴掉落到毛里求斯的一座火山口内,便形成一个湖泊。在湿婆节这一天,岛上近50万印度教信徒身披白衣,携带"坎瓦尔"(kanwar,一种布满鲜花的拱形物)徒步前往圣水湖(Grand Bassin)朝圣,并从湖中取圣水。此外,还将在湖边进行印度教的礼拜仪式。整个活动将持续3天。这也是印度之外最大规模的印度教庆祝活动。

7. 皮尔·拉瓦尔朝圣节

皮尔·拉瓦尔朝圣节是毛里求斯的本土节日。每年9月,不同宗教信仰的人都会涌向路易港的圣克鲁瓦(Sainte Croix),来纪念19世纪的法国传教士皮尔·雅克·德西雷·拉瓦尔。据称,在毛里求斯传教的12年间,他使6.7万人成为基督徒。在其死后,相传出现了众多与他有关的神迹,如信徒在参观其坟墓时病症自愈等。

表1-4 毛里求斯公共节假日

日期固定		日期不定	
日期	节日	日期	节日
1月1~2日	新年	1~2月	华人春节
2月1日	废除奴隶节	2月	泰米尔人扎针节
2月27日	印度人圣水节	7~8月	湿婆节
3月12日·	独立日	4月	印度人新年
5月1日	国际劳动节	8~9月	甘尼许节
8月15日	圣母升天节	10~11月	排灯节
11月2日	印度劳工来毛里求斯纪念日	10~11月	开斋节
12月25日	圣诞节	9月	皮尔·拉瓦尔朝圣节

资料来源:中国银行股份有限公司、社会科学文献出版社编《毛里求斯》,社会科学文献出版社,2016,第20页。

三 宗教

毛里求斯各民族有自己的宗教信仰:印度人后裔信仰印度教或伊斯兰教,法、英后裔和克里奥尔人多信仰天主教和基督教,华人则在日常生活中遵循儒家传统习俗,每年举行与关帝、玉皇大帝、妈祖等相关的祭祀仪式,信奉佛教的宗教规则,甚至传播与星象学相关的知识。[1] 不过,印度裔和华裔中也有不少天主教和基督教信徒。[2] 官方统计表明,信奉印度教的人口占总人口的48%,所有信徒均为印度裔。25%的人口为罗马天主教徒,多数为克里奥尔人。经过多年发展,克里奥尔人在其天主教仪式中加入了少量巫术元素。多数欧洲裔也都是天主教信徒。毛里求斯还有约20%的人口信仰伊斯兰教。此外,一些印度裔和华裔因与异族通婚而改变信仰。

毛里求斯不同宗教的信徒能够和睦相处。在毛里求斯,清真寺、教堂、印度教寺庙之间的距离通常都很近。在弗洛雷亚尔(Floreal),这些宗教建筑之间甚至仅一墙之隔。

第三节　特色资源

一　游览胜地

1. 海滩度假胜地

毛里求斯是世界知名的海滩度假胜地。毛里求斯的沙滩沙质细腻,海景怡人,且各类游览设施完善。温暖的海水则使得毛里求斯成为各类水上运动的天堂。游客可在毛里求斯进行海钓、冲浪、帆板、滑水、潜水、游艇等多种水上运动。毛里求斯著名的海滩包括北部地区的 Trou Aux Biches 海滩、Mon Choisy 海滩、La Cuvette 海滩;东部地区的 Poste La Fayette & Roches Noires 海滩、Palmar-Belle Mare 海滩;南部地区的 Souillac 海滩、Riambel 海滩、Pointe Aux Roches 海滩、Tamarin 海滩等。其中,Trou Aux Biches 海滩在 2010 年世界旅游大奖赛中被评选为印度

---

[1] 李安山:《试析二战以后非洲华人宗教意识的变迁与融合》,《华侨华人历史研究》2017年第3期,第60页。
[2] 中国银行股份有限公司、社会科学文献出版社编《毛里求斯》,社会科学文献出版社,2016,第18页。

洋地区最佳旅游海滩。2012年,毛里求斯在世界旅游大奖赛中获得了"世界最佳海滩"。

2. 罗德里格斯岛

罗德里格斯岛位于毛里求斯岛东560公里处,被广阔的蓝绿色环礁湖包围。罗德里格斯岛相对独立,与毛里求斯岛来往较少,经常被称作"25年前的毛里求斯"。岛上大约有4万人口,主要是非洲裔和克里奥尔人。岛上多山,种植业主要以水果和蔬菜为主,这与主要种植甘蔗的毛里求斯岛形成鲜明对比。岛上最大的城镇为马特琳港。罗德里格斯岛拥有丰富的自然与人文旅游资源,岛民生活节奏很慢。

在首府马特琳港,最为著名的景点是拉雷西登斯(La Residence),建于1897年,是当地现存的最古老的建筑之一,最早是英国首席专员的官邸,如今已成为地区议会的活动场所。岛上另一座较为著名的建筑是圣加布里埃尔教堂(St Gabriel Church),位于岛屿的中心,是路易港教区最大的教堂之一。建于1936年,由当地的志愿者从全岛搬运石头、沙土和珊瑚历经三年完工。每逢周日,岛上的基督徒便会聚集到这里进行礼拜活动。

此外,岛上的弗朗索瓦·乐高保护区(Francois Leguat Reserve)和大山自然保护区(Grande Montagne Nature Reserve)也非常著名。前者是毛里求斯本土特有的象龟及果蝠繁衍基地;后者是罗德里格斯岛上的最后一片原始丛林,同时也是全岛地势最高的地方,毛里求斯野生动植物基金会在这里种植了超过15万棵本土植物。

罗德里格斯岛还是全世界最适合空中冲浪的地方之一,岛的东部和南部海域则是绝佳的潜水地。

3. "七色土"国家公园

"七色土"国家公园(The Seven Coloured Earth)位于毛里求斯西南部的Le Chamarel村。它实际上仅是一个面积较小的沙丘,却同时具有七种不同颜色的沙子(红色、棕色、紫色、绿色、蓝色、紫色和黄色),为世上独一无二的奇观。当地沙子的另一个特性是"自发分层",即不同颜色的沙土混合搅拌后会自行按颜色分为不同的层次。

科学家们认为，这些沙子在从火山岩逐步变为土壤的过程中与铁、铝等元素发生了反应，而颜色的不同则是火山岩冷却速度不同的结果。不过，当地沙土自发分层的原理至今未知。

"七色土"国家公园自20世纪60年代开始就成为毛里求斯一个主要的旅游景点。现在，这些颜色艳丽的沙丘已被木栅栏保护起来，游客只能在远处观赏。

4. 庞波慕斯植物园

毛里求斯北部的庞波慕斯植物园（Pamplemousses Botanical Garden）建于1770年，占地37公顷，是南半球最古老的植物园，其名字来源于一种柑橘树（Citrus Trss）。历史上，该植物园曾为毛里求斯的发展做出了重要贡献。起初，建造该植物园是为了培育适合本地种植的农作物，方便植物学家开展相关研究。同时，该植物园也进行了大量香料种植研究，试图使法国摆脱对外部香料的依赖。1810年，该植物园陷入了无人管理的状态，直至1849年詹姆斯·邓肯（James Duncan）被任命为植物园园长。他设法恢复了植物园的生机，并引进了大量的新物种。至19世纪中叶，随着毛里求斯制糖业的迅速发展，该植物园承担起了从全世界引进新的甘蔗品种加以培育的工作。1866年疟疾肆虐毛里求斯时，该植物园又引进了大量桉树，试图利用桉树吸干沼泽中的水来减少蚊子这一主要传染源。

如今，庞波慕斯植物园种有来自中美洲、亚洲、非洲的85种香料、乌梅、甘蔗与棕榈树等植物，已成为毛里求斯最为热门的旅游景点之一。棕榈树是园艺景观中的重要组成部分。此外，该植物园中的展品还有格尼帕树（Marmalade Box Tree）、滨玉蕊（Fish Poison Tree）、香肠树（Sausage Tree）等奇异树种，巨大的亚马逊王莲（Victoria Amazonica Water Iilies）也是其重要的展品。该植物园附近丰富的鸟类也是颇具特色的旅游资源。

二 著名城市

1. 路易港

路易港位于毛里求斯岛西部的路易港区，面向印度洋，是毛里求斯的首都，同时也是毛里求斯最大的城市和主要港口。它像一个巨大的万花筒，折射出印度、非洲、欧洲、中国和中东等不同国家和地区的文化。根据毛里求斯财政和经济发展部（Ministry of Finance & Economic Development）的数据，截至2014年底，路易港人口为120376人。①

路易港最早于1683年由荷兰人建立，当时被称为诺特·韦斯特·哈文（Noordt Wester Haven）。1735年，该港的控制权落入法国人手中，法国人以法国国王路易十五（Louis XV）的名字将其更名为路易港。法国人随后将这里打造成了毛里求斯的行政中心与法国船只绕过好望角后的重要补给站。时任总督伯特兰·弗朗索瓦·马埃·德·拉布尔多内马（Bertrand Francois Mahe de Lobourdonnais）对城市的发展做出了重要贡献。后人为纪念他便在武器广场为其建造了一座雕塑。在拿破仑战争（1803~1815）中，英国占据了路易岛，这对英国人控制印度洋的制海权发挥了重要作用。然而，1869年苏伊士运河开通后，路易港过往船只数量迅速减少。1967~1974年，路易港的重要性曾随着苏伊士运河的中断而短暂上升。20世纪70年代，路易港进行了现代化升级以满足其作为毛里求斯进出口中心的要求。90年代末，随着旅游业的兴起，路易港再次迎来了巨大的发展机遇。此外，金融业也在路易港迅猛发展。路易港是毛里求斯证券交易所所在地，并拥有十余家银行为海内外储户、保险公司、养老基金、租赁公司和外汇交易商提供服务。其中，毛里求斯银行（Bank of Mauritius）是毛里求斯的中央银行。如今，毛里求斯已成为非洲最重要的金融中心和海港之一，同时还是毛里求斯重要的旅游与制造业（主要为纺织、化工和制药业）中心。

交通方面，19世纪60年代至20世纪60年代，路易港是毛里求斯的铁路运输中心，不过毛里求斯的铁路运输系统随后被废弃。如今路易港有两大公交枢纽站，其中"维多利亚枢纽站"（Victoria Station）负责路易港往返于毛里求斯岛东部和南部地区的公交车以及从威廉平原区驶往路易港

---

① "Population and Vital Statistics", Statistics Mauritius, 2016, http://dataportal.statsmauritius.govmu.org/en/DataSearch.

的公交车;"移民广场站"(Immigration Square),又称"北站"(Gare du Nord),负责往返于北部庞波慕斯区和朗帕河区的公交车。众多往返于岛内其他城市和路易港的公交车以及逐渐增多的私家车给路易港带来了严重的交通问题。因此,2012年毛里求斯政府计划建立一条连接路易港和居尔皮普的25公里长的轻轨线路,以缓解首都的交通压力。路易港的航空运输则由西沃萨古尔·拉姆古兰爵士国际机场(Sir Seewoosagur Ramgoolam International Airport)承担。毛里求斯国家航空公司毛里求斯航空在路易港市中心建有"毛里求斯航空中心"。

教育方面,路易港拥有毛里求斯岛最好的男子中学,其中"皇家学院"(Royal College Port-Louis)、"阿尔法学院"(Alpha College)等学校均非常有名。毛里求斯理工大学(University of Technology, Mauritius)是路易港主要的高等学府。巴斯德医学院(école de Medecine Louis Pasteur)则为将前往法国里尔大学(Universite de Lille)深造的医学系学生提供相关培训。此外,路易港还拥有数所技术学校。①

人文景观方面,路易港有许多殖民时期留存至今的历史建筑。其中之一是1835年英国人建造的阿德莱德堡(Fort Adelaide)。从阿德莱德堡俯瞰路易港,可以看到城内绝大多数建筑。路易港著名的景点有科当水门(Caudan Waterfront)、路易港集市(Port Louis Market)、唐人街(Mauritian Chinatown)和路易港老剧院(The Old Port Louis Theatre),以及兵营(Les Casernes)和拉吉夫·甘地科学中心(The Rajiv Gandhi Science Centre)。此外,还有三家博物馆:毛里求斯自然历史博物馆(Mauritius Natural History Museum)、蓝色便士博物馆(Blue Penny Museum)和毛里求斯邮政博物馆(Mauritius Postal Museum)。科当水门附近还有毛里求斯最大、最古老的邮局。在市中心坐落着国立银行大厦,附近则是栽种有高大棕榈树的武器广场,这是出入路易港的重要门户。战神赛马场(The Champ de Mars Racecourse)位于路易港市中心附近,建于1812年,是全世界第二古老的赛马场。路易港全城为莫卡山脉所环绕,

---

① "Port Louis", Wikipedia, 2016, https://en.wikipedia.org/wiki/Port_Louis#History.

莫卡山脉中最著名的山峰是海拔812米的拇指（Le Pouce）山和海拔820米的彼得·博斯山（Pieter Both Mount）。

气候方面，路易港是典型的热带草原气候，雨季漫长，旱季短暂。每年的12月到次年4月，月均降水量在100毫米以上；9～11月则是旱季，月均降水量不足60毫米。路易港一年内气温变化不大，年均最低气温约为24摄氏度，最高气温则在30摄氏度左右。

对外城市交流方面，路易港市的姊妹城市有印度的艾哈迈达巴德（Ahmedabad）、斋浦尔（Jaipur）和苏拉特（Surat），卡塔尔的多哈（Doha），德国的埃尔朗根（Erlangen），中国的佛山，加蓬的弗朗斯维尔（Franceville），巴基斯坦的卡拉奇（Karachi），法国的拉波塞雄（La Possession）和勒波尔（Le Port），加拿大的魁北克城（Quebec City），英国的格拉斯哥（Glasgow）和伯明翰（Birmingham）。

2. 居尔皮普

居尔皮普是毛里求斯第二大城市，又名"光明之城"（La Ville-Lumière）。据毛里求斯财政和经济发展部的统计，截至2012年，其人口为85049人，面积为13.8平方公里。居尔皮普是中部高原海拔最高的城市，平均海拔为550米，凉爽多雨。居尔皮普这一名字据说来源于法文"curer sa pipe"（意为"清洁的烟斗"），这是1867年疟疾大爆发时一种对烟斗的特殊消毒方法，另一说则认为是为了纪念一座法国小镇。

1858年，居尔皮普的人口仅有200人。19世纪60年代疟疾在路易港大规模爆发后，当地的大多数居民为躲避疾病迁移到居尔皮普。此后，居尔皮普的人口便开始逐步增加，城市规模也日益扩大。1865年，居尔皮普通往路易港的首条铁路通车。1871年，居尔皮普皇家学院（Royal College Curepipe）开始招生，大大提升了当地的教育水平。1878年，当地首家商场开张营业。至80年代，居尔皮普人口已达到1万人。1889年，居尔皮普正式由村升级为镇。1889～1904年，居尔皮普暴发了十分严重的伤寒病疫情，几乎整个城市受到波及。在两次世界大战期间，由于缺少水泥，居尔皮普的城市发展受到了极大影响。1968年，居尔皮普升

级为市并稳步发展至今。①

经济方面,居尔皮普拥有数家纺织厂、一家钻石加工厂和一批珠宝企业,郊区是主要商业活动所在地。此外,工艺品商店、餐馆和购物中心也是居尔皮普经济重要的组成部分。相对富裕的郊区也有大量的商业活动。

旅游方面,得益于奇特的火山地貌与内陆风光,居尔皮普发展为毛里求斯著名的旅游城市。其著名景点包括居尔皮普植物园(Curepipe Botanic Gardens)、圣泰瑞莎教堂(Sainte Therese Church)、居尔皮普卡耐基图书馆(Carnegie Library of Curepipe)、老市政厅(The Old Town Hall)、毛里斯赌场(Casino de Maurice)、圣约瑟学院(St. Joseph's College,国家遗产)、居尔皮普皇家学院(国家文物)。其中,老市政厅是毛里求斯保存最完整的殖民时期建筑之一,而居尔皮普卡耐基图书馆则藏有18世纪以来毛里求斯的稀有图书。

对外交往方面,居尔皮普的姊妹城市为意大利的冈多菲堡(Castel Gandolfo)。

3. 马特琳港

马特琳港位于毛里求斯下属自治领地罗德里格斯岛的北部海岸,是该岛的首府及行政、司法和经济中心,同时也是该岛的主要港口。城区南部的法纳尔山(Mount Fanal)景色优美。马特琳港约有6000人。整个城镇只有一所中学、一个市场、一座天主教堂、一座圣公会教堂、一座小型清真寺。罗德里格斯岛唯一的公交枢纽也位于马特琳港。1691年,胡格诺派教士弗朗索瓦·卢古阿(François Leguat)带着7个同伴抵达罗德里格斯岛时,便由现在马特琳港所在的位置登陆,不过该城镇直到1735年才由法国殖民者建立。其名字来自早期的两个法国探险家马图林·布莱希尼(Mathurin Bréhinier)和马图林·莫尔莱(Mathurin Morlaix)。

---

① "History of Curepipe", Municipal Councul of Curepipe, 2016, http://www.municipal-curepipe.org/history-of-curepipe/.

三 稀有生物

由于特殊的地理位置与气候条件,毛里求斯拥有丰富的动植物资源。据统计,毛里求斯共有鸟类119种,其中8种是毛里求斯特有的,30种非常稀有,16种在全球范围内正面临灭绝的威胁。

在已经灭绝的鸟类中,渡渡鸟(Dodo)(见图1-2)十分有名,现在仍被当作毛里求斯的象征之一,甚至出现在毛里求斯的国徽中。据考证,渡渡鸟是一种鸽子的后代,约在400万年前来到毛里求斯。由于此处没有天敌,渡渡鸟逐渐丧失了飞行能力,并将巢穴直接建于地上,以从树上掉下来的水果为食。1505年,葡萄牙人首次到达毛里求斯,随后毛里求斯很快成为过往船只的中转站。由于一只渡渡鸟约有50磅重,它们就成为水手理想的肉类来源而被大肆捕杀。之后荷兰人带来了大量的猪、猴子,老鼠也通过过往船只来到毛里求斯。这些生物吃掉了大量渡渡鸟的蛋。随着人类活动的增加与外来物种的入侵,曾经遍布毛里求斯的渡渡鸟在不到100年时间里便几乎销声匿迹,并最终于1681年灭绝。

图1-2 渡渡鸟

资料来源:"The Dodo", Government of Mauritius, 2016, http://www.govmu.org/English/ExploreMauritius/Pages/The-Dodo.aspx。

毛里求斯及其周边海域还生活着10种哺乳动物（不包括人类活动带来的）（见表1-5）。此外，毛里求斯还有多种独有的爬行动物，圆岛上的数量尤其多，包括多种壁虎及蜥蜴，以及仅生活在毛里求斯的岛蚺。

表1-5 毛里求斯的哺乳动物

所属目	所属科	生物种类	生存状况	备注
海牛目	儒艮科	儒艮	有高度灭绝危险	
翼手目	狐蝠科	毛里求斯狐蝠	有高度灭绝危险	仅生活在毛里求斯和留尼汪岛
翼手目	狐蝠科	罗德里格斯狐蝠	即将灭绝	仅生活在罗德里格斯岛
翼手目	狐蝠科	马斯克林狐蝠	已灭绝	仅生活在毛里求斯和留尼汪岛
翼手目	犬吻蝠科	纳塔尔犬吻蝠	有高度灭绝危险	
翼手目	鞘尾蝠科	南非墓蝠	没有明显的灭绝危险	
鲸目	抹香鲸科	侏儒抹香鲸	没有明显的灭绝危险	
鲸目	剑吻鲸科	布氏中喙鲸	缺乏有效信息对其生存状况做出评估	
鲸目	剑吻鲸科	格氏中喙鲸	缺乏有效信息对其生存状况做出评估	
食肉目	海豹科	南象海豹	没有明显的灭绝危险	

资料来源：《毛里求斯》，https://zh.wikipedia.org/wiki/%E6%AF%9B%E9%87%8C%E6%B1%82%E6%96%AF。

植物方面，毛里求斯曾被由棕榈树组成的雨林覆盖。毛里求斯有大约670种开花植物，其中约一半是毛里求斯特有的。值得一提的是，毛里求斯特有的一种锦葵科植物耳环树（Trochetia boutoniana）的花在1992年3月毛里求斯改行共和制后被定为国花（见图1-3）。耳环树是一种高2~3米的高大灌木，花为橙红色，喜好干燥环境。其花期通常为每年的6~10月。

为保护各类濒危野生动植物，毛里求斯将圆岛、鲁宾岛（Île aux Lubines）等岛屿辟为自然保护区，未经允许不得擅自登岛。

图1-3 毛里求斯国花——耳环树花

资料来源:"National Flower", Government of Mauritius, 2016, http://www.govmu.org/English/ExploreMauritius/NationalSymbols/Pages/National-Flower.aspx。

第二章

历 史

第一节 古代与近代史

一 早期人类活动与荷兰殖民时期

目前，研究者尚未发现毛里求斯在17世纪之前有人类长期居住的证据，但对于究竟是什么人首先发现了毛里求斯，目前尚存在争议。马来-波利尼西亚人在远古曾从东南亚地区迁徙至马达加斯加岛，其中毛里求斯岛很可能是他们沿途的中转站之一。[①] 还有学者认为，腓尼基人可能在约两千年前造访过毛里求斯，南印度人或许也发现了这些岛屿。其中，阿拉伯人曾将其称为"迪纳·阿鲁比"（Dina Arobi），意为"可以找到大量卢比的岛屿"。关于毛里求斯现存的最早记录是意大利绘图家阿尔伯托·坎迪诺（Alberto Cantino）于1502年绘制的一幅地图。该地图标注了毛里求斯岛、罗德里格斯岛与留尼汪岛三个岛。

16世纪初，葡萄牙人特里斯坦·达·库尼亚（Tristão da Cunha）在对孟加拉湾外海进行考察探险时，因遭遇飓风而改变航向，于1507年意外发现了毛里求斯岛、罗德里格斯岛与留尼汪岛三岛，并将其分别命名为西尔内（Cirne）、迪奥戈·费尔南德斯（Diogo Fernandes）和圣阿波洛尼娅（Santa Apolonia）。五年后，航海家佩德罗·德·马什卡雷尼亚什

[①] Helen Chapin Metz, "Mauritius: A Country Study", *Country Study*, 1994, http://countrystudies.us/mauritius/2.htm.

毛里求斯

（Pedro de Mascarenhas）来到此地，并用马斯克林群岛（Mascarenhas）称呼整个地区。葡萄牙人对该地区进行了较为详细的测绘，发现了淡水、木材等资源，以及海龟、蝙蝠和多种鸟类，其中包括一种被称为"渡渡鸟"的特有品种。由于葡萄牙人已经在附近航路上的莫桑比克、果阿（Goa）与锡兰（现斯里兰卡）建立了殖民地，因此他们并未对毛里求斯表现出巨大的兴趣，故而并未在岛上建立任何永久殖民地。不过，他们还是留下了一些猴子、猪和山羊等动物，让它们在岛上自行繁殖，以便为后来的葡萄牙过往船只提供食物。

1598年，雅各布·科内利斯·范·内克（Jacob Cornelisz van Neck）和韦伯瑞特·范·沃尔范克（Wybrandt van Warwyck）率领的一支荷兰船队在经过好望角后遭遇恶劣天气。其中掉队的五艘船在范·内克的带领下来到毛里求斯，并于沃里克港（Port de Warwick，今大港）登陆。他们以荷兰和西兰省总督（stadthouder）莫里斯（Maurice）之名命名该岛。有人认为是按船队中最大的船只"莫里斯"号命名。通过考察，荷兰人发现该岛没有原住民，只有大量淡水、木材与动植物资源。此后，毛里求斯的沃里克港便成为荷兰船队的停靠点之一，荷兰人会随船带去蔬菜、瓜果种子以及山羊、猪、牝鹿等牲畜。此外，部分遇险船只也经常在该地区停靠，等待过往船只救援。①

1606年，科尔内耶（Corneille Nicholas Morphey）率领的船队首次到达毛里求斯西北部如今被称为"路易港"的地区，并因此地有大量陆龟而将其命名为"乌龟港"（Rade des Tortues）。此后，乌龟港便取代沃里克港成为荷兰船队的主要停靠点。不过，由于荷兰航海家彼得·博斯（Pieter Both）于1615年在该岛附近遭遇海难去世，荷兰水手认为毛里求斯遭遇了诅咒而尽可能避免停泊该岛。与此同时，英国人与丹麦人开始涉足印度洋。他们到达毛里求斯后开始大规模砍伐高价值的乌木以谋取利益。

1637年底，荷兰东印度公司决定对毛里求斯实施殖民开发。次年，荷兰人科尼利厄斯·西蒙·古尔（Cornelius Simonsz Gooyer）带领25人开

---

① 刘金源：《印度洋英联邦国家》，四川人民出版社，2003，第35页。

第二章 历　　史

始在岛上建立第一个殖民地，并于 1639 年正式成为毛里求斯首任总督。他在荷兰东印度公司的指示下致力于发掘该岛的经济价值，但未获成功，并因此被解职。他的接替者奥瑞安·范·德·斯特尔（Adriaan van der Stel）试图发展乌木出口业。据统计，在斯特尔任职的 1639~1645 年，共有五六千根乌木被运往巴达维亚（Batavia，今印度尼西亚雅加达）。到 17 世纪 50 年代末，岛上沿岸地区的乌木已被砍伐殆尽。为补充岛上劳动力，斯特尔还输入了 105 名马达加斯加奴隶。在接下来的 18 年里，毛里求斯的历任总督均进行了同样的尝试，并不断运进奴隶或流放犯人以提供劳动力。此外，他们还向岛内引进了甘蔗、水稻、靛青、果树、蔬菜。不过，由于飓风、干旱、虫害、疾病和缺乏食物等原因，岛上居民死亡率居高不下，最多时也仅百余人。

1652 年，荷兰人取得了对好望角的控制权，该地区也成为过往荷兰船只的首选停靠点。毛里求斯的地位因此下降。与此同时，乌木市场低迷，导致毛里求斯的商业价值大大降低，加之岛上生存状况恶劣，荷兰人最终在 1657 年决定放弃该殖民地。1658 年 3 月，荷兰船只"斯切尔维斯"号从巴达维亚驶抵毛里求斯，将岛上的所有移民及物资运往好望角，荷兰人对毛里求斯的首次殖民尝试宣告结束。

1662 年 2 月，荷兰东印度公司的"阿海姆"号因风暴沉没。幸存船员在救生艇上漂流了一星期后到达毛里求斯。数月之后，他们被路过的荷兰船只"楚罗"号和"瓦特·阿伦德"号营救。该事件使荷兰人认识到在印度洋保留一个停靠点仍有必要，因此好望角殖民当局派遣人员再次占领毛里求斯。1664 年 5 月，由雅各布·范·纽兰德（Jacob van Nieuwland）率领 12 人作为先导，乘坐"沃特霍恩"号从好望角驶往毛里求斯，第二次在毛里求斯建立了殖民地。

在殖民初期，由于好望角殖民当局派驻毛里求斯的行政官能力较低且权力有限，殖民地的管理十分混乱，人员逃亡现象严重。1673 年，荷兰东印度公司决定加强对该殖民地的管理，剥夺了好望角殖民当局对毛里求斯的领导权，向岛上派驻了一位直接听命于公司董事会且能力突出的总督——休伯特·雨果（Hubert Hugo）。这一时期，乌木仍是毛里求斯主要的出口商品，尽管雨果曾试图在岛上发展种植业，但未获上级批准。

恶劣的自然环境仍是困扰殖民地发展的主要问题。虽然荷兰人持续向岛上输送黑奴与流放犯人，但岛上人口的增长仍十分缓慢。1679年岛上仅有几十人，1690年也不过100多人，至1707年才增至200余人。由于生活条件恶劣，岛上的流放犯人和奴隶曾发生过数次叛乱，其中较为严重的叛乱分别发生在1677年、1694年和1706年。在1706年的叛乱中，包括总督住所、兵营和储藏室在内的诸多设施和财物都被严重焚毁。虽然叛乱最终被镇压，但社会治安的严重恶化已经使毛里求斯不适于继续作为船只的停靠点。与此同时，岛上乌木出口为荷兰东印度公司带来的收入甚微。在这种情况下，荷兰人在1707年2月决定再次放弃毛里求斯。经过长达三年的撤离活动，所有移民和物资在1710年被运往好望角和巴达维亚等殖民地。此后，荷兰殖民者永远离开了毛里求斯。①

尽管荷兰人的殖民活动最终以失败收场，但仍对毛里求斯产生了四方面的重要影响：第一，荷兰人为毛里求斯的大多数地区进行了命名，其中有很多（如彼得·博斯山）流传至今；第二，荷兰人的滥杀导致毛里求斯的特有鸟类渡渡鸟灭绝；第三，荷兰人为毛里求斯引入了甘蔗这一对毛里求斯日后发展极为重要的经济作物；第四，荷兰人的乌木砍伐活动清理了大片森林，为毛里求斯日后的经济社会发展奠定了基础。

二 法国殖民时期

在荷兰人放弃毛里求斯后，法国人于1638年前后占领了毛里求斯岛附近的罗德里格斯岛和留尼汪岛。② 1715年，法国东印度公司的一支考察队登上了毛里求斯，将其命名为"法兰西岛"（Île de France），并宣布法国对该岛拥有主权。不过，法国东印度公司直到1721年才开始对毛里求

---

① 刘金源：《印度洋英联邦国家》，四川人民出版社，2003，第41~43页。
② Helen Chapin Metz, "Mauritius: A Country Study", Country Study, 1994, http://countrystudies.us/mauritius/2.htm.

第二章 历 史

斯的殖民活动。公司向毛里求斯委任了总督,并设立了一个由六名委员组成的"监督委员会"(Conseil Superieur)协助总督处理日常事务。在殖民初期,法国人遇到了与荷兰人相似的问题。恶劣的自然环境使岛上的人口数量十分有限。即使到1735年,岛上居民仍不足1000人,且管理非常混乱。①

1735年,总督拉布尔多内马上任后改变了这一局面。首先,拉布尔多内马大幅改善了岛上的基础设施状况。他建成了路易港与一座造船厂,使毛里求斯成为法国海军在该海域重要的军事基地,并修建了连接莫卡河和庞波慕斯的道路,解决了内陆木材运输的难题。同时,通往内陆大黑河的导引渠也在他任期内完工,解决了岛上饮用水短缺的难题。拉布尔多内马还修建了总督府(Government House)、庞波慕斯的蒙普莱西尔庄园(Chateau de Mon Plaisir)以及军营(Line Barracks),这些建筑均保存至今。其次,他还从外部引入大量移民,解决了岛上劳动力短缺的问题。其中,非洲的黑奴逐渐成为开发毛里求斯的主要劳动力。至1739年,岛上居民已增加至3000人,其中约有2000人是从非洲引入的黑奴。此外,在他的任期内毛里求斯还迎来了第一批印度移民。他们多在港口从事技工行业。最后,拉布尔多内马还大力发展种植业,引入了甘蔗、棉花、靛青、玉米、木薯、蔬菜等作物。其中,甘蔗与靛青成为毛里求斯重要的出口商品。在此情况下,拉布尔多内马在巴格城建立了毛里求斯首座蔗糖加工厂,以增加出口利润。同时,粮食作物产量也稳步增长。尽管人口增长迅速,但毛里求斯的农产品供应还是基本实现了自给自足。在拉布多尔内马任职期间,毛里求斯逐渐成为法国初具规模的新兴殖民地,还成为该区域法国殖民地的首府。

由于法国在"七年战争"中战败,英国东印度公司得以垄断几乎所有与东方地区的贸易,法国东印度公司被迫在1764年宣告破产,毛里求斯也最终被转为法国王室的直辖殖民地。为了与英国争夺印度洋霸权,法

---

① 刘金源:《印度洋英联邦国家》,四川人民出版社,2003,第49页。

毛里求斯

国试图将毛里求斯打造成法国在印度洋地区的重要据点，并在该地区投入了大量人力物力。在法国王室的统治下，毛里求斯大力发展航运业，成为该地区重要的航运中心，大量来自欧洲与北美的船只将毛里求斯作为停靠点。据统计，1786~1810年，将近600艘美国船只在毛里求斯停靠。1794年，美国在路易港设立了首个领事馆。与此同时，私掠船产业也成为毛里求斯经济发展的重要推动力。①

种植业经济也在这一时期有了迅猛发展，许多专门种植甘蔗、香料、粮食以及其他作物的种植园纷纷建立起来。种植园主也大量引入奴隶作为廉价劳动力，这使得岛上人口迅速增加。据统计，1767~1797年，毛里求斯的居民人数翻了一番，达到5.8万人，包括6200名白人、3700名"自由人"（主要是来自印度的自由工作者）与4.9万名奴隶（主要为非洲黑奴）。

随着经济的发展与人口的增加，法国也对毛里求斯的管理部门进行了相应的改组，尤其是增设了事务官与总督共享权力。其中，总督统领军队，主要负责岛屿的安全和外交；事务官则全权负责财政、司法、公共工程和农业等内政事务。两者均由法国王室直接任命。此外，原有的"监督委员会"仍然保留，成员主要是前法国东印度公司的资深人员，但委员会的权力被极大削弱。

1790年，法国大革命的消息传到了毛里求斯。由于毛里求斯的很多法国移民是出于对国内专制制度的不满或在国内遭到迫害才来到毛里求斯的，因此王室被推翻使他们欣喜若狂。受到革命的影响，当地居民要求建立殖民地议会与市议会以扩大在政治领域的话语权。最终，在1790年4月27日，毛里求斯经选举产生了包括61名代表的殖民地议会（Colonial Assembly）和市镇委员会（Municipal Councils），剥夺了总督和事务官的权力。岛上居民建立了一个实际上独立于法国的自治政府。1793年，法国新政府通过了废奴法令。次年，一支小型舰队抵

---

① Helen Chapin Metz, "Mauritius: A Country Study", *Country Study*, 1994, http://countrystudies.us/mauritius/2.htm.

达毛里求斯,并传达了法国新政府关于废除奴隶制的命令,但岛上的殖民地议会拒绝执行命令。

拿破仑执政后,政局日趋平稳,法国得以重新恢复对海外殖民地的掌控。1803年,拿破仑向毛里求斯派遣了总督查尔斯·马修·伊西多·德康(Charles Mathieu Isidore Decaen),并废除了岛上的殖民地议会。毛里求斯重回法国殖民统治之下。1806年,新任总督建立了马可邦。

在拿破仑战争时期,法国私掠船与海军舰艇以毛里求斯为基地频繁攻击英国商船。为了消除这一隐患,英军从好望角派出了由约西亚·罗利(Josias Rowley)准将指挥的舰队(由五艘护卫舰组成),对毛里求斯附近的法国力量展开打击。1809~1810年初,罗利发动了一系列小规模袭击,并分别于1809年和1810年占领了罗德里格斯岛与波拿巴岛(Île Bonaparte,今留尼汪岛)。8月,他试图通过占领位于大港附近的花岛(Île de la Passe)从而封锁毛里求斯。这次行动虽取得了成功,但法国人最终设法突破了英军的封锁并诱使英军四艘护卫舰追击进入港内,从而将其全部击沉。此次战斗被称为"大港海战"(Battle of Grand Port),是法国在拿破仑战争时期获得的唯一海上胜利,并被雕刻在巴黎的凯旋门上以示纪念。这场海战也成为在凯旋门上纪念的唯一一次海战。

攻击受挫的英国人决定集中该地区所有海军力量占领毛里求斯。最终,1810年11月底,一支集中了约70艘舰艇,由约1万人组成的英国远征军在毛里求斯北部登陆。岛上的少量法军在经过微弱反抗后迅即投降。根据投降协议,毛里求斯当局承认英国对该岛的主权;而英国则承诺不将岛上居民视为战俘,同时不破坏当地的法律、宗教、语言与风俗习惯。

法国的殖民统治对毛里求斯主要带来了以下几个方面的影响:首先,毛里求斯在法国殖民者的不懈努力下最终成为适宜人类居住的地方;其次,随着种植园经济的不断发展,毛里求斯以农产品为支柱的经济格局基本确立;再次,通过从非洲和印度引入大量移民,法国殖民者使毛里求斯逐渐演变为一个多元化的移民社会;最后,法国殖民者将国内的法律、宗教、语言、风俗习惯等直接移植到毛里求斯,对当地社会文化的发展产生了深远影响。

三 英国殖民时期

随着法军投降,毛里求斯正式进入了英国殖民统治时期。1814 年签订的《巴黎条约》(*Treaty of Paris*)将毛里求斯岛连同查戈斯群岛、塞舌尔群岛、罗德里格斯岛、阿加莱加群岛、特罗姆林岛和卡加多斯－卡拉若斯群岛割让给英国。毛里求斯岛也随之改为现名。虽然英国在毛里求斯维持了 150 多年的殖民统治,但该岛并没有实现真正的"英国化"。正如 1810 年英国与毛里求斯法国殖民当局所签订的协定所规定的那样,在长达一个半世纪的时间里,毛里求斯和塞舌尔原有的法国法律、制度、风俗、习惯等几乎原封不动地保留了下来。尽管英语成为毛里求斯的官方语言,但法语与克里奥尔语在毛里求斯仍占据主导地位。① 来到毛里求斯的英国人大多是奉命前来担任行政管理职务的官员,从事经营活动的仅占极少比例。因此,有人将毛里求斯描绘为"英国人的殖民地、法国人的社会"。

对于毛里求斯的法裔居民来讲,英国人的到来并未对其政治、经济与社会地位产生任何影响,他们依然维持着法国殖民时期的特权。在政治上,虽然英国任命的总督是毛里求斯名义上的最高统治者,但法裔居民几乎垄断了该地区所有的政治资源。任何一任英国总督都需要对该群体的利益给予特殊照顾。这种情况直到 20 世纪初毛里求斯推行宪政改革时才有所改变。在经济上,由于法裔居民拥有岛上绝大多数种植园,因此他们得以控制蔗糖的生产、加工、销售等环节,进而实现对岛上工业、商业、金融业的控制,最终将毛里求斯的经济命脉掌握在自己手中。即便如此,英国殖民者的到来仍是毛里求斯历史上最重要的事件之一。在英国殖民时期,毛里求斯的社会生活发生了巨

---

① "Isle de France(Mauritius)", Wikipedia, 2016, https://en.wikipedia.org/wiki/Isle_de_France_(Mauritius).

大变化。

(一) 奴隶制的废除

占领毛里求斯后，罗伯特·汤森德·法夸尔（Robert Townsend Farquhar）成为英国驻毛里求斯首任总督。他进行了多项社会与经济改革，其中最重要的应属奴隶制的废除。

早在1807年，英国议会便通过了废奴法案，宣布在英国本土以及所有属地废除奴隶制。然而，该法案在毛里求斯的推行遭到了法裔种植园主的顽强抵制。为了维持毛里求斯的稳定，法夸尔只好暂时妥协，宣布尊重毛里求斯原有的风俗习惯，继续保留奴隶制。1821年，马达加斯加国王拉达马（Radama）的侄子拉斯特坦（Ratsitatane）以政治犯的身份被关押在毛里求斯。拉斯特坦不久后设法越狱并成功组织了一次奴隶起义。这次起义虽然最终失败，但也暴露出奴隶与种植园主间不可调和的矛盾。即便如此，奴隶贸易依然在毛里求斯有条不紊地运行。据统计，1827～1835年，仍然有12000余名奴隶从非洲大陆被输送到毛里求斯。

毛里求斯奴隶的悲惨遭遇引起了英国国内废奴主义者的高度关注，并很快被当成一桩丑闻被披露，引起了民众的高度关注。不过，即使是在强大的舆论压力下，岛上的种植园主仍不屈服，这迫使英国殖民部采取行动。

1832年，英国殖民部任命著名的废奴主义者约翰·杰里米（John Jerernie）为英国驻毛里求斯保民官（Procureur General），以保障奴隶们的权益。此举彻底激化了种植园主与英国殖民当局的矛盾。在杰里米就职当天，路易港爆发了激烈的抗议活动。面临巨大的压力，毛里求斯总督被迫屈服，将杰里米解职。然而，英国政府决定采取强力手段，再次将杰里米派往毛里求斯，同时派遣两艘护卫舰护送其就职，并准备在必要时进行军事干预。不过，种植园主仍不肯屈服，针锋相对地组织起了准军事武装力量，不惜与殖民当局鱼死网破。在这种情况下，英国政府也只好息事宁人，杰里米再次离职。

虽然在"杰里米事件"中种植园主取得了胜利，但这也坚定了英国

毛里求斯

政府在必要时采取强制手段迫使种植园主屈服的决心。该事件过后,殖民政府强制所有居民交出武器,并在路易港中心的一座高地上修建了阿德莱德堡以防止类似的事件再度发生。与此同时,种植园主也意识到一味对抗只会将自己置于更加不利的境地。他们的态度开始软化,同意在有条件的情况下废除奴隶制。

在这种情况下,殖民政府与种植园主开始就废除奴隶制进行谈判。最终,双方在1835年2月达成协议,彻底废除了毛里求斯的奴隶制。该协议规定,英国政府需向种植园主支付210万英镑的补偿款,还立法要求已经获得自由的奴隶需以"学徒"的名义在前雇主的种植园继续工作6年。不过,由于"学徒"逃离种植园的情况极为普遍,因此该法律于1838年被提前废除。

奴隶制的废除导致毛里求斯劳动力严重短缺。种植园主不得不从中国、马来亚、非洲大陆以及马达加斯加等地引进劳工。不过,最终同为英国殖民地且人口相对过剩的印度成为毛里求斯最主要的劳工来源地。种植园主的代理人在印度的各大城市设立了招募站,并开出了"充足的食物、轻松的工作、高额的报酬"等诱人条件,吸引了成千上万的印度人来到毛里求斯。[①] 据统计,1834~1910年,共有超过45万名来自孟加拉(Bengal)和马德拉斯(Madras)的印度移民来到毛里求斯。来到毛里求斯后,这些印度移民的美好幻想随即破灭。他们的工作条件十分恶劣,通常每天工作长达10个小时,还往往遭到种植园主的殴打;工资却十分微薄,且经常遭到拖欠与克扣(种植园主推行"加倍扣薪制",即无论什么原因,只要旷工1天,将克扣2天的工资,以此类推,致使工资下降了30%~50%)。在合同到期后,虽然他们按规定可享有返回家乡的自由,但雇主常常利用各种手段迫使其继续在种植园工作。最终,共有近30万名印度移民在岛上定居。直到20世纪初毛里求斯劳动力市场逐渐饱和后,印度移民的输入才逐渐停止。1834~1910年毛里求斯印度移民流入与流出统计见表2-1。

---

① 刘金源:《印度洋英联邦国家》,四川人民出版社,2003,第96页。

第二章 历 史

表 2-1 1834~1910 年毛里求斯印度移民流入与流出统计

单位：人

时间	流入人数	流出人数	净剩人数
1834~1840 年	25403	1103	24300
1841~1845 年	57671	11314	46357
1846~1850 年	36019	16176	19843
1851~1855 年	71048	16475	54573
1856~1860 年	113007	25676	87331
1861~1865 年	56980	14747	42233
1866~1870 年	14312	14919	-607
1871~1875 年	26651	14641	12010
1876~1880 年	11178	10446	732
1881~1885 年	9903	9934	-31
1886~1890 年	9275	7570	1705
1891~1895 年	4226	5444	-1218
1896~1900 年	3968	4639	-671
1901~1905 年	10409	2715	7694
1906~1910 年	1736	1790	-54
合计	451786	157589	294197

资料来源：刘金源《印度洋英联邦国家》，四川人民出版社，2003，第 96 页。

大量印度裔劳工的到来显著改变了毛里求斯的人口构成。据有关统计，1839 年毛里求斯总人口中，印度裔人口所占比例仅为 18%；1864 年，印度裔人口占到总人口的 1/3；1851 年，这一比例达到 43%；1871 年则高达 67%。到了 1931 年，毛里求斯 70% 的人口都是印度裔。在以后的年份中，尽管印度裔人口所占比例有所下降，但始终保持在 50% 以上，并持续至今。由此，印度卢比成为毛里求斯岛的通用货币。与之相比，毛里求斯并未再吸收非洲移民。获得自由的非洲奴隶及其后代离开种植园成为渔民、码头工人和公务员，其人口约占总人口的 20%。此外，19 世纪也有部分中国移民来到毛里求斯，其人口约占总人口的 2%。

与印度裔劳工数量不断增加相伴的是毛里求斯制糖业的繁荣。1825 年，英国向其所有殖民地下达了制糖任务，这极大地促进了毛里求斯制糖业的发展。该地的蔗糖产量从1825年的1.1万吨上升至1826年的2.1万吨。至1854年,已超过10万吨。到19世纪中期,毛里求斯已经成为英国最主要的蔗糖来源地。1855～1859年,其蔗糖产量约占世界总产量的9.45%。

(二) 印度裔居民争取政治、经济权利的努力

从19世纪60年代开始,毛里求斯的蔗糖经济在多重打击下失去了在世界范围内的主导地位。第一,随着世界其他地区甜菜与甘蔗产量的上升,世界蔗糖价格大幅下跌,该产业的利润下降;第二,苏伊士运河的开通使得贸易路线远离了印度洋南部,这意味着毛里求斯远离了主要市场;第三,1867～1869年毛里求斯暴发了大规模疟疾,致使4万多人死亡,造成了巨大的劳动力缺口并重挫了岛上的经济。①

为了应对经济萧条,农场主采取了多种措施:一方面,采用集中生产的方式降低成本、增加利润;另一方面,将利润较低的种植园出售。后者使很多印度裔居民能够通过集资的方式成为小种植园主。据统计,1864～1900年,印度裔居民在购买土地上花费了2400万卢比。至1921年,印度裔居民拥有岛上约35%的耕地。这打破了法裔居民对经济生产活动的垄断,极大地改善了印度裔居民的经济地位,并为其政治地位的上升创造了条件。

与此同时,德国人阿道夫·冯·普列维茨 (Adolph von Plevitz) 在1871年因对印度裔居民生存状况感到不满,组织他们向时任总督戈登 (Gordon) 发起了一次请愿活动,迫使殖民政府最终建立了一个委员会,就其反映的问题进行调查。1872年,英国王室向毛里求斯派出了由两名律师组成的皇家委员会 (Royal Commission)。委员会揭露了印度劳工的艰难境遇,并要求毛里求斯殖民当局和种植园主采取切实有效的措施改善印度劳工的工作与生活条件。受此影响,殖民政府在1878年终于颁布法律,规范了工资体系,并要求雇主和警察不得随意拘禁和拷打劳工、缩短工作时间、降低工作强度等。不过需要指出的是,上述规定在现实中很少能够

---

① Helen Chapin Metz, "Mauritius: A Country Study", *Country Study*, 1994, http://countrystudies.us/mauritius/3.htm.

得到贯彻实施。"加倍扣薪制"直到 1909 年才被正式废除。1922 年，劳工才获得了自由选择工作场所的权利。

1886 年，总督轩尼诗（John Pope-Hennessy）在不断的抗议中决定扩大原有的最高统治机关政府委员会（Council of Government）的规模，增加 10 个选举席位。随后，殖民政府还陆续成立了市政委员会和区委员会，给予了居民一定的决定本地事务的权利。①

此次改革虽然开启了权利分享进程，但殖民政府仅将选举权赋予了几乎被法裔居民垄断的富人阶层，其总人数仅占毛里求斯人口的 2%，而占绝大多数的印度裔居民则被边缘化。为改变这一状况，社会活动家雷米·欧内尔（Rémy Ollier）向维多利亚女王发起了旨在赋予有色人选举权的请愿活动，并最终获得了成功。为纪念他所做出的贡献，首都路易港至今仍有一条以他名字命名的街道。

1901 年，圣雄甘地在从南非返回印度的途中在毛里求斯停留了两周。其间，他竭力劝说当地的印度裔居民重视教育，并积极参加政治活动。他也因此被称为激起印度裔人口政治意识的"第一人"。② 1907 年，一位名叫马尼拉勒·马甘拉尔（Manilal Maganlall）的律师受甘地的委托来到毛里求斯。马甘拉尔积极为印度裔居民的权利斗争，并创办了报纸《印度斯坦》（The Hindustani）。该报在宣传和介绍印度优秀文化传统的同时，大力强调印度裔人口对于毛里求斯的重要性，从而树立了印度裔居民自尊自强的意识。虽然没能切实提升毛里求斯印度裔居民的政治地位，但在马甘拉尔的努力下，印度裔居民逐渐树立了对自身与本族群的信心。20 世纪初，印度裔居民在政治上日趋活跃。

1907 年，致力于扩大选举权覆盖范围的尤金·劳伦（Eugene Laurent）博士成立了政党"自由阵线"（Liberal Action），但遭到以种植园主亨利·卢克勒兹（Henri Leclézio）为首的秩序党（Parti de l'Ordre）

---

① Helen Chapin Metz, "Mauritius: A Country Study", Country Study, 1994, http://countrystudies.us/mauritius/3.htm.
② 刘金源：《印度洋英联邦国家》，四川人民出版社，2003，第 119 页。

的强烈抵制。1911年,双方的冲突最终演变为在路易港地区的大规模骚乱,导致大量商铺被毁,一人死亡。此次骚乱过后,"自由阵线"迅速走向没落。"自由阵线"作为20世纪毛里求斯人自发组织的第一个政治团体,虽然没有取得任何实质性成果,但激发了民众对参与政治生活的兴趣。

第一次世界大战后,世界蔗糖市场因产量过剩而持续萧条。工资待遇的普遍下降导致了印度裔劳工阶层与农场主的进一步冲突。印度裔居民参与政治生活、维护自身权益的愿望越来越强烈。1920年,在印度国民大会(National Congress)成立的鼓舞下,毛里求斯的一些印度裔居民开始组织小团体,创办报刊,加强政治宣传,积极准备参加大选。经过不懈的努力,1921年首次有2名印度裔居民作为提名议员进入政府委员会。1926年大选中,又有2名印度裔居民通过选举方式进入政府委员会。虽然这些印度裔议员多为大种植园主,难以代表底层印度裔劳工的利益,但他们的当选仍被看作印度裔居民政治斗争取得阶段性胜利的标志,激发了印度裔居民进一步参政的热情。

1935年是印度裔移民来到毛里求斯100周年。为纪念这一重要时刻,一些印度裔社会精英成立了印度文化协会(Indian Cultural Association)。该协会主要负责在印度裔知识分子中进行印度文化传统教育,帮助这些印度裔居民中的精英分子增强民族自尊心与自豪感,增强他们日后从政的信心。该协会的一名著名成员西沃萨古尔·拉姆古兰日后成为毛里求斯第一任总理。

1936年,莫里斯·柯尔(Maurice Curé)仿照英国工党(British Labour Party),创建了毛里求斯工党(Mauritius Labour Party)。作为毛里求斯首个代表劳工利益的政党,工党吸引了很多克里奥尔工人与印度裔种植园工人。随后,柯尔、安克蒂尔(Emmanuel Anquetil)与盖伊·罗斯蒙特(Guy Rozemont)等工党骨干分子积极在毛里求斯各乡村与种植园发表演说,鼓励底层居民为提升自己的政治、经济与社会地位而斗争。1937年4月,柯尔还向殖民政府递交了一份1.7万人签名的请愿书,要求修改"早已过时的、不再合乎形势的"宪法,并给予工人代表权与提高工资。1938年,超过3万名劳动者在工党的组织下聚集在三月广场(Champ de

Mars），首次以罢工的形式庆祝五一国际劳动节。最终迫于形势，殖民当局在1938年颁布了《劳工条例》（Labour Ordinance），以改善劳工的工作环境与待遇，同时成立了劳工部处理劳资纠纷，维护劳工权益。

20世纪40年代，在巴斯德奥·比松多亚尔（Basdeo Bissoondoyal）的组织下，以印度裔底层居民为主要对象的"印度文化复兴运动"逐渐兴起。通过深入乡村教授印度语言、文学和历史，比松多亚尔不仅大大提高了印裔劳工、妇女与儿童的受教育水平，而且增强了他们的自尊心与自豪感。该运动虽然没有直接鼓动印度裔居民参与政治，但使大量底层印度裔居民得以通过识字测试赢得选举权。

在第二次世界大战中，毛里求斯并未遭到直接破坏。然而，战争仍使民众尤其是处于底层的印度裔居民陷入困苦之中。由于物资短缺，商品的价格普遍上涨了一倍，而工资仅增长了10%～20%。劳工阶层的普遍不满导致社会矛盾逐渐激化，殖民政府则竭尽所能破坏工会的正常活动，以防爆发动乱。最终，贝尔维哈雷尔制糖厂（Belle Vue Harel Sugar Estate）的工人设法在1943年9月举行了一次大规模抗议活动。该事件以警察向群众开枪，造成三人死亡告终。

（三）逐步走向独立

第二次世界大战之后，英国因国力的衰弱和非殖民化的冲击逐渐放松了对殖民地的管制，毛里求斯政治改革的步伐明显加快，开始向独立逐步过渡。1942～1949年任毛里求斯总督的唐纳德·麦肯齐·肯尼迪（Donald Mackenzie Kennedy）领导了主要的改革工作。他意识到毛里求斯宪法中关于选举权以及代表制度的过时规定是毛里求斯社会不稳定的根源。在这种情况下，肯尼迪成立了一个包含毛里求斯所有阶层代表的宪法协商委员会（Constitutional Consultative Committee），为新宪法的制定提供建议。新宪法规定成立一个拥有更大代表权的立法委员会，并在1947年将选举权扩大到岛上所有能够以任何语言书写其名字的成年人，这标志着政治权力从此由官员、大种植园主手中转移到人口占绝大多数的劳工、小种植园主手中。

在1948年选举中，盖伊·罗斯蒙特领导的工党大获全胜。在19个选

毛里求斯

举议席中,印度裔居民获得了 11 席,克里奥尔人获得了 6 席,法裔居民仅获 1 席。然而,麦肯齐·肯尼迪通过任命另外 12 名委员的方式保障了英国人与法裔在委员会中的多数优势。1953 年,工党在大选中赢得了更大优势,而新任总督希拉里·布拉德(Hilary Blood)则继续通过任命委员的方式确保精英阶层的统治地位。

1955 年和 1957 年,毛里求斯各方代表在伦敦召开了两次制宪会议,并在 1958 年对宪法进行了修改。新宪法将立法委员会改组为立法议会(Legislative Assembly),大大提高了选举委员所占的比例;同时,扩大了选举权的范围,所有 21 岁以上的居民均可参加。为保障各族群的利益,该宪法还加入了"最佳落选者"条款,即为少数党和少数族群中得票最高的落选者预留部分席位。该宪法还引入了部长体系,扩大了毛里求斯本地政府的权力。在 1959 年大选中,西沃萨古尔·拉姆古兰领导的工党获得了 23 个席位,赢得了大选的胜利。

1961 年,有关各方在伦敦召开了一次宪法审查会议(Constitutional Review Conference),决定在未来进一步扩大毛里求斯本地政府的权力。在与主要政党进行协商后,英国殖民政府决定,1963 年大选获胜党的领导人将成为毛里求斯总理。新一届政府将在除对外防御、内部治安以及对外事务的其他领域拥有全权管辖权。最终,工党在西沃萨古尔·拉姆古兰的领导下赢得了大选的胜利。不过,由于担心印度裔的胜利会危及自身经济利益,克里奥尔人在 1965 年 5 月举行了大规模抗议活动,并最终引发骚乱,导致数人死亡。

1965 年,在伦敦召开了一次包括所有政党代表的制宪会议。制宪会议决定,在随后的大选中,只要获胜的政党愿意独立,毛里求斯即脱离英国统治。然而,一些政党如法裔与克里奥尔人支持的毛里求斯社会民主党(Parti Mauricien Social Démocrate)拒绝独立。制宪会议还决定,若毛里求斯决定独立,则原属其管辖的查戈斯群岛将与部分塞舌尔合并,成为英属印度洋领地,并脱离毛里求斯的管辖。这同样引起了社会民主党的强烈不满。此外,由于担心自己在选举中的不利地位,穆斯林行动委员会(Muslim Committee of Action)与工党、独立前进集团(Independent

Forward Bloc）结成了竞选联盟。

1967年8月7日，毛里求斯举行了具有历史意义的选举。来自英联邦的观察员也同期抵达以保障选举结果的公平可靠。最终，支持独立的穆斯林行动委员会、工党和独立前进集团组成的竞选联盟赢得了大选的胜利，西沃萨古尔·拉姆古兰当选毛里求斯首任总理。

第二节 现当代史

由于深厚的民主意识在独立前已在毛里求斯民众心中扎下根，因此英国殖民势力撤出所造成的权力真空并未在毛里求斯导致剧烈的社会动荡。相反，各派政治力量基本都遵循了民主政治的"游戏规则"，这与非洲大多数国家民主受挫的发展特征形成了鲜明反差。此外，毛里求斯多族群社会塑造了毛里求斯多元化的民主政治格局，各政治势力的分化重组极为频繁。不过，较为难得的是，虽然各政治力量在指导思想、奋斗目标等方面有所差异，但毛里求斯仍在政治、经济与社会发展方面维持了较强的政策连续性。这成为毛里求斯独立后稳定发展的坚实保障。

一 君主立宪时期

1967年8月22日，毛里求斯总理拉姆古兰宣布，根据之前与英国达成的协议，毛里求斯开始执行独立程序。1968年3月12日，毛里求斯正式独立，成为英联邦体制内的一个君主立宪制国家，英国女王伊丽莎白二世为国家元首。国家实际权力掌握在总督手中，而总督则由国家元首在毛里求斯内阁（Cabinet of Mauritius）的建议下任命。

在独立初期，毛里求斯需要解决的首要问题是严重的族群隔阂问题。在1948年、1953年、1959年与1967年大选中，选民基本只会将选票投给属于自身族群阵营的候选人，而印度裔居民在人数上的绝对优势则引起了其他族群的强烈不安。在毛里求斯正式独立六周前，克里奥尔人与印度裔穆斯林在路易港发生大规模冲突。最终在英国殖民政府出动军队维持秩

序后，此次骚乱才得以平息。但骚乱仍导致至少 25 人死亡，数百人受伤。①

为防止暴力冲突进一步升级，毛里求斯政府宣布进入紧急状态，并采取了两方面措施。一方面，拉姆古兰在组阁时将其竞选伙伴独立前进集团排除，而接纳了赢得 44% 选票、代表法裔居民与上层克里奥尔人利益的社会民主党，进一步扩大了内阁的代表性；另一方面，政府还在 1969 年对宪法进行了部分修改，决定推迟下届大选，将首届议会的任期延长至 1976 年，以维持社会稳定，使政府能够将主要精力放在经济发展上。

较高的失业率是毛里求斯独立后面临的另一个严峻挑战。20 世纪 40～50 年代医疗卫生等公益性事业的发展极大地延长了居民的平均寿命，其中以对疟疾和寄生虫病的根除效果最为显著。得益于此，年均人口增长率达到 3%。面对严重的人口过剩问题，毛里求斯在 60～70 年代采取了计划生育政策，由此人口增长率得以下降，但劳动力数量仍在增加。独立之前，注册失业者人数占劳动力总数的比例已经超过 12%。

青年失业者在 1969 年成立了名为"战斗党"（Mauritian Militant Movement）的新政党，组织者是保罗·贝仁格、德文·维拉索米与哲尼德·哲罗伯坎（Jooneed Jeerooburkhan）。战斗党自称代表穷人与劳工阶层的利益，并声称要实施激进的社会主义改革。在大量年轻人的支持下，战斗党迅速壮大。1970 年 9 月，在工党领袖拉姆古兰的家乡特里奥莱的议员补选中，战斗党推举的候选人维拉索米以 71.5% 的支持率击败了工党推举的候选人。在 1971 年的市镇选举中，战斗党也以较大的优势击败了工党、社会民主党联合推举的候选人，从而控制了地方政府。在工会的支持下，战斗党在 1971 年组织了数次罢工，要求为工人提供更好的福利并解决失业问题；而战斗党的反对者则两度试图暗杀保罗·贝仁格。这些活动引起社会动荡。作为应对，政府颁布了《1971 年公共秩序法案》（*Public Order*

---

① Helen Chapin Metz, "Mauritius: A Country Study", *Country Study*, 1994, http://countrystudies.us/mauritius/6.htm.

Act of 1971），并按该法案逮捕了战斗党大量领导层与活跃分子（其中大多数人在一年之后即被释放）。此外，政府还禁止政治集会，解散了12个工会，关闭了战斗党的党报《战斗》（*Le Militant*），将紧急状态时间延长至1976年，并禁止大多数反对党的活动。

1975年5月，出于对教育体制与就业状况的不满，毛里求斯大学（University of Mauritius）的学生发起了大规模的示威抗议活动，并与警方发生冲突。该事件迫使政府于同年12月出台法案，将选民的年龄资格降到18岁。

上述活动使政府意识到就业问题的严重性，并决定实施首次经济改革。在1971~1975年实施的经济改革中，发展制造业与制糖业之外的种植业成为重点。政府还发起了名为"每个人都有工作"（Travail pour Tous）的项目，并组建了发展工程公司（Development Works Corporation）。该公司雇用大量劳动力进行公共项目建设。这些政策，加上蔗糖价格的走高、旅游业的发展与出口加工区项目的成功，最终使1976年失业率降至7%。

1976年，毛里求斯举行了独立以来的第二次大选。因长期关注民生问题，战斗党获得了民众的广泛支持；而执政联盟推举的候选人能力不足并深陷腐败丑闻也在一定程度上为战斗党的胜利奠定了基础。最终，战斗党在大选中得到40%的选票，获得了议会70个席位中的34个。然而，工党与社会民主党则以组成联盟的方式获得了议会中的多数席位，最终使战斗党失去了执政机会。

不过，工党与社会民主党的联合政府一直问题重重。一方面，在20世纪70年代末80年代初，毛里求斯经济形势迅速恶化。由于两次石油危机引发的世界性经济衰退，毛里求斯的蔗糖业、旅游业和出口加工业全面萧条，失业率超过20%，达到了历史最高点，通货膨胀率也达到30%。雪上加霜的是，毛里求斯在1979~1982年连续遭遇飓风袭击，作为支柱产业的蔗糖业收入锐减，导致国库空虚。至1982年，政府赤字已达10亿毛里求斯卢比，未偿还外债达50亿毛里求斯卢比。在此情况下，政府被迫向国际货币基金组织寻求援助，后者却开出了极为苛刻的条件。这不仅

招致民众的普遍反对，而且导致政府与执政党联盟内部出现意见分歧。另一方面，新政府也被内部问题困扰。第一，由于拉姆古兰年近八旬，谁将接替他出任工党新领袖成为党内权力争夺的焦点。这最终导致财政部长维拉萨米·林加度（Veerasamy Ringadoo）和农业部长萨特卡姆·布莱尔（Satcam Boolell）的矛盾公开化。第二，政府官员贪腐现象日益严重。例如，1979年5月部分内阁官员被发现有贪腐行为，致使两名部长引咎辞职。第三，由于在经济与社会发展政策、贪腐整治等问题上与工党意见不合，在工党党鞭哈里什·布杜（Harish Boodhoo）的领导下，部分激进议员决定脱党，自行成立了毛里求斯社会主义党（Mauritian Socialist Party）。

在此情况下，反对党也趁机发难，不仅要求政府改变现有的经济与外交政策，而且抓住官员贪腐问题大做文章，要求政府对涉事官员严惩不贷。1979年，战斗党还组织了多次全国范围的大罢工，要求提升工人工资和待遇，这使原本就不景气的经济雪上加霜。

在动荡的政局中，毛里求斯迎来了1982年大选。大选中，战斗党与社会主义党联合向工党与社会民主党组成的执政联盟发起挑战。最终，战斗党与社会主义党大获全胜，获得了62个选举议席中的60个。为使权力移交能够顺利进行，战斗党与社会主义党在大选获胜后表示将继续发展民主制度，坚持每五年举行一次大选，而工党与社会民主党也较为平静地接受了落选这一现实。这在当时的非洲国家中是极为少见的。

为了赢得印度裔选民的支持，阿内罗德·贾格纳特被提名为总理，保罗·贝仁格则担任财政部长。然而，出乎意料的是，毛里求斯历史上获得最多议席的执政联盟却造就了毛里求斯历史上最短命的政府。在获得执政地位后，两党间的分歧很快暴露出来。

其一，在确定官方语言问题上，战斗党试图将克里奥尔语作为官方语言，但社会主义党认为这会影响到说印地语的印度裔居民的利益。其二，社会主义党在获得执政地位后，部分官员也出现了严重的贪腐问题，而社会主义党的领导人却包庇这些官员的犯罪行为，这招致战斗党强烈不满。其三，战斗党领袖保罗·贝仁格在就任财政部长后发现短时间难以扭转不利的经济局势，因此主张与国际货币基金组织合作，推行一揽子改革计划。其中对糖业巨头实施出口税减免的政策引起了社会主义党的强烈不满，后者认为战斗党已经被资产阶级收买而不顾底层印度裔劳工的利益。[①]

围绕上述重要问题的分歧最终导致了贾格纳特与贝仁格关系的彻底决裂。1983年3月，贝仁格趁贾格纳特前往印度参加不结盟运动峰会之际试图修宪，以限制总理的权力。贾格纳特则认为此种做法无异于政变。在他的请求下，时任印度总理英迪拉·甘地（Indira Gandhi）下令印度海军与陆军准备执行代号为"拉尔多拉行动"（Operation Lal Dora）的武装干涉行动。最终，贝仁格的修宪企图并未成功。他随后又试图在议会推动通过对贾格纳特的不信任动议，此次政治风波最后以贾格纳特解散议会提前举行大选而结束。

在1983年8月提前举行的大选中，贾格纳特成立了新政党——毛里求斯社会主义运动（Mauritius Socialist Movement）。该党在与社会主义党合并后又改名为社会主义战斗党（Militant Socialist Movement）。在本次大选中，虽然战斗党赢得了21万张选票，创下了毛里求斯单个政党赢得选票的纪录，但社会主义战斗党与毛里求斯工党、社会民主党组成的联盟赢得了最终的胜利。

该届政府上台后不久便遭遇了严峻挑战。由于工党在1983年大选中对胜利的贡献较低，贾格纳特只将职位较低的计划与发展部长交给了工党领袖布莱尔，招致后者的强烈不满。最终，布莱尔在1984年决定率领部分议员辞职；而继续留在执政联盟中的工党成员成立了毛里求斯工人大会（Assembly of Mauritian Workers）。社会主义战斗党与工党直到1986年下半年贾格纳特任命布莱尔为副总理兼外交部长后才实现和解。

相比之下，1985年曝出的政府毒品丑闻则对执政联盟造成了更为严重的打击。同年12月，4名政府议员在阿姆斯特丹机场被查出携带价值70万英镑的毒品而被逮捕。该事件被认为是政府的严重丑闻而在毛里求

[①] 刘金源：《印度洋英联邦国家》，四川人民出版社，2003，第227~228页。

斯引起轩然大波。贾格纳特被迫中止了涉事议员资格,并任命了特殊委员会调查此事。最终,委员会调查报告显示多名政府官员、警察、海关以及商人参与了毒品走私事件。与此同时,也有人指控监察部长布杜也接受了贩毒集团的贿赂,导致布杜被迫辞职。同年,贾格纳特的重要顾问、前总理西沃萨古尔·拉姆古兰去世,也给执政联盟造成了不小的打击。

在这种情况下,反对党战斗党在1985年12月路易港和威廉平原区的市镇议会选举中大获全胜,获得了60%的选票,赢得了126个席位中的118个。

1986年,执政联盟的形势更加恶化。布杜在被迫辞职后开始积极揭露政府腐败丑闻,并声称社会主义战斗党的部分竞选资金来自贩毒集团。在证据面前,贾格纳特被迫承认了这一指控,致使政府声誉扫地。面对民众的强烈不满,先后有7名内阁部长在1986年辞职,大量议员宣布脱离执政联盟。最终,贾格纳特仅得到26名议员的支持。为防止议会提出对政府的不信任案,贾格纳特被迫宣布在1987年8月提前举行大选。

不过,值得注意的是,虽然面临巨大的政治挑战,贾格纳特任职期间却成功扭转了毛里求斯长期不利的经济形势。借助于20世纪80年代初较为有利的国际经济形势,贾格纳特大力发展出口加工业;随之而来的工业化吸纳了大量空闲劳动力,使失业率大幅下降;旅游业也得以蓬勃发展。最终,毛里求斯经济逐渐摆脱了对甘蔗种植业的依赖,经济增长率连年上升,通货膨胀也受到抑制。在这一时期,毛里求斯被世界银行和国际货币基金组织评为第三世界发展最为成功的国家之一。同时,政府还放宽了对低收入者的贷款条件,使各阶层的民众都有机会享受到经济发展的红利。

最终,凭借着经济建设上的巨大成功,贾格纳特领导的执政联盟在1987年大选中获得了39个席位并再度执政。当选后,贾格纳特宣布要将毛里求斯建成新兴的工业化国家,民众对国家的未来也充满了信心。不过,因政见不和,社会民主党在1988年8月决定脱离执政联盟。这一变动并没有对毛里求斯的政局造成巨大冲击。

在针对下一届大选的准备过程中，毛里求斯各政治力量出现了新的分化重组。长期与社会主义战斗党结盟的工党不甘心一直作为前者的陪衬，谋求更高的地位。换言之，就是想让党领袖布莱尔成为下届总理。这是社会主义战斗党不可能允许的。在这种情况下，社会主义战斗党出乎意料地在1990年7月与主要反对党战斗党结成了竞选联盟，决定大选胜利后由贾格纳特继续出任总理，而战斗党领袖普拉姆·纳巴布辛（Prem Nababsing）则出任副总理兼外交部长。此外，两党还就修改宪法达成共识，决定将毛里求斯改为共和国。两者公开结盟后，仍在执政联盟之中的工党认为遭到了背叛，宣布退出执政联盟，而贾格纳特随即将战斗党纳入政府。为了减少反对派的准备时间，贾格纳特将原定于1992年8月的大选提前至1991年9月举行。在大选中，社会主义战斗党和战斗党组成的联盟获得了压倒性胜利，贾格纳特再次当选总理。

二 共和国时期

根据社会主义战斗党和战斗党达成的协议，两党在1992年3月推动议会通过宪法修正案。毛里求斯正式成为共和国，国家元首由英国女王变为总统。毛里求斯最后一任总督维拉萨米·林加杜（Veerasamy Ringadoo）成为临时总统，卡萨姆·乌蒂姆（Cassam Uteem）则在完成权力交接后成为毛里求斯首任总统。由于国际油价的下跌和有利的美元汇率，毛里求斯经济在共和国成立以后保持了较快增长，政局也保持了稳定。

然而，经济上的成功并未令政府赢得民众的普遍支持。早在20世纪80年代中期，贾格纳特便试图加强政府对新闻出版业的管控。政府通过的《报刊修正案》（*Newspapers and Periodicals Amendment Act*）要求每家报刊出版机构都要由一家银行提供50万毛里求斯卢比的担保。此举无疑大大提高了出版行业的准入门槛，并被公众普遍认为是对新闻自由的侵犯。该事件最终以43名记者被捕并引发公众的强烈不满而进入高潮。最终，政府被迫重新审视其对新闻出版行业的管控政策。

教育是另一个引发公众普遍不满的领域。随着人口的持续增长，毛里求斯中学建设滞后的问题逐渐暴露出来。民众发现国家已经难以提供足够

的高质量中学来吸纳小学毕业生。1991年，贾格纳特政府曾提出一项教育发展总规划试图缓解这一问题。不过，毛里求斯民众认为该计划未能满足社会对增加教育资源的强烈需求，致使本届政府的支持率进一步下跌。

在这种情况下，1995年大选便成为毛里求斯历史上最没有悬念的选举之一。由工党和战斗党组成的联盟以压倒性的优势赢得了大选的胜利，获得了议会全部60个选举席位。工党领袖纳温·拉姆古兰（Navin Ramgoolam）随后担任总理。不过，新的联合政府执政时间十分短暂。由于执政联盟内部在利益分配上的冲突日益严重，战斗党于1997年7月退出了政府，成为反对党，工党开始单独执政。

本届政府执政的转折点发生在1999年。毛里求斯政府一直严厉打击贩毒与吸毒行为，即使是对国际上已经部分合法化的大麻等"软毒品"也持绝对禁止的态度。毛里求斯监狱中因与"软毒品"有关的犯罪而被关押的犯人约有2000人（约占当时监狱关押总人数的75%）。当年2月16日，一场免费音乐会在罗斯希尔举行，共有五支乐队参加，其中有毛里求斯著名的歌手卡亚。在开幕式上，组织者公开宣称要致力于推进"软毒品"的合法化，并要求纳温·拉姆古兰赦免因持有大麻而被监禁的人。在音乐会上，也有很多年轻人公开吸食大麻。

这种与政府禁毒政策公开对抗的做法不可避免地引起了警方的注意。两天后，警方因吸食大麻或鼓励相关行为逮捕了五人，其中包括卡亚。然而，在获释之前卡亚便被发现死于狱中，有传言声称他是因警察施暴而死。由于卡亚在毛里求斯的高知名度，加之他经常维护克里奥尔人的权益，有一定的社会影响力，他的死亡迅速引发了公众的抗议活动，并最终演变为大规模骚乱，造成多人死亡。为平息骚乱，政府被迫将维护社会稳定和民族团结作为工作的重点。时任总统卡萨姆·乌蒂姆进行了为期四天的环岛讲演。政府随后也成立了委员会对事件进行调查，最终排除了警方的嫌疑。不过，此事件不仅暴露了民众和政府在毒品政策上的冲突或对警方滥用暴力的不满，更揭示了毛里求斯深层的社会问题，如贫穷造成的社会动荡以及仍然根深蒂固的族群冲突。

在社会动荡的冲击下，工党在2000年的大选中失利。由社会主义战斗党与战斗党结盟赢得了大选胜利。社会主义战斗党领袖贾格纳特重回执政地位，战斗党领袖贝仁格出任副总理兼财政部长。为了缓解毛里求斯社会中的族群冲突问题，政府在2002年赋予了克里奥尔人聚居区罗德里格斯岛一定的自治权，允许其自行选举代表来管理本岛事务。2003年，根据社会主义战斗党和战斗党达成的权力分享协议，贝仁格接替阿内罗德·贾格纳特担任毛里求斯总理，而阿内罗德·贾格纳特则出任具有象征意义的总统一职（任期至2008年）。贝仁格是毛里求斯独立以来首任非印度裔总理。

本届政府面临的挑战主要来自经济领域。21世纪初，制糖业、纺织业等毛里求斯的支柱产业均出现不同程度的衰落，并导致高通货膨胀率和高失业率。以此为契机，反对党领袖纳温·拉姆古兰在2005年的大选中声称，他若上台将致力于与其他经济体达成有利于毛里求斯的贸易协定，并将振兴制糖业与纺织业作为第一要务。最终，工党通过联合泽维尔－吕克·杜瓦尔党（Parti Mauricien Xavier-Luc Duval）、绿党、共和运动（Mouvement Républicain）、社会主义战斗运动（Mouvement Militant Socialiste Mauricien）等小党派赢得了大选的胜利。工党领袖纳温·拉姆古兰就任毛里求斯总理。同时，该执政联盟还在2006年举行的市镇选举中大获全胜。这导致了社会主义战斗党和战斗党联盟的解体，进一步巩固了此届政府的执政地位。

随着国际油价的不断上涨，纳温·拉姆古兰在2008年决定推行"毛里求斯可持续发展"（Maurice Ile Durable）计划，致力于提高能源使用效率、发展可再生能源以减少对化石能源的依赖。同年，贾格纳特总统的第一任期结束。纳温·拉姆古兰试图通过支持贾格纳特连任与社会主义战斗党结成联盟并获得成功。通过此举，纳温·拉姆古兰既在下届选举中极大地增强了自身实力，同时也避免了与贾格纳特间潜在的权力竞争。

通过与社会主义战斗党、社会民主党的联合，工党在2010年大选中赢得60个选举席位中的41个，以明显优势获得了胜利，纳温·拉姆古兰得以连任。同时，纳温·拉姆古兰还任命贾格纳特之子普拉文·贾格纳

特（Pravind Jugnauth）为副总理兼财政部长。不过，新任政府在上任之初便陷入了丑闻之中。2010年，毛里求斯政府打算收购一家医院并将其改造为老年医学中心。最终，政府却决定收购一家名为美德珀特（Medpoint）的私人诊所。然而，该诊所的所有者沙丽妮·德维·贾格纳特·马尔霍特拉（Shalini Devi Jugnauth Malhotra）恰为财政部长普拉文·贾格纳特的妹妹，现任总统阿内罗德·贾格纳特的女儿；同时，主管此项收购的卫生部长玛雅·汉诺曼吉（Maya Hanoomanjee）则是贾格纳特的表亲。在调查过程中，毛里求斯反腐独立委员会（Independent Commission Against Corruption）发现政府的收购价格存在严重高估现象。最终，两名负责价格评估的公务员被以权谋私的罪名起诉，卫生部长玛雅·汉诺曼吉及财政部长普拉文·贾格纳特均被逮捕，政府的首席估价师也被迫离职。随着丑闻继续发酵，有传言声称对美德珀特诊所的收购是纳温·拉姆古兰为获得阿内罗德·贾格纳特的支持而与后者达成的秘密政治交易。最终，纳温·拉姆古兰被迫中止了与社会主义战斗党的联盟，工党凭借在议会中十分微弱的多数席位单独执政。同时，总统阿内罗德·贾格纳特也在2012年3月宣布辞职。当年7月，原议长凯莱希·普里亚格（Kailash Purryag）接任总统。

在丑闻缠身、执政党联盟破裂与总统辞职的多重打击下，毛里求斯政局陷入了长时间的混乱。随着阿内罗德·贾格纳特的辞职，保罗·贝仁格试图重建战斗党与社会主义战斗党的联盟。然而，该联盟因两党在执政后人事任命方面的矛盾而未获成功。最终，战斗党在2014年4月决定与纳温·拉姆古兰领导的工党结成竞选联盟。在各政党力量分化重组的同时，毛里求斯的议会工作几乎陷入停滞。2014年，毛里求斯议会休会的时间长达9个月。政府被迫将原定于2015年的大选提前至2014年12月进行。

为了防止此类情况再度发生，工党与战斗党在此次大选中提出了一项宪法修正案。该修正案旨在赋予总统更多权力，将政体由原来的议会制改为总统制。纳温·拉姆古兰与保罗·贝仁格声称此次大选是为该修正案所举行的全民公决。为了确保通过这一修正案，他们需要赢得60个选举席位中的45席。然而，两党提出的修宪计划并未得到民众的普遍接受，由社会主义战斗党、社会民主党等数个反对党组成的"人民联盟"在此次大选中赢得了议会60个席位中的47席，取得了大选胜利。贾格纳特第六次出任总理。

新任政府上台后不久，前总理纳温·拉姆古兰便在2015年2月因涉嫌洗钱和密谋不法行为（conspiracy to do a wrongful act）被逮捕，他本人则声称这些指控是别有用心者试图消灭工党的阴谋。随后，拉姆古兰宣布暂时辞去工党领导人职务以便专注于应对司法调查，并任命阿尔文·布雷尔（Arvin Boolell）为新任工党发言人。2010年的美德珀特收购丑闻继续发酵。2015年7月，毛里求斯一家法院宣布财政部长普拉文·贾格纳特在任职期间利用政府卫生资金收购其妹妹拥有股份的美德珀特诊所的行为有违公众利益，并判处其一年监禁。普拉文·贾格纳特表示不服判决并提出上诉。①

面对经济犯罪行为，金融改革成为该届政府的工作重点。阿内罗德·贾格纳特在上任后不久便解除了中央银行行长比尼克（Rundheersing Bheenick）与副行长苏马里（Issa Soormally）的职务。2015年4月，因涉嫌参与庞氏骗局，中央银行撤销了英美投资公司（British American Investment）旗下布拉莫银行（Bramer Bank）的营业许可，并将其保险业务纳入自己的管理体系。② 毛里求斯还在2015年6月加入了国际税收协定，以打击跨国金融犯罪行为。③

2015年，毛里求斯发生了一次较为重要的权力交接。当年5月底，依照与执政联盟达成的权力交接协议，毛里求斯总统凯莱希·普里亚格宣布辞职，以便将职位移交给执政联盟提名的候选人。2015年6月4日，议会正式批准杰出的生物学家阿米娜·古里布-法基姆（Ameenah Gurib-Fakim）担任新一任总统，而她也成为毛里求斯历史上第一位女性总统。

---

① "Mauritius Former Technology Minister Sentenced over Conflict", *Reuters*, July 2, 2015.
② Crystal Orderson, "Mauritius: The Great Clean-up", *The Africa Report*, June 30, 2015.
③ "Mauritius Joins Global Tax Convention to Fight Black Money", *The Times of India*, June 25, 2015.

古里布－法基姆承诺将加强科技外交和科研产品的出口以促进毛里求斯经济的可持续发展与转型升级。①

在经济领域，毛里求斯的旅游业在2015年得到了进一步发展，游客数量达到了110万人次。为了进一步规范旅游业市场，毛里求斯旅游部长泽维尔－吕克·杜瓦尔（Xavier-Luc Duval）决定在两年内暂停新酒店的建设工作，以保障旅游行业的供求平衡并维护海岸线的自然景观。

在外交领域，2015年3月依据《联合国海洋法公约》附件七组成的仲裁庭对毛里求斯和英国之间的查戈斯群岛海洋保护区仲裁案做出裁决，认定英国单方面划定海洋保护区的行为违法。因毛里求斯与英国就查戈斯群岛的主权归属问题存在争议，此次仲裁无疑又为领土问题增加了新的变数。

2016年，困扰政府多年的美德珀特收购丑闻终于尘埃落定。当年5月，毛里求斯高级法院二审改判普拉文·贾格纳特无罪，随后总理任命普拉文·贾格纳特重新担任财政部长一职。②2017年1月，阿内罗德·贾格纳特宣布辞职，并将总理权力移交给财政部长普拉文·贾格纳特。该行为虽符合毛里求斯法律，但招致反对党的严厉批评。

不过，在同一时间，另一受贿丑闻再次使毛里求斯政坛陷入了严重危机。毛里求斯总统阿米娜·古里布－法基姆被发现在2016年起便与安哥拉商人拉瓦罗·索布里尼奥（Lávaro Sobrinho）保持着不正当的密切关系。她被聘任为后者经营的"地球研究所"（Planet Earth Institute）的董事。此后，她又要求毛里求斯金融服务委员会（Financial Services Commission）向索布里尼奥颁发银行营业执照。2018年3月，古里布－法基姆又被查出使用索布里尼奥提供的信用卡挥霍了数十万毛里求斯卢比购买私人用品。此举严重违反了毛里求斯宪法，且恰逢毛里求斯独立50周年纪念日，总理普拉文·贾格纳特要求她立即辞职。然而，古里布－法基

---

① 王欲然：《毛里求斯产生首位女总统》，《人民日报》2015年6月6日。
② Kervin Victor, "Mauritius Reappoints Finance Minister after Graft-Appeal Success", Bloomberg, May 25, 2016.

姆拒绝辞职并由此引发了宪政危机。3月9日,普拉文·贾格纳特曾宣布古里布-法基姆将在独立纪念日后辞去总统职位,但古里布-法基姆本人随后否认了这一消息。她声称自己是无辜的,并暗示受到了他人牵连。3月16日,古里布-法基姆成立了一个调查委员会以向民众公布真相并试图自证清白,不过又有多位宪法专家认为此举再次违反了宪法。次日,古里布-法基姆最终向议会提交了辞呈。3月23日,毛里求斯副总统巴伦·沃亚普里(Barlen Vyapoory)成为毛里求斯代理总统并任职至今。

第三节　著名历史人物

一　马埃·德·拉布尔多内马

马埃·德·拉布尔多内马生于1699年,曾任毛里求斯(当时称为法兰西岛)总督。他通过不懈的努力极大地改善了岛上的经济与安全状况,为毛里求斯日后的发展奠定了基础。①

1699年2月11日,马埃·德·拉布尔多内马出生于法国的圣马洛(St. Malo)。他并未受过良好教育,在10岁时即随船出海。不过,长期的海上生活使拉布尔多内马成为一名优秀的水手与战士。同时,他还在贸易、船只与防御工事建造等领域展现出过人的天赋。

拉布尔多内马于1718年加入法国东印度公司,并在1735年6月4日来到毛里求斯,接替莫平(Maupin)担任毛里求斯总督。他上任之后立即开始对殖民地进行军事化管理,改变了其纪律涣散的情况;同时,通过招募大量奴隶进入军队来加强岛上防务,使隐藏在丛林中的逃跑的奴隶不敢轻易发动针对殖民者的袭击。上述手段有效地降低了奴隶的出走数量,使之难以对殖民地的稳定构成威胁。

---

① "The Development of Isle de France –(Mauritius)– under Mahé de La Bourdonnais", Mauritius Holidays Discovery, 2016, http://www.mauritius-holidays-discovery.com/isle-de-france.html.

毛里求斯

在之前的殖民活动中，粮食短缺一直是困扰毛里求斯发展的重要问题。为解决岛上的粮食问题，拉布尔多内马引进了木薯与玉米。不久之后，毛里求斯便实现了粮食的自给自足。

拉布尔多内马还在殖民地管理中引入了自由企业和工资的概念，毛里求斯的所有居民（不论是殖民者还是奴隶）均被鼓励进行商业经营以振兴岛上经济。他还自己投资建立了很多公司。

为了殖民地的长远发展，拉布尔多内马对奴隶进行造船、石工的训练。他还从印度的本地治里（Pondicherry）引进了专业工人促进毛里求斯的建设。

在拉布尔多内马的努力下，毛里求斯日趋稳定且日渐繁荣。他通过多种手段进一步促进毛里求斯的发展，其中包括在岛上引入鸡肉生产体系，发行类似于纸币的可兑换票据，以及最重要的——引入甘蔗种植业。荷兰殖民时期，荷兰人种植少量甘蔗作为酿酒原料，而拉布尔多内马则将其作为主要的经济作物进行大规模种植。拉布尔多内马从印度、马达加斯加、莫桑比克等地引进大量奴隶投入甘蔗种植与制糖工厂的生产。制糖业很快便为毛里求斯带来了大量财富，现在仍是毛里求斯的经济支柱之一。

拉布尔多内马还敏锐地意识到了毛里求斯的战略价值。他依靠从印度、马来西亚等地引进的工人以及自身在造船领域的天赋，建成了路易港，并使之成为该海域法国重要的海军基地与船只补给、维修和建造中心。

随着殖民地人口的持续增加，他还大力发展医疗卫生等领域的基础设施建设，奠定了今日路易港城镇的基本雏形；同时，通过在路易港修建教堂、商场与剧院等方式吸引岛上其他地区的居民移居于此，使路易港成为毛里求斯的政治、经济与文化中心。

拉布尔多内马还试图建立更多的码头与仓库，将毛里求斯打造成地区重要的进出口中心。此外，他还计划在路易港附近修建巨大的城防工事以便在外敌入侵时为所有居民提供保护。不过法国东印度公司不愿为毛里求斯投入如此巨大的建设经费，否决了他的绝大多数建设计划。

第二章　历　史

1741年,随着英法战事升级,拉布尔多内马积极在毛里求斯组织远征军,以支持法军在本地治里和马德拉斯的防御工作。与此同时,他还将毛里求斯作为制衡英国在印度洋影响力的重要据点,进一步加强岛上的军事、经济建设。

遗憾的是,拉布尔多内马卓有成效的工作在发展了毛里求斯的同时也引起了部分同僚的妒忌,并遭到阴谋陷害。1747年卸任毛里求斯总督后不久,他便被投入监狱。虽然最后被宣判无罪,但三年的牢狱之苦给拉布尔多内马的身体健康带来了无法挽回的损伤。最终,他于1753年11月10日去世,享年54岁。①

因拉布尔多内马为毛里求斯发展做出的巨大贡献,毛里求斯人在路易港为他修建了一座雕像。该雕像至今仍矗立在路易港,守护着毛里求斯。

二　西沃萨古尔·拉姆古兰

西沃萨古尔·拉姆古兰(又名科瓦尔,Kewal)生于1900年,1967~1982年任毛里求斯总理,是毛里求斯著名的政治家与慈善家。

拉姆古兰在1900年9月18日出生于毛里求斯贝尔里夫(Belle Rive)的一个印度裔家庭。其父为莫艾·拉姆古兰(Moheeth Ramgoolam),是一名制糖厂工人。7岁时,拉姆古兰的父亲去世;12岁时,他在一次严重的事故中失去了右眼。他早年在贝尔里夫当地的印度裔夜校就读,主要学习印度宗教与哲学,之后在附近的R.C.A.学校学习历史、地理、英语和法语。小学毕业后,他先后在贝莱尔公立学校(Belair Government School)和居尔皮普公立男子学校(Curepipe Boys' Government School)接受教育。在这期间,他叔叔对他未来的发展产生了巨大影响。他常常倾听其叔叔与朋友间对本地政治及印度独立斗争的讨论,逐渐培养了对政治的浓厚兴趣。

初中毕业后,拉姆古兰进入位于居尔皮普的皇家学院接受高中教育。

---

① "Bertrand-François MahédeLaBourdonnais", https://en.wikipedia.org/wiki/Bertrand-Fran%C3%A7ois_Mah%C3%A9_de_La_Bourdonnais.

毛里求斯

受语言老师的影响，他开始热衷于英国和法国文学。

此后，拉姆古兰曾在民政部门短暂工作。在这一时期，他体会到下层民众生活的困苦，同时也经历了失去母亲的悲痛。这使他决定要在日后帮助那些比他更不幸的人。

1921年，拉姆古兰在其哥哥的资助下前往位于英国伦敦的伦敦大学学院（University College London）学习医学，后在伦敦经济学院（London School of Economics）任教。

1958年，拉姆古兰加入了毛里求斯工党，开始了政治生涯，并在次年成为工党的领导人。在1961年的伦敦制宪会议上，拉姆古兰是独立派的领导者，竭尽所能地为毛里求斯争取独立地位。同时，他还是圣雄甘地的追随者，尽全力确保在独立的道路上不会发生流血事件。在1961~1968年，拉姆古兰担任毛里求斯首席部长。由于出色的工作能力与远见，他获得了英国殖民办公室（Colonial Office）的认可。1963年，英国政府依靠他建立了一个具有广泛代表性的毛里求斯政府。1965年，因出色的工作表现，拉姆古兰在女王生日当天被封为爵士。

在1967年举行的大选中，由工党、独立前进集团和穆斯林行动委员会组成的联盟获得了胜利。拉姆古兰出任毛里求斯首任总理。1969年，他领导工党与社会民主党组成执政联盟，并赢得了1976年大选，得以连任。在任期间，拉姆古兰将关注点放在民生领域，着重发展医疗、教育与社会保障事业，提高贫困居民的生活水平。[1]

工党在1982年大选中败于战斗党。阿内罗德·贾格纳特成为新任总理。1983年，工党与贾格纳特领导的新党——社会主义战斗党结成联盟并获得大选胜利，拉姆古兰再次出任总理。1984年，拉姆古兰卸任工党领导人一职，并将其转交给萨特卡姆·布莱尔。1985年，拉姆古兰在工作时去世，享年85岁。

为纪念拉姆古兰为毛里求斯独立与发展做出的卓越贡献，毛里求斯

---

[1] Anand Mulloo, "Economic and Social Development", Birth Centenary Celebrations of Sir Seewoosagur Ramgoolam, 1998, http://ssr.intnet.mu/.

有大量的公共建筑以他的名字命名,包括一座老人康乐中心、一座大学与一个国家机场。他的肖像还被印在所有硬币与2000元毛里求斯卢比的纸币上。此外,在西沃萨古尔·拉姆古兰植物园、路易港的科当水门、印度的巴特那(Patna,拉姆古兰祖先的故乡)均建有他的纪念雕塑。

三 阿内罗德·贾格纳特

毛里求斯著名的政治家,曾担任毛里求斯总理与总统,现任毛里求斯内阁资政(Minister Mentor)、罗德里格斯岛事务部长与国防部长。

贾格纳特于1930年3月29日出生于一个传统的印度裔家庭中。他先后就读于帕尔马小学(Palma Primary School)、摄政学院(Regent College)和新伊顿学院(New Eton College),随后在司法部门担任办事员。1951年贾格纳特前往英国学习法律,1955年回国后开设律师事务所。1957年,贾格纳特与萨罗伊·巴拉(Sarojini Ballah)结为夫妻。

1959年,贾格纳特加入"独立前进集团",随后进入政界。在1963年大选中,贾格纳特当选为立法议会议员。1965~1966年,贾格纳特被总理西沃萨古尔·拉姆古兰任命为发展部长(Minister for Development),1966年担任劳工部长(Minister of Labour)。同时,他还参加了伦敦制宪会议。其法律背景对毛里求斯的独立谈判起到了促进作用。

1970年,贾格纳特加入了战斗党,并成为党领袖。在1976年大选中,战斗党虽获得了34个席位,成为议会第一大党,但由于工党和社会民主党结成了联盟获得了议会多数,西沃萨古尔·拉姆古兰得以留任,贾格纳特成为议会反对党领袖。

在1982年大选中,贾格纳特通过与社会主义党联合的方式成功赢得了大选,获得了全部60个选举议席。他也随即当选毛里求斯总理。不过,由于与战斗党创始人保罗·贝仁格之间的权力争夺迅速激化,贾格纳特不得不宣布在1983年提前举行大选,并脱离战斗党创立了社会主义战斗党。通过与工党和社会民主党结成联盟,贾格纳特赢得了1983年大选,并再次当选总理。任职期间,贾格纳特有力地促进了毛里求斯工业的发展。在随后的 1987、1991 年大选中，社会主义战斗党均获得了胜利，贾格纳特得以连任。

1995 年，贾格纳特试图修改宪法但未获成功。他随后解散了议会并提前举行大选。在此次选举中，工党与战斗党组成的反对党集团取得了压倒性胜利，获得了全部 60 个选举席位。贾格纳特在此次选举中的惨败一方面可归结为未能吸引到非印度裔居民的支持；另一方面也可归结为民众对他长时间的统治感到厌倦。

2000 年，贾格纳特与保罗·贝仁格达成了权力分享协议，即若赢得下届大选，则由贾格纳特先出任三年总理，后由贝仁格完成剩下的两年任期。该项协议促成了社会主义战斗党和战斗党的联合。在当年举行的大选中，该联盟取得了胜利，贾格纳特再度当选总理。

2003 年 9 月，贾格纳特辞去总理职务，后就任总统。同年，贾格纳特将社会主义战斗党的领导权交给了他的儿子——普拉文·贾格纳特。2008 年，贾格纳特获得连任，再度出任总统。

2010 年，普拉文·贾格纳特因涉嫌腐败案件被独立反腐败委员会（Independent Commission Against Corruption）逮捕。2012 年 3 月，阿内罗德·贾格纳特宣布因与政府高层政见不和而辞去总统职务，但外界普遍推测他辞职的真正原因是不满于检察机关对其子展开犯罪调查。

辞去总统后，阿内罗德·贾格纳特试图与保罗·贝仁格再次结盟，但未获成功。随后，其转向与社会民主党与自由运动进行联合，并最终在 2014 年大选中获胜，再次当选总理，开始了其第六个总理任期。2017 年 1 月，他决定辞去总理职务，并将其移交给普拉文·贾格纳特。

值得注意的是，阿内罗德·贾格纳特还是毛里求斯的卓越商人，拥有毛里求斯最著名的建筑公司。他与萨罗伊·巴拉育有一子一女。其子普拉文·贾格纳特为现任毛里求斯总理、社会主义战斗党领导人；其女沙丽妮·贾格纳特则是美德珀特医院的前负责人。①

---

① "Anerood Jugnauth", Wikipedia, 2016, https://en.wikipedia.org/wiki/Anerood_Jugnauth.

四 保罗·贝仁格

保罗·贝仁格是毛里求斯著名政治家,2003~2005年任总理,并曾先后六次任议会反对党领袖,担任过副总理以及财政部长、外交部长等职。

保罗·贝仁格在1945年3月12日出生于居尔皮普的一个法裔家庭。他先后在英国和法国接受高等教育,最终毕业于班戈大学(Bangor University),获哲学与法语荣誉学士学位。

1969年,贝仁格与德文·维拉索米、哲尼德·哲罗伯坎一同创建了战斗党,开始了其政治生涯。该党在大选中的得票数长期高于40%。在1979年大选中,战斗党推选阿内罗德·贾格纳特为总理候选人,而贝仁格则计划出任财政部长。虽然最终战斗党获得了34个席位,成为议会第一大党,但败给了由社会民主党和工党组成的竞选联盟。

在1982年大选中,贝仁格与哈里什·布杜领导的毛里求斯社会主义党结盟,期望后者能够吸引到印度裔居民的支持。最终战斗党以压倒性优势胜出,贝仁格出任财政部长,阿内罗德·贾格纳特担任总理。任职期间,贝仁格无视印度裔居民占大多数的事实,试图将克里奥尔语作为毛里求斯的官方语言;同时,还企图修改宪法,削弱总理的权力。这最终导致了其与总理阿内罗德·贾格纳特的分裂。贾格纳特决定解散议会,提前举行大选,同时脱党另组社会主义战斗党。

在1983年大选中,贝仁格领导的战斗党虽赢得了高达45.6%的选票,但仍败给了社会主义战斗党、工党和社会民主党组成的竞选联盟。贝仁格随后被任命为议会反对党领袖。在1987年大选中,战斗党虽然获得了高达47.3%的选票,但由于其支持者多集中在城镇选区,最终只获得了21个席位,不敌工党、社会主义战斗党和社会民主党组成的联盟。

在1991年大选中,战斗党通过与社会主义战斗党联合而获胜,贝仁格出任毛里求斯外交部长。但执政联盟在1993年即宣告破裂,贾格纳特将贝仁格和所有战斗党成员排除出政府,选择与其他党派结盟。贝仁格则与纳温·拉姆古兰领导的工党结盟,并赢得1995年大选的胜利,出任副总理。

毛里求斯

在2000年大选中,贝仁格经过数小时的谈判,成功劝说贾格纳特与之达成权力分享协议,促成了战斗党与社会主义战斗党的联合。最终,该联盟获得了大选的胜利。贝仁格先是出任副总理,而后在2003年接替贾格纳特出任总理。由此贝仁格成为毛里求斯第一位非印度裔总理、殖民地时代后唯一一位领导非洲国家的白人政治家。

在2005年大选中落败后,贝仁格长期担任议会反对党领袖。2013年1月,贝仁格在一次新闻发布会上宣布自己患有扁桃腺癌,并将前往法国治疗,在这期间艾伦·加努(Alan Ganoo)将接替其工作。同时,贝仁格表示自己心态良好,有信心在接受治疗后重归政治舞台。2013年10月,贝仁格宣布他的治疗已取得成功,并重回议会任反对党领导人一职。

2014年,贝仁格再次与工党领导人纳温·拉姆古兰达成了权力分享协议并结成竞选联盟。不过该联盟最终未能在大选中战胜社会主义战斗党。

五 朱梅麟

毛里求斯杰出的华人政治家、客家人,曾担任毛里求斯华商总会主席、毛里求斯立法委员、地区事务部长、财政部长。

朱梅麟是毛里求斯第二代华人。其父朱维勋于1887年从中国广东梅州移民毛里求斯,经过一段时间努力工作,在庞波慕斯开了一家自己的小店。朱梅麟是他的第二个儿子,生于1911年,小学没毕业就进入自己的食品杂货店当学徒。1931年,朱梅麟开办了自己的ABC零售店。不久,他就开始自己进口货品并向毛里求斯各地批发,他的零售店逐渐发展为遍布毛里求斯的连锁店,业务涵盖零售、进出口、金融等。1942年,朱梅麟当选毛里求斯华商总会主席,他还与人合办了《中国日报》(*Chinese Daily News*)。二战期间,他积极参与中国天主教传教团的慈善救济工作,还以向国内捐款、组织华人青年回国等形式支持抗战。1948年,英国殖民政府任命他为立法会议员,以表彰其努力工作和善举,最后他参加了议会选举并当选。毛里求斯独立之初,他被任命为地区事务部长和财政部长。20世纪70年代,世界蔗糖价格下跌,毛里求斯经济面对重大考验。

朱梅麟利用他在中国台湾和香港的社会关系，动员两地企业来毛里求斯投资兴业，帮助毛里求斯渡过难关。他的种种努力促进了毛里求斯出口加工区建设，推动了一批纺织工厂的发展。自1972年以来，出口加工区为毛里求斯创造了6万多个工作岗位。

朱梅麟热心传播中国传统文化和价值观，他不仅是世界客家人联合会（World Hakika Federation）的创始人之一，而且多次促成毛里求斯和中国香港之间的足球交流活动。

鉴于他在促进毛里求斯经济、宗教和文化发展等方面的贡献，1980年英国女王伊丽莎白二世在白金汉宫册封他为爵士，并热情接见了他。1991年，教皇保罗二世册封他为"圣格里高利骑士"（Knight of St. Eregory the Great）；10月23日，他溘然长逝。毛里求斯政府决定把他的头像印在25卢比的纸币上，以纪念他的贡献。2011年朱梅麟诞辰100周年之时，毛里求斯政府还专门发行了印有他头像的邮票以示纪念。

第三章
政　治

第一节　宪法与选举制度

一　宪法与选举制度的发展

1831年，英国殖民当局颁布了毛里求斯第一部宪法。根据该宪法，毛里求斯成立了一个由七人组成的政府委员会，委员由总督提名产生。1831年宪法颁布后，法裔居民要求得到更多政治权利的呼声日益高涨，并在1882年向英国总督发起了请愿活动。为了争取法裔居民的支持，英国于1885年颁布了新宪法。新宪法在保留大量总督权力的同时也下放了一定的权力，将政府委员会的规模扩大为27人，其中8人为当然委员（ex officio member，即不经选举或批准产生的委员），9人（其中至少3人为非官方背景）由总督提名产生，10人从9个选区中选举产生。殖民当局对选民的资格进行了严格的限制，要求其必须经过良好教育且拥有大量财产。在这种情况下，占毛里求斯人口绝大多数的印度裔居民和克里奥尔人便被排除在了选民范围之外。在1886年毛里求斯举行的首次选举中，仅有4061人获得选民资格，其中有295人是亚洲裔，而当时毛里求斯的总人口为36万人。

1885年宪法颁布后，英国殖民当局在毛里求斯开始了缓慢的民主建设。1926年，印度裔毛里求斯人在具有严格限制的情况下被允许参与投票。1933年，英国对1885年宪法进行了修订，将政府委员会中总督提名的非官方背景的委员人数由 3 人增至 6 人。①

二战结束后，随着去殖民化运动在世界范围内的高涨，英国不得不加快推进毛里求斯的民主建设。1947 年，英国颁布了新法。新宪法允许毛里求斯成立立法委员会（Legislative Council），委员会主席由总督担任，包括 3 名当然委员（分别为殖民地大臣、检察官与法律总顾问、财政秘书）、12 名任命委员与 19 名选举委员。② 选举代表比例首次超过半数。此外，该宪法还扩大了选民的资格范围，所有能通过简单识字测试的男女居民均被允许参与选举。选民数量因此增长了 6 倍。1947 年宪法颁布后，印度裔首次享有广泛的政治权利。凭借巨大的人数优势，他们在首次立法委员会选举中获得了 11 个席位。相比之下，克里奥尔人和法裔毛里求斯人仅分别获得 7 席与 1 席。印度裔族群的巨大胜利引起了其他少数族群的警惕，并最终导致印度裔与其他族群间深刻的隔阂，其影响持续至今。

1947 年宪法虽然扩大了民众对政治的参与，但其在民主建设方面的成就仍十分有限。例如，立法委员会的选举委员并不能进入毛里求斯直接管理机构执行委员会（Executive Council）。此外，出于对印度裔居民政治权利膨胀的恐慌，总督未提名任何印度裔居民担任任命委员。③

1953 年 12 月，立法委员会以微弱多数通过了一项旨在增加毛里求斯自主权的决议。英国殖民地事务大臣（Secretary of State for the Colonies）勉强接受了该决议并要求毛里求斯总督与相关政治力量进行协商。此后，各党派提出了不同的改革方案。其中工党（主要成员为印度裔）要求在毛里求斯实施普选，减少立法委员会中任命委员的数

---

① S. A. De Smith, "Mauritius: Constitutionalism in a Plural Society", *The Modern Law Review*, Vol. 31, No. 6, 1968, p. 604.

② L. Amedee Darga & Gilles Daniel Joomun, *Strengthening Parliamentary Democracy in SADC Countries: Mauritius Country Report*, Braamfontein: The South African Institute of International Affairs, 2005, p. 5.

③ S. A. De Smith, "Mauritius: Constitutionalism in a Plural Society", *The Modern Law Review*, Vol. 31, No. 6, 1968, p. 604.

量，并引入部长制；其他政党则要求按族群等标准分别进行投票，限制选民数量并增加任命委员的名额。最终国务秘书（Secretary of State）接受实施普选、增加在执行委员会中非官方人员的比例与引入部长制等建议，不过他认为执行委员会中非官方人员应该通过单一的选举，经由比例代表制产生。

最终，殖民当局在1958年7月对1947年宪法进行了修改。立法委员会改组为立法议会（Legislative Assembly），包括3名当然议员、12名指定议员与40名选举议员。立法议会会议由议长（Speaker）主持。议员中将有9名被选入执行委员会并被任命为部长。

20世纪60年代末，英国决定允许毛里求斯独立。然而，由于担心印度裔居民凭借人数上的绝对优势霸占政府权力进而损害其他族群的利益，加之惧怕不同族群间的紧张关系会危及毛里求斯社会稳定，因此英国殖民当局试图设计出一套能够保障毛里求斯所有族群安全、代表权的选举制度。英国国务秘书在1965年成立了一个委员会以在设计选举制度、选区分界及立法机关议席分配的最佳方案等问题上提供建议。

在选举制度的设计上，为防止印度裔在议会中所占席位过多，委员会建议不实行单名额选区制（single member constituency，即每个选区只推选一名候选人）或直接比例代表制。与此同时，委员会也不建议毛里求斯采用完全的权力分享制度（即每个族群均可在议会中占据规定数量的席位，每个族群均独立投票以选举代表），因为这将强化毛里求斯的族群边界并最终阻碍民族融合。此外，委员会还本着保障所有族群代表权的原则对毛里求斯的选区进行了划分。这些建议均被毛里求斯政府接受并沿用至今。

在立法机关席位的分配上，为保障少数族群的代表性，委员会提出了两条建议：第一，若有一个政党在选举中获得了25%的得票率但未获得25%的议会席位，便应增加该党所占的席位以使其在立法机关中的席位比例上升至25%；第二，在议会中为少数党和族群中得票最高的落选者留出5个席位。然而，由于担心上述原则不能合理代表毛里求斯穆斯林群体的利益并为选举带来混乱，毛里求斯政府拒绝了这些建议。在与英国进行沟通与协商后,毛里求斯最终接受了第二条建议并沿用至今。①

二 现行宪法与选举制度

(一)宪法

1966年12月,英国决定给予毛里求斯独立地位。1967年,毛里求斯举行了首次大选并在1968年正式独立。同年,毛里求斯颁布了独立之后的第一部宪法并沿用至今。根据1968年颁布的《毛里求斯宪法》(*Mauritius's Constitution*),毛里求斯是一个君主立宪制国家,英国女王为国家元首。该宪法从20世纪90年代开始经过了十余次修订。其中较为重要的是1991年的宪法第三号修正案。该修正案将毛里求斯改为共和制国家,元首为总统,并规定了总统与副总统的选举、弹劾程序及权力范围。②

现行的1968年宪法是毛里求斯的最高法律。根据该宪法的第一章第二条,任何法律条款若与宪法冲突,便因违宪而无效。该宪法共有11章,122条,内容广泛,涉及毛里求斯政治、经济、军事和社会等各个方面。其具体框架为:第一章,国家与宪法,共2条;第二章,个人基本权利及自由的保障,共17条;第三章,国籍,共8条;第四章,毛里求斯共和国的总统与副总统,共3条;第五章,议会,共2节27条;第六章,行政,共18条;第七章,司法,共9条;第八章,服务委员会和公共服务,共11条;第九章,调查专员,共7条;第十章,财政,共8条;第十一章,其他的规定,共12条。此外,还包含4个附件。

毛里求斯宪法有如下特点。

---

① Adam Aft & Daniel Sacks, "Mauritius: An Example of the Role of Constitutions in Development", *University of Miami International & Comparative Law Review*, Vol. 18, No. 1, 2010, pp. 113 – 115.

② L. Amedee Darga & Gilles Daniel Joomun, *Strengthening Parliamentary Democracy in SADC Countries: Mauritius Country Report*, Braamfontein: The South African Institute of International Affairs, 2005, p. 5.

第一，对人权保护做了详尽的规定。毛里求斯宪法中有关人权保护的条款主要集中在第二章，重点是在保障消极权利，即个人要求国家权力做出相应的不作为的权利。宪法第3条明确规定，"本宪法承认和宣布在毛里求斯境内存在并将继续存在下述人权和基本自由，而不论种族、籍贯、政治见解、肤色、信仰或者性别的区别"，具体包括：生命权、自由权、人身安全和获得法律保障的权利；信仰自由、言论自由、集会结社自由、创办学校的自由；保护私人住所和财产的权利，以及防止财产被剥夺而未获得赔偿的权利。不过，宪法在保障这些权利的同时也对它们做出了"不应损害他人权利和自由即公共利益"的限制。此外，为了能对人权进行更好的保护，宪法还明确指出仅有的少数几种可以对上述权利进行限制的情况。①

第二，明确了三权分立原则，体现了司法独立精神。受英法长期殖民的影响，毛里求斯宪法规定毛里求斯实行议会制和多党制，实行西方式的三权分立原则。例如，宪法第45条规定，"议会应当为毛里求斯的和平、秩序及良好的治理制定法律"；第58条规定，"毛里求斯的行政权属于总统"；第76条规定，"最高法院拥有对民事或刑事诉讼的司法权"，并规定"非经本人同意，不得取消在任法官的职位"。

（二）选举制度

毛里求斯的选举主要为议会选举，每四年或每五年举行一次。1968年独立后，毛里求斯成立了由70名议员组成的立法议会，其中62名议员从21个选区中选举产生（毛里求斯岛的20个选区各拥有3个名额，罗德里格斯岛有两个）。在举行大选时，每个候选人必须在印度裔族群、穆斯林族群、华裔族群或无族群倾向中进行选择。选举结束后，选举监督委员会（Electoral Supervisory Commission）将根据各族群在议会中力量的对比，在落选的候选人中选择得票率高的4人担任官委议员。另有4名官委议员遵照类似程序，并综合考量各族群与各党派在议会中的力量对比后选择产生，从而维护少数群体和弱势群体利益。官委议员制度不是为了改变选举

---

① 《世界各国宪法》编辑委员会编《世界各国宪法·非洲卷》，中国检察出版社，2012，第575~581页。

结果，而是为了改变直接选举中产生的各族群与党派力量的不均现象，是对直接选举的有力补充。①

根据毛里求斯宪法，任何年满18周岁的英联邦公民或在毛里求斯居住满两年且仍在毛里求斯居住的居民均有权登记为选民，除非其被英联邦国家法院判处死刑或12个月以上徒刑并仍在服刑期、精神异常或犯有与选举有关的罪行。在投票时，选民需在其登记的选区投票，但选务官员、涉嫌与选举有关犯罪的人员禁止参与投票。若在选举日被依法拘留，也将丧失投票权。

在保障机制上，为了确保选举能够顺利、公正地举行，毛里求斯设立了选举监督委员会与选举专员（Electoral Commissioner）。选举监督委员会有1名主席、2~7名委员，均由总统按照总理与反对党领袖协商后提出的建议任命；还有1名选举专员，由司法与法律服务委员会（Judicial and Legal Service Commission）从具有出庭律师职业资格的居民中任命。选举监督委员会与选举专员共同负责并监督国民议会（National Assembly）议员选举的选民注册及选举过程。

第二节 国家形式

一 国体与政体

毛里求斯的国体是资产阶级专政的国家。

1598~1637年，毛里求斯仅是荷兰东印度公司的一个据点。1715年，毛里求斯又成为法国的殖民地，改名法兰西岛。1715~1735年，由位于波旁岛（Île Bourbon，现在被称为留尼汪岛）的法国殖民政府管理；1735年后则由法国单独任命总督。1810年，英国获得了毛里求斯的控制权，而且毛里求斯成为皇室殖民地（Crown Colony），由英国任命的总督管理。

---

① Adam Aft & Daniel Sacks, "Mauritius: An Example of the Role of Constitutions in Development", *University of Miami International & Comparative Law Review*, Vol. 18, No. 1, 2010, pp. 119-120.

独立的毛里求斯实行君主立宪制,为英联邦成员,英国女王是国家元首,女王任命总督行使元首职权。1991年,毛里求斯议会通过了宪法第三号修正案。该修正案将毛里求斯改为共和制国家,总统为国家元首。毛里求斯历任总督见表3-1。

表3-1 毛里求斯历任总督

序号	姓名	任期	序号	姓名	任期
1	约翰·伦尼(John Rennie, 1917~2002)	1968年	5	亨利·加里奥奇(Henry Garrioch,1916~2008)	1977~1978年
2	米歇尔·里瓦兰(Michel Rivalland,1910~1970)	1968年	6	西沃萨古尔·拉姆古兰(1900~1985)	1983~1985年
3	伦纳德·威廉姆斯(Leonard Williams,1904~1972)	1968~1972年	7	卡萨姆·穆兰(Cassam Moollan,1927~2010)	1985~1986年
4	拉曼·奥斯曼(Raman Osman,1902~1992)	1972~1977年	8	维拉萨米·林加杜(1920~2000)	1986~1992年

资料来源:"List of Governor-General of Mauritius", Wikipedia, 2016, https://en.wikipedia.org/wiki/Governor-General_ of_ Mauritius。

独立后的毛里求斯为议会民主制。毛里求斯宪法规定实行立法、行政、司法三权分立制度,并采取多党制。毛里求斯的政治结构属于威斯敏斯特体系(Westminster System)。议会为一院制,多数党领袖出任国家总理,而总统则由议会通过简单多数票法选举产生。总统为国家元首,总理为政府首脑。

二 国家元首

总统为国家元首并兼任武装部队总司令(Commander-in-Chief),任期5年,可连选连任。不过,由于政府实权掌握在总理手中,总统实际上仅是一种礼仪性的职务。例如,总统虽然拥有召集、中止与解散议会以及任命内阁成员的权力,但在具体实施过程中他必须听取总理的意见。

毛里求斯

总统由总理提名,由议会简单多数选举产生。任何年满40周岁且在选举前在毛里求斯居住满5年的毛里求斯公民均有权利被选为总统。当选总统者或履行总统职务者在就职前须向首席大法官宣誓。

根据毛里求斯宪法,总统的职责在于确保毛里求斯的民主与法律制度得到遵守,保障居民的基本权利,维持国家的团结等。在任职期间,总统不得兼任其他职务或从事商业贸易。毛里求斯历任总统见表3-2。

此外,毛里求斯还设副总统1名,任期5年,可连选连任。其任职条件与选举办法均与总统相同。副总统的主要职责是履行总统赋予的职能,以及在总统职位空缺,或总统不在毛里求斯,或因其他原因不能履行职务时代行总统职权。当选副总统者或履行副总统职务者在就职前也须向首席大法官宣誓。

表3-2 毛里求斯历任总统

序号	姓名	任期	当选年份	政治派别
1	维拉萨米·林加杜(1920~2000)	1992年	1992	工党
2	卡萨姆·乌蒂姆(1941~)	1992~2002年	1992、1997	战斗党
2	安吉迪·切蒂亚尔(Angidi Chettiar, 1928~2010,代理总统)	2002年		工党
2	阿里朗伽·皮莱(Ariranga Pillay,1945~,代理总统)	2002年		无党派
3	卡尔·霍夫曼(Karl Offmann,1940~)	2003年	2002	社会主义战斗党
3	拉乌夫·本敦(Raouf Bundhun,1937~,代理总统)	2003年		战斗党
4	阿内罗德·贾格纳特(1930~)	2003~2012年	2003、2008	社会主义战斗党
5	莫妮克·奥桑·比乐普(Monique Ohsan Bellepeau,1942~,代理总统)	2012年		工党
5	凯莱希·普里亚格(1947~)	2012~2015年	2012	工党
5	莫妮克·奥桑·比乐普(1942~,代理总统)	2015年		工党
6	阿米娜·古里布-法基姆(女,1959~)	2015~2018年	2015	独立派别

资料来源:"List of Presidents of Mauritius", Wikipedia, 2016, https://en.wikipedia.org/wiki/List_of_Presidents_of_Mauritius。

为了保证总统与副总统可以顺利履行职责,毛里求斯宪法规定总统与副总统享有一定的豁免权与特权,包括:不得针对总统或副总统履行职务或者其他履行或意在履行职务的行为提出民事或刑事诉讼;在其任职期间不得对其签发或执行传票、逮捕令;总统或副总统有权使用其官邸而无须缴纳租金或税款,且他们的薪资、补助或特殊权益不被征税;宪法中有关总统与副总统豁免权或特权的规定除其本人同意外不得修改。

与此同时,毛里求斯宪法还规定,若总统或副总统在存在违宪或其他严重不端行为,或因身体、精神和其他原因无法履行职务,可对其进行罢免,具体程序有5个。第一,由总理向国民议会提出由法庭调查是否罢免总统或副总统的动议(动议必须详细阐明罢免的理由)。第二,在动议经过国民议会2/3以上成员同意后,一个由1名主席和2~4名成员组成的特别法庭将就该动议进行调查,法庭所有成员均由首席大法官在英联邦内拥有民事或刑事事务全权管辖权的法院及类似法院的上诉法院的法官中任命,调查期间国民议会有权命令总统或副总统暂停行使职权。第三,在调查后,法庭将向国民议会和议长提交书面报告。第四,若法庭建议进行罢免,则由总理提出罢免总统或副总统的动议。第五,若该动议得到议会多数成员的支持,则成功罢免总统或副总统。①

第三节 行 政

毛里求斯的行政权主要掌握在政府手中。毛里求斯中央行政机构主要包括总理与内阁。此外,毛里求斯还有自己的地方行政机构。

一 中央行政机构

1. 总理

在独立之前,毛里求斯曾设首席部长(Chief Minister)作为政府首

---

① 《世界各国宪法》编辑委员会编《世界各国宪法·非洲卷》,中国检察出版社,2012,第582~584页。

脑，不过行政权力基本掌握在总督手中。

独立后，毛里求斯设立总理替代了原有的首席部长。总理由总统任命，在国家政治结构中地位仅次于总统。总理通常由议会多数党领袖担任，向议会负责，任期5年。[①] 总理是政府最高行政长官，除了担任政府与内阁首脑，按照惯例，还将同时兼任国防和内政部长（Minister of Defense & Home Affairs，有权负责国家的法律与秩序、内部安全、国防、军队和情报机构）、议会领袖（The Leader of The House，有权制定议会议程）、罗德里格斯岛事务部长（Minister for Rodrigues，有权参与地方管理）。

根据毛里求斯宪法，还设有副总理一名，在总理的提议下由总统任命。在总理不在国内或因病等原因无法行使职权的情况下，若得到总统的书面指示，副总理可代行总理职权。毛里求斯历届总理见表3-3。

表3-3 毛里求斯历届总理

序号	姓名	任期	当选年份	政治派别
1	西沃萨古尔·拉姆古兰(1900~1985)	1968~1982年	1967	工党
2	阿内罗德·贾格纳特(1930~)	1982~1995年	1982	战斗党
			1983	社会主义战斗党
			1987	
			1991	
3	纳温·拉姆古兰(1947~)	1995~2000年	1995	工党
4	阿内罗德·贾格纳特	2000~2003年	2000	社会主义战斗党
5	保罗·贝仁格(1947~)	2003~2005年	2000	战斗党
6	纳温·拉姆古兰	2005~2014年	2005	工党
			2010	
7	阿内罗德·贾格纳特	2014~2017年	2014	社会主义战斗党
8	普拉文·贾格纳特	2017年至今	2017	社会主义战斗党

资料来源："List of Prime Ministers of Mauritius"，Wikipedia，2016，https：//en.wikipedia.org/wiki/List_ of_ Prime_ Ministers_ of_ Mauritius。

---

① 中国银行股份有限公司、社会科学文献出版社编《毛里求斯》，社会科学文献出版社，2016，第29页。

2. 内阁

内阁主要负责在重大问题上为总统提供建议。内阁在向总统提出建议，部长为履行职务开展活动时须对国民大会负责。内阁由总理领导，由23名部长组成。此外，总检察长（Attorney General）也通常被认为是内阁的成员之一。各部部长与总检察长均由总理提名并由总统任命。

内阁成员在就职前必须在总理、第一夫人、副总统以及其他议员面前向总统宣誓，并在任命书上签字。誓词内容除职位名称外与总理宣誓内容一致。

2017年1月，毛里求斯内阁成员共有24人，具体见表3-4。

表3-4　2017年1月毛里求斯内阁名单

姓名	职务
普拉文·贾格纳特	总理兼内政、对外交通、国家发展小组部长，财政和经济发展部长
伊万·莱斯利·科伦达韦卢（Ivan Leslie Collendavelloo）	第一副总理兼能源和公共事业部长
阿内罗德·贾格纳特	内阁资政、国防部长和罗德里格斯岛事务部长
法齐拉·道里亚武（Fazila Daureeawoo，女）	副总理兼地方政府和外岛部长
西塔纳·卢切米纳赖杜（Seetanah Lutchmeenaraidoo）	外交、地区一体化和国际贸易部长
约吉达·绍米纳登（Yogida Sawmynaden）	技术、通信和创新部长
南德库马尔·博达（Nandcoomar Bodha））	基础设施和内陆交通部长
莉拉·德维·杜昆-卢丘蒙（Leela Devi Dookun-Luchoomun，女）	教育和人力资源、高等教育和科研部长
阿尼尔·库马尔辛格·加扬（Anil Kumarsingh Gayan）	旅游休闲部长
穆罕默德·安瓦尔·胡斯努（Mohammad Anwar Husnoo）	卫生和生活质量部长
普里特维拉杰辛格·鲁蓬（Prithvirajsing Roopun）	艺术和文化部长
艾蒂安·西纳坦布（Etienne Sinatambou）	社会保障、国家团结、环境和可持续发展部长
马亨·库马尔·西鲁通（Mahen Kumar Seeruttun）	农业和粮食安全部长

续表

姓名	职务
阿西特·库马尔·贡加（Ashit Kumar Gungah）	工业、贸易和消费者保护部长
玛尼什·戈宾（Maneesh Gobin）	总检察长兼司法、人权和机构改革部长
让·克里斯托弗·斯特凡·图桑（Jean Christophe Stephan Toussaint）	青年和体育部长
苏米尔杜特·博拉（Soomilduth Bholah）	商务、企业和合作社部长
王纯万（Marie Roland Alain Wong Yen Cheong）	社会融合和经济增长部长
普雷姆杜特·昆朱（Premdut Koonjoo）	海洋经济与资源、渔业和海运部长
苏德什·萨特卡姆·卡里楚恩（Soodesh Satkam Callichurn）	劳动、产业关系、就业和培训部长
普尔马南·朱格鲁（Prumanund Jhugroo）	住房和土地部长
马利·西里·艾迪·博塞仁（Marie Cyril Eddy Boisézon）	公职事务和行政改革部长
达赫孟达·赛森库尔（Dharmendar Sesungkur）	金融服务和良政部长
鲁比娜·加杜-让博古斯（Roubina Jadoo-Jaunbocus，女）	性别平等、儿童发展和家庭福利部长

资料来源：《毛里求斯国家概况》，中华人民共和国外交部网站，2016 年 7 月，http://wcm.fmprc.gov.cn/pub/chn/pds/gjhdq/gj/fz/1206_37/1206x0/t9438.htm。

二 地方行政机构

毛里求斯地方政府的主要职责是：促进当地社区的社会、经济、环境和文化发展；提高当地社区居民的总体生活质量；确保公共服务和设施公平分配；确保资源得到有效的利用以便最有效地满足当地社区的需要；保障地方决策的透明和问责制的落实；对社区资源进行有效管理。

由于在地缘与文化上具有一定的独立性，毛里求斯宪法针对罗德里格斯岛地方政府进行了单独规定。根据宪法，罗德里格斯岛有权设立一个地区议会（Regional Assembly）。相较于毛里求斯其他岛地区的地方政府，罗德里格斯岛的地区议会拥有较大的自主权，它有权制定适用于罗德里格斯岛的法律与条例，并拥有一定的自主征税权。罗德里格斯岛地方议会的具体组织与运作遵照 2001 年颁布的《罗德里格斯岛地方议会法案》

(*Rodrigues Regional Assembly Act*) 中的相关规定,并由总理直接领导。

罗德里格斯岛地方议会下辖四个常务委员会,分管财政,公共卫生及环境保护,工程、规划及发展以及福利、体育、文化及休闲。此外,地区议会还有权就其他问题成立专门委员会。议会由一名不具有决策权的主席领导,他由议会议员以简单多数选举产生,任期五年。此外,议员还通过同样的方式选出一名任期五年的首席专员(Chief Commissioner)。地区议会的核心机构是执行委员会(Executive Council),由首席专员、副首席专员(Deputy Chief Commissioner)及主席根据首席专员的意见委任的其他五名成员组成。执行委员会对地区议会负责,并在地区议会解散后继续运作。

毛里求斯其他地方政府的组织与运作则遵照2011年颁发的《地方政府法案》(*Local Government Act*)中的相关规定,并接受中央政府地方政府与外岛部的监督。地方政府与外岛部主要负责向地方政府发布指导方针以保证后者的平稳运行、向地方政府征集对议会事务的意见以及向地方政府通报中央政府的政策决定。地方政府和外岛部长还有权决定向地方政府划拨资金的额度。地方政府与外岛部常务秘书则是地方政府所有行政长官的直接负责人。

在组织形式上,除罗德里格斯岛外,毛里求斯地方政府分为城乡两类。其中,城市地区的地方政府由市议会组成,而乡村地区则为区议会和村议会(见表3-5)。目前,毛里求斯共有5个市议会、7个区议会与121个村议会。其具体情况如表3-6所示。

表3-5 毛里求斯地方政府类型及议员人数

单位:人

类型	地区	议员人数
市议会	路易港	32
	博巴森	24
	卡特勒博尔纳(Quatre Bornes)	20
	居尔皮普	20
	瓦科阿	24

续表

类型	地区	议员人数
区议会	庞波慕斯	21
	朗帕河	22
	莫卡	17
	弗拉克	26
	大港	28
	萨凡纳	19
	黑河	14

资料来源:"The Local Government System in Mauritius", Commonwealth Local Government Forum, http://www.clgf.org.uk/default/assets/File/Country_profiles/Mauritius.pdf。

表3-6 毛里求斯市议会、村议会分布情况

单位:个,人,%

地区	市议会数量	村议会数量	人口	乡村人口占比
路易港	1	0	118431	0
威廉平原	4	2	362292	1.6
庞波慕斯	0	17	136268	100
朗帕河	0	19	106267	100
弗拉克	0	25	135406	100
莫卡	0	17	82301	98.4
黑河	0	13	76605	69.8
大港	0	13	110907	100
萨凡纳	0	15	67906	100
罗德里格斯	0	0	40434	100
合计	5	121	1236817	59.6

注:人口数据为2011年普查数据。

资料来源:"The Local Government System in Mauritius", Commonwealth Local Government Forum, http://www.clgf.org.uk/default/assets/File/Country_profiles/Mauritius.pdf。

根据《地方政府法案》,市议会与区议会每月至少召开一次会议以处理一般性事务。两者均有一个执行委员会负责各类许可证的颁发和采购事项。此外,市议会与区议会还有权设立三个常设委员会来管理

公共卫生、公共基础设施和公共福利。各常设委员会每月至多举行一次会议。市议会的活动主要在七个部门开展，分别是市政办事员、库务部、工务部、规划部、福利部、卫生部与图书馆。路易港和居尔皮普还有一个管理公园和花园的部门。区议会的活动主要由秘书处、库务部、工务部、规划部、卫生部及福利部负责。两者的职责包括制定、执行和监测发展计划和预算，为当地社区规划提供服务和设施，为地方政府的运转筹集必要的经费，制定处理辖区内公司事务的规范和标准。此外，市议会与区议会还负责维护辖区交通设施的正常运行、收集与运输废物、保护环境、建造和管理各类商业与工业建筑、建造与维护各类公共建筑、向各类商业活动颁发许可证、促进各类文体活动的开展，等等。

村议会同样每月至少召开一次，其职责为在管辖区域内组织文体娱乐活动、开办学前教育与创业课程、维护和升级图书馆和计算机设施、维持火化场地及其他公共卫生设施的运转、监督公共工程的质量。此外，在地方政府和外岛部长的授权下，村议会也可以履行分配给区议会的职责。毛里求斯中央政府与地方政府权限见表3-7。

表3-7 毛里求斯中央政府与地方政府权限

类别	中央政府	罗德里格斯岛地方议会	市议会	村议会
一般行政				
警察	1			
火灾防治	1			
民事保护	2	2		
刑事司法	2	2		
身份登记	2	2		
数据统计	2	2		
选民登记	1			
教育				
学前教育	3		1	3
小学	1			
中学	1			

续表

类别	中央政府	罗德里格斯岛地方议会	市议会	村议会
教育				
职业技术教育	3		1	3
高等教育	2			
成人教育				
社会福利				
家庭福利	1			
福利院	1			
社会保障				
公共卫生				
基本卫生服务	1			
医院	1			
保健	3	3	3	
住宅与城镇规划				
房屋	1			
城市	1			
区域	2	2		
运输				
道路	2		2	3
交通	1			
城市道路	1			
城市轨道交通	1			
港口	1			
飞机场	1			
环境与公共卫生				
水源净化	1			
垃圾收集处置		1	1	1
墓地与火葬场		1	1	1
屠宰场	1			
环境保护	2		2	
消费者权益保护	2		2	
文化、休闲与体育				
戏剧与音乐会			3	3
博物馆与图书馆	2		2	3
公园与户外空间			1	3
体育休闲			1	3
宗教设施	2	2		

续表

类别	中央政府	罗德里格斯岛地方议会	市议会	村议会
公共服务				
燃气服务	1			
区域供热	1			
供水	1			
供电	1			
农业、森林和渔业	1			
地方经济发展与提升	2		2	
贸易与工业	1			
旅游业	1			

注:"1"表示单独负责,"2"表示共同负责,"3"表示可自行决定。

资料来源:"The Local Government System in Mauritius", Commonwealth Local Government Forum, http://www.clgf.org.uk/default/assets/File/Country_profiles/Mauritius.pdf。

在地方政府选举制度方面,市议会与村议会议员的选举是每6年举行一次。每个村议会可根据辖区人口规模在其议员中选出一名或两名代表参加区议会。值得注意的是,国民议会议员不能参选地方议会。在毛里求斯岛,所有市议会与区议会选举均按照票数领先者获胜的原则确定议员人选。罗德里格斯岛地方议会由18名议员组成。其中,12名议员从该岛的6个地区中选出,每区2名;6名议员在全岛范围内按比例代表制选出,且只有获得至少10%选票的政党才有权竞争这些议席。在选举中,每名投票者可以同时选举3人,其中2人为来自本地区的议员,1人为来自岛内其他地区的议员。为了保障不同性别的选民均有参与政治的权利,毛里求斯法律规定参加地方政府选举的候选人中女性要占1/3。

在财政方面,市议会与区议会有权通过对建筑及土地使用许可证、贸易执照、市场、墓地、垃圾处理、交通费及广告征税而获取收入。市议会还有权征收财产税。此外,中央政府也会每年下拨一定经费维持地方政府的运转。地方政府的财政状况受到中央政府的严格监管。其中,地方政府的财政预算需要经地方政府和外岛部长批准,并提交财政和经济发展部。支付、提取、重新分配资金和注销坏账须经地方

政府和外岛部长批准。地方政府必须每月向财政和经济发展部提交一份实际收入和支出监管报告。地方政府的年度账目必须在财政年度结束后4个月内提交审计主任。2013~2014财年毛里求斯地方政府财政收支情况见表3-8。

表3-8 2013~2014财年毛里求斯地方政府财政收支情况

收入		
类别	金额(毛里求斯卢比)	比重(%)
中央政府划拨	2681043000	67.36
本地征收	1299383541	32.64
总收入	3980426541	100.00
开支		
类别	金额(毛里求斯卢比)	比重(%)
人员开支	2271816758	54.75
服务开支	1877242860	45.25
总支出	4149059618	100.00

资料来源:"The Local Government System in Mauritius", Commonwealth Local Government Forum, http://www.clgf.org.uk/default/assets/File/Country_profiles/Mauritius.pdf。

为了加强国内各地区间的合作,毛里求斯地方政府之间也开展了广泛的交流活动。地方政府可在符合共同利益的领域成立联合委员会。此外,地方政府间还成立了市政协会(Association of Urban Authorities)与区议会协会(Association of District Councils)。

第四节 立法

1968年独立后,毛里求斯实行一院制,以立法议会作为最高立法机构。1991年改为共和国后,立法议会改名为国民议会并沿用至今。

一 国民议会的权限

国民议会的权限主要为立法,负责制定国家财政政策与监督政府和各部门的工作情况。

在行使立法权时,一般首先需要由部长提出议案。若议案在国民议会中得到半数以上议员同意则成为法案。随后,该法案将呈交总统。在总统批准后,该法案最终成为法律。在总统通过《政府公报》(Government Gazette)予以公布后,该法律方能生效。

若总统拒绝批准该法案,则可在21天内将法案退回国民议会并要求重新审查。经过重新审查后,若国民议会再次通过该法案,不论法案是否得到修正,总统均必须予以批准。

国民议会同样有权对宪法进行修改。在对宪法进行修改时,议案需要得到国民议会3/4议员或全体2/3公民(取决于待修改条目的重要性)的同意方可通过。一旦该议案得到通过,总统就无权拒绝批准。

二 国民议会的组织结构

国民议会由70名议员组成,任期5年。其中,62人经选举产生,8人为官委议员。官委议员由总统根据选举委员会的建议,在落选的候选人中选择得票率高者任命,同时也需要兼顾各民族和党派在议会中力量的对比,以维护少数、弱势群体的利益。[1] 议员当选后必须宣誓效忠,在签署誓词后方能参加议事活动。

在国民议会中,议长是最为重要的角色。根据毛里求斯宪法,议长可从非议员中选出,但其人选必须由政府与反对党共同商定。若最终产生了一个以上的候选人,则由国民议会通过秘密投票的方式决定。若议长是从非议员中选出,则他只有在宣誓并签署誓词后方能主持议会会议。誓词内容与议员效忠誓词相同。

议长的职责是确保国民议会的常设秩序和章程(Standing Orders and Rules)得到遵守。议长拥有解释、执行常设秩序和章程,回应议员关于议事程序的问题并在必要时做出裁决的权力。议长是议会权威的象征,他

---

[1] 中国银行股份有限公司、社会科学文献出版社编《毛里求斯》,社会科学文献出版社,2016,第27页。

所做出的决定不能被质疑，任何对议长的批评（包括在议会之外）均会被认为是对国民议会的蔑视。

在议会辩论中，议长负责选择议题，并维持会场纪律。若有议员做出严重扰乱会场纪律的行为，议长有权将其逐出会场。若有议员藐视议长的权威或扰乱议会的正常运作，议长有权对其进行点名批评。鉴于议长的特殊身份，不偏袒任何党派是议长的基本素养。

在表决环节，议长在一般情况下不参加投票。但是，若出现票数相等的情况，则由议长（不论其是否为议员）投出决定性的一票。

此外，议长还是议会的发言人，负责代表议会与总统进行交流。

在每届议会开始时，议长还会遵照与选举议长同样的程序推选出一名副议长（Deputy Speaker）。其主要职责是协助议长工作，并在议长缺席时代替其履行职责。

鉴于正副议长对议会运作的重要性，这两个职位的选举工作便成为每届议会的首要问题。

除了议长，国民议会中还有一些比较重要的职位。其中，在选举中赢得议会多数席位的政党或者政党联盟的领袖通常会成为总理与议会领袖，负责制订、监督政府的立法计划；而赢得第二多席位的政党或政党联盟则成为官方反对党（Official Opposition），其领袖则成为反对党领袖（Official Opposition），由总统任命，通常扮演批评政府政策（或给出替代性建议）的角色。

执政党党鞭（Government Chief Whip）与反对党党鞭（The Opposition Whip）负责保证议会机制的顺利运行。一方面，两者要就议会的议题等事务进行沟通；另一方面，两者也要向自身所属政党或政党联盟的成员传达议会的相关事务，并确保议员出席。

议会还设有一个秘书处，由书记（Clerk）、副书记（Deputy Clerk）、书记助理（Clerk Assistant）、图书管理员（Librarian）组成（各一名），此外还包括一批议会记者（Parliamentary Reporters）。其中，书记是秘书处的领导，负责向议长以及议员提供秘书，对议长负责。书记是永久性职务，需要精通议会的程序与规则，以便为议长和议员在议事程序等问题上提供建议。此外,他还负责保存所有关于议会的文件和记录。与此同时,书记还需要确保议会通过的法案得到总统的批准并在《政府公报》上公布。副书记、书记助理则负责协助书记的各项工作。议会记者负责逐字逐句地记录议会辩论的所有内容。会议结束后,他们的记录将在议会官方报告(Official Reports of Parliament)中发布。图书管理员则负责议会图书馆的正常运转,承担资料收集、整理、保存与传播工作。目前议会图书馆共有藏书约8000册,包括书籍、期刊、报纸、议会出版物、辩论和立法的相关资料。

议会卫士(The Serjeant-At-Arms)则负责维持议会大厦内的秩序。在会议开始前,议会卫士右肩上扛着象征议会权威的权杖,组织议员列队进入议会大厅。在会议进行时,在议长的命令下,他们有权在没有逮捕令的情况下逮捕任何扰乱会议秩序的人。此外,公众想进入议会大厦也必须得到他们的批准。2014年12月毛里求斯议会主要职务名单见表3-9。

表3-9 2014年12月毛里求斯议会主要职务名单

职位	姓名
议长	哈努曼基·桑蒂·柏(Hanoomanjee Santi Bai)
副议长	K. 蒂勒克德哈里(K. Teeluckdharry)
议会领袖	阿内罗德·贾格纳特
反对党领袖	保罗·雷蒙德·贝仁格(Paul Raymond Berenger)
执政党党鞭	朱格罗·普马努德(Jhugroo Purmanund)
执政党副党鞭	鲁特纳·萨蒂亚普拉卡辛(Rutnah Satyaprakashsing)
反对党党鞭	巴格万·拉杰什·阿南德(Bhagwan Rajesh Anand)
书记	洛顿·穆罕默德·萨菲娜(Lotun Muhammad Safeena)
副书记	拉姆丘恩·乌迈拉·德维(Ramchurn Urmeelah Devi)
书记助理	戈帕尔·纳温(Gopall Navin)
议会卫士	维诺德·帕努(Vinod Pannoo)

为保障各项工作的顺利进行,国民议会下设数个委员会来处理专业性事务。其中,公共账目委员会(Public Accounts Committee)的职能为审

计公共资金的使用情况；常设秩序委员会（Standing Orders Committee）负责回顾与整理议会的各项常设秩序；议会委员会（House Committee）负责为议员在餐饮、图书资料等方面提供舒适与便利，并向议长提供相关建议，通常情况下该委员会的主席由议长兼任；议会两性平等小组（Parliamentary Gender Caucus）负责毛里求斯两性平等事业的推进；议会进程现场直播特别委员会（Select Committee on the Live Broadcasting of the Proceedings of the House）负责议会会议的媒体转播工作；指派委员会（Committee of Selection）则负责挑选并任命各个委员会的成员。2018年6月毛里求斯各委员会主席名单见表3-10。

表3-10 2018年6月毛里求斯议会各委员会主席名单

委员会	主席
公共账目委员会	奥罗尔·佩劳德（Aurore Perraud,议员）
常设秩序委员会	哈努曼基·桑蒂·柏（议长）
议会委员会	K.蒂勒克德哈里（副议长）
议会两性平等小组	哈努曼基·桑蒂·柏（议长）
议会进程现场直播特别委员会	南德库马尔·博达（基础设施和内陆交通部长）
指派委员会	哈努曼基·桑蒂·柏（议长）

三 国民议会的运作

毛里求斯国民议会通常在每周二中午11:30开会。根据毛里求斯宪法，议会得以召开的最低法定议员人数为17人。在未达到法定人数的情况下，若有议员以此为由反对议事，议长应宣告延会。

在会议召开的情况下，如果议长要发言，则发言的全文会提前放在议员的桌子上。开会的最初三小时是质询时间（Question Time）。国民议会的每个议员均有权在议会开会前四天向议长办公室提交四个问题。若议长断定这些问题符合规定，它们便会被列入议程。这些被列入议程的议题在质询时会被要求进行口头回答。根据相关人员的回答情况，议员可以进行追问，但其追问的问题必须与原问题紧密相关。若有问题未能或无法（例如需要大量详细数据无法当场提供）在规定时间内得到解答，则会被归入书面质询问题（Questions for Written Answers），与其他不需要进行口头回答的问题一同提交给相关人员进行书面回复。

此后，如果有必要，将进入部长陈述阶段。该阶段通常伴随着对公共议案的介绍。在该阶段，各部部长将推动其提出的议案进入初读（First Reading）阶段，并根据议事议程及议会对该议案的支持情况执行后续程序。议员也可以个人议案（Private Member's Bills）的形式在该阶段向议会提出议案。议会随后会对成功进入二读（Second Reading）阶段的议案进行辩论，并处理已经进入委员会审议阶段（Committee Stage）和三读（Third Reading）阶段的议案。其间，若有动议被提出，则会在议案的初读阶段过后立即进行辩论。但私人动议（Private Members' Motion）将在会议开始的前一天进行一次投票，只有通过投票的动议才允许提交议会进行辩论。①

为了确保公众对议会工作的知情权，在议会开会时毛里求斯国有广播公司——毛里求斯广播公司会在其新闻简报中加以报道，并在 7 点半开播的晚间新闻中播放录像。所有报道均会以法语、英语、印度斯坦语和克里奥尔语四种语言进行广播。而毛里求斯三家私有电台与一家国有电台也会对议会的相关情况进行报道。地方电台还开通了互动节目，允许民众对国家的相关决策提出建议和意见。毛里求斯的纸质媒体，尤其是两家主要日报《快报》（*L'Express*）和《在毛里求斯》（*Le Mauricien*）也会用一个版面以上的篇幅报道议会的辩论情况。毛里求斯官方也会以低价（全年的定价约为 350 毛里求斯卢比，折合人民币 59.57 元）发行《政府公报》。②

---

① "About Us", National Assembly of Mauritius, 2016, http://mauritiusassembly.govmu.org/English/AboutUs/Pages/default.aspx.
② L. Amedee Darga & Gilles Daniel Joomun, *Strengthening Parliamentary Democracy in SADC Countries: Mauritius Country Report*, Braamfontein: The South African Institute of International Affairs, 2005, p.22.

毛里求斯现任议会为第12届议会，2014年12月成立，共有议员69名（2010年大选中仅有7名候选人符合条件成为官委议员）。目前议会中人民联盟拥有53席，其中社会主义战斗党33席、社会民主党11席、自由运动党7席、罗德里格斯人民组织（Rodrigues People's Organisation）2席；反对党占16席，其中战斗党7席、工党4席、爱国运动（Mouvement Patriotique）5席。

第五节 司法

一 司法体系的发展

在荷兰统治殖民时期，毛里求斯没有司法体系，所有司法权力均归于总督一人。1721年法国控制毛里求斯后立刻成立了一个"临时理事会"（Conseil Provisoire），以处理地区内所有的民事与刑事案件。1723年，法国殖民当局建立了"省理事会"（Conseil Provincial），旨在对地区内的民事与刑事案件进行一审判决，而上诉案件则由"波旁高级理事会"（Conseil Superieur de Bourbon）审理。1734年，法国殖民当局设立了"高级理事会"（Conseil Superieur），替代了原有的"省理事会"。1771年，毛里求斯设立了"皇家法院"（Juridiction Royale），对该地区内的案件进行一审判决，而"高级理事会"则负责二审判决。至此，毛里求斯建立起了两级司法体系。若当事人对"高级理事会"的判决不服，则可向"国家委员会"（en Conseil d'Etat）提出上诉。法国大革命后，"皇家法院"、"高级理事会"和"国家委员会"分别改名为"初审法院"（Tribunal de Première Instance）、"上诉法院"（Tribunal d'Appel）和"最高法院"（la Cour de Cassation）。① 1791年，法国殖民当局颁布了刑法典（Penal Code），并在1793年由殖民地议会通过；而民法典（Civil Code）则在1807年颁布。

---

① "History", The Supreme Court of Mauritius, 2016, https://supremecourt.govmu.org/Pages/History.aspx.

1810 年英国占领毛里求斯后，原有的法国法律体系被保留下来。不过，司法判决必须改为以英国国王的名义进行，且当事人有权向国王委员会（His Majesty's Council）提出上诉。随后，英国对毛里求斯的司法体系进行了一系列改革。1845 年，法院的工作语言由法语改为英语。1851 年，英国废除了"初审法院"，并设立了最高法院（Supreme Court）替代"上诉法院"。毛里求斯再次回到单一司法体系时代，上诉案件主要交给"枢密院司法委员会"（Judicial Committee of the Privy Council）处理。19 世纪末，英国殖民当局又逐渐恢复了毛里求斯的两级司法体系，建立了由一名来自最高法院的法官组成的辅助法院（Bail Court）与由地方法官（Magistrate）主持的区法院（District Court）。对区法院判决存在异议的当事人可向辅助法院提出上诉。此后，中级法院（Intermediate Court）、劳资法院（Industrial Court）等法院也建立起来。①

二 现行司法体系

毛里求斯的司法制度深受英法殖民统治的影响。目前，毛里求斯的法律体系总体上是法国民法和英国普通法的结合，而民事和刑事诉讼程序则主要以英国的司法实践为基础。毛里求斯的司法系统以维护司法独立与正常运作为己任。其主要职责是维护法治、保障个人权利和自由，并由首席法官（Chief Justice）领导。

（一）最高法院的组成及权限

最高法院是毛里求斯最高司法机关，拥有对任何民事与刑事案件的最终审理与裁决权。与此同时，最高法院还拥有对所有区级、中级、劳资与各类特殊法庭的监督权和上诉案件审理权。最高法院还是拥有权力、权威与司法管辖权的衡平法院，即在相关法律缺失的情况下以"正义、良心和公正"为基本原则进行判决。最高法院还拥有对宪法的解释权与对法律从业者和部长级官员的处分权。此外，最高法院还负责听取与处理任何

---

① "History", The Supreme Court of Mauritius, 2016, https://supremecourt.govmu.org/Pages/History.aspx.

有关法律从业者以及政府部长级官员的申诉。

最高法院由一名首席法官、一名次席大法官（Senior Puisne Judge）以及陪席推事（Puisne Judge）（目前为17人）组成（见表3-11）。

表3-11　2018年6月毛里求斯最高法院成员名单

姓名	职务
凯什·帕塞特·梅特丁（Kheshoe Parsad Matadeen）	首席法官
马克·弗朗斯·艾迪·拜伦斯（Marc France Eddy Balancy）	次席大法官
阿斯拉夫·艾丽·考利（Asraf Ally Caunhye）	陪席推事
阿卜杜勒菲·海默斯（Abdurrafeek Hamuth）	陪席推事
纳立尼·梅特丁（Nalini Matadeen）	陪席推事
约瑟夫·杰拉德·安哥（Joseph Gerard Angoh）	陪席推事
比比·雷哈纳·芒立-古博（Bibi Rehana Mungly-Gulbul）	陪席推事
尼尔玛拉·德瓦特（Nirmala Devat）	陪席推事
戴维·陈锦畅（David Chan Kam Cheong）	陪席推事
丽塔·提洛克（Rita Teelock）	陪席推事
P. 费克纳（P. Fekna）	陪席推事
J. B. G. 玛丽·约瑟（J. B. G. Marie Joseph）	陪席推事
欧麦什沃内斯·贝尼·麦达布（Oomeshwarnath Beny Madhub）	陪席推事
A. D. 纳拉因（A. D. Narain）	陪席推事
穆罕默德·伊克巴尔·莫古拉（Mohammud Iqbal Maghooa）	陪席推事
G. 鸠杰苏-曼纳（G. Jugessur-Manna）	陪席推事
N. F. 欧森·柏勒勾（N. F. Ohsan-Bellepeau）	陪席推事
维罗尼卡·郭阴菘（Veronique Kwok Yin Siong Yen）	陪席推事
S. B. A. 哈穆丝劳洛（S. B. A. Hamuth-Laulloo）	陪席推事

其中，首席法官由总统与总理协商后任命；次席大法官由总统与大法官协商后任命；陪席推事由总统和司法与法律服务委员会协商后任命。只有拥有律师资质，在法律界工作5年以上的人才有资格被任命为最高法院法官。最高法院法官的退休年龄为62岁。但是，他们也可能由于不能履行职责或行为不当，在司法与法律服务委员会的建议下被总统免职。在首席法官的职位出现空缺或因故不能履行职责时，总统可依照首席大法官或总理的建议指派最高法院其他法官代为履职。毛里求斯历任首席法官名单见表3-12。

表3-12 毛里求斯历任首席法官名单

姓名	任期
米歇尔·里瓦兰(Michel Rivalland)	1967~1970年
吉恩·弗朗索瓦·莫里斯·拉图尔-阿德里安(Jean François Maurice Latour-Adrien)	1970~1977年
威廉·亨利·加里奥奇(William Henry Garrioch)	1977~1978年
卡萨姆·穆兰爵士	1982~1988年
维克托·约瑟夫·帕特里克·格洛弗(Victor Joseph Patrick Glover)	1988~1994年
拉杰苏默·拉拉赫(Rajsoomer Lallah)	1995~1995年
阿瑞安佳·皮莱(Ariranga Pillay)	1996~2007年
杨钦俊(Yeung Sik Yuen)	2007~2013年
凯什·帕塞特·梅特丁	2013年至今

此外，书记登记官（Master and Registrar）也是最高法院的重要组成人员。其职责主要包括评定诉讼费、组织和管理司法拍卖、遗嘱认定以及与审计相关的事项。法庭中还设有一名副书记登记官（Deputy Master and Registrar），拥有与书记登记官同样的权限。根据毛里求斯法律，只有拥有律师资格并在法律界工作5年以上的人士才有资格被任命为书记登记官。

为了保障职责的顺利履行，最高法院还成立了一系列分支机构。其中，民事上诉法院（The Court of Civil Appeal）与刑事上诉法院（The Court of Criminal Appeal）分别负责审理来自各下级法院的民事与刑事上诉案件，由首席法官或次席大法官负责主持。破产法庭（The Bankruptcy Division）主要负责审理任何与公司破产、倒闭以及解散有关的案件。其具体审理工作由书记登记官以及最高法院的其他法官共同负责。若当事人对破产法庭的判决不服，其可在判决作出后21日内向最高法院提出上诉。司法委员会（Judicial Council）则是关于宪法解释问题的终审上诉机关。2008年，最高法院成立了家事庭（Family Division），用以审理离婚、法定分居、未成年人的抚养与监护问题等与家庭有关的案件。2009年，最高法院成立了商事庭（Commercial Division），用以审理所有涉及商标、离岸业务和专利等与商业纠纷有关的案件。2010年，又成立了调解庭（Mediation Division），以减少案件费用，减少诉讼中的不当延误，促进争

端得到公正解决。根据规定，任何提交至最高法院的未决诉讼均可由当事人向最高法官提出调解申请。

(二) 地方与特殊法院体系

除了最高法院，毛里求斯还有罗德里格斯岛法院（Court of Rodrigues）、中级法院、区法院等初级法院。

其中，中级法院由两名院长、两名副院长与数名地方法官组成，由总统任命。在民事领域，中级法院可审理毛里求斯境内发生的涉案金额不超过50万毛里求斯卢比的案件。在刑事领域，中级法院则负责审理案情较为严重的刑事案件。它有权对被告人处以15年以下的劳役拘禁与10年以下的有期徒刑。而对于屡教不改者，中级法院有权将处罚力度上调至20年劳役拘禁。此外，根据《危险药物法》（Dangerous Drugs Act）与刑法，中级法院有权对部分罪行做出更为严厉的判决。

毛里求斯的每个区都拥有自己的区法院。区法院归首席法官管理，在民事与刑事领域拥有有限的管辖权，受由司法与法律服务委员会任命的一名地方法官领导。在民事诉讼领域，区法院有权审理纠纷金额不超过5万毛里求斯卢比的案件。在刑事诉讼领域，区法院有权审理几乎所有相关案件，但无权对被告处以5年以上有期徒刑或10万毛里求斯卢比以上的罚金。若当事人对区法院的判决存在异议，则可在判决作出后21日内向最高法院提出上诉。

鉴于罗德里格斯岛拥有较大的自治权，毛里求斯中央政府允许其设立特殊的地方法院，即罗德里格斯岛法院。该法院拥有与其他区法院同样的权力，并且其还有权在检察长的允许下审理部分应由上级法院审理的案件。其具体运作受《罗德里格斯岛法院管辖权法案》（Court of Rodrigues Jurisdiction Act）的制约。

此外，毛里求斯还设立了劳资法院、保释与还押法院（Bail & Remand Court）、刑事与调解法院（Criminal and Mediation Court）、商事法院（Commercial Court）等特殊法院用于审理专门领域的诉讼。

以劳资法院为例，根据《劳资法庭法案》（Industrial Court Act），毛里求斯成立了专属的劳资法庭，由司法与法律服务委员会任命的两名地方法官组成。其职责是审理所有与劳动法有关的民事与刑事案件。若当事人对劳资法庭的判决不服，则可在判决作出后21日内向最高法院提出上诉。首席法官或其授权的法官也对劳资法庭的判决具有审查权。

第六节 政党、团体

一 政党

毛里求斯实行多党制。据统计，毛里求斯目前共有22个政党，包括社会主义战斗党、社会民主党、自由运动党、工党和战斗党等主要党派以及共和运动、真主党、斗争党等小党派。2014年12月，贾格纳特领导的社会主义战斗党、社会民主党和自由运动党组成的"人民联盟"在大选中获胜，出任总理并组建新一届内阁。

1. 社会主义战斗党（简称"社战党"）

1983年3月组建，由原从战斗党分裂出来的成员和原社会党部分成员合并而成。它先后与工党、社会民主党、战斗党联合执政；1995年12月被工党和战斗党联盟击败，结束了12年的执政地位。1999年1月，社会主义战斗党与战斗党结盟，贾格纳特任联盟领袖；10月，贾格纳特之子普拉文出任社会主义战斗党副领袖。2000年2月，社战联盟解散。2000年7月，社会主义战斗党与战斗党再次结盟，并在9月举行的大选中击败工党执政，贾格纳特出任总理。根据两党结盟协议，贾格纳特于2003年9月改任总统。2005年社战联盟在大选中失败，失去执政地位。2010年大选中参加工党领导的"未来联盟"，获胜后参加政府。2011年8月，执政联盟破裂，社会主义战斗党退出政府，成为反对党。2014年，社会主义战斗党领导的"人民联盟"在大选中逆袭，获得执政地位。对内主张实行西方式民主，进行社会改革，扩大生产性就业，建立一个"更美好公正"的毛里求斯；对外推行务实的外交政策，与不同社会制度的国家发展关系，反对种族歧视，支持建立印度洋和平区。现任领袖是普拉文·贾格纳特。

2. 社会民主党（简称"社民党"）

前身是毛里求斯人民联盟，1953年更名为毛里求斯人党，1964年改称现名。1983～1988年、2000～2005年、2006年4月～2007年9月参加政府。主要由法裔毛里求斯人、克里奥尔人、少数穆斯林及上层华人组成，代表农场主、资本家特别是白人资本家的利益。2014年，社会民主党与社会主义战斗党、自由运动党联合组成的"人民联盟"赢得大选，取得执政地位。在国际上，其与西方一些右翼党派关系密切。现任领袖是沙·杜瓦尔。

3. 工党（Mauritius Labour Party/Parti Travailliste）

1936年2月23日成立，是毛里求斯历史上第一个政党，曾为争取毛里求斯独立积极进行斗争，并在独立后长期单独执政。1982年，工党在大选中失败，1983年开始与社会主义战斗党、社会民主党、战斗党等联合执政。1990年，联合政府中工党部长因反对实行共和制而被解职，工党成为反对党。1995年工党与战斗党联盟赢得大选，拉姆古兰出任总理。1997年6月，联盟政府破裂，工党再次单独执政。2000年9月，工党大选失利成为在野党。2005年，以工党为首的社会联盟赢得议会选举，拉姆古兰再次出任总理。2010年5月工党联合社会主义战斗党、社会民主党组成"未来联盟"，赢得新一届议会大选，拉姆古兰连任总理。2014年，工党与战斗党组成的联盟意外败选。工党对内主张为工人和小农服务，发展民族经济；对外奉行不结盟政策，主张与东西方国家均衡地发展关系，尤其是加强与非洲各国的团结，主张建立印度洋和平区。现任领袖是纳温·拉姆古兰。

4. 战斗党（Mauritian Militant Movement/Mouvement Militant Mauricien）

1969年成立，主要由知识分子、青年、穆斯林和印度裔组成。它曾是毛里求斯最大的政党，先后与工党、社会主义战斗党结盟。2000年9月社战联盟执政后，贝仁格出任副总理兼财长。根据两党结盟协议，贝仁格从2003年9月起担任总理。2005年大选中失败，失去执政地位，成为反对党。2010年大选中与国家团结党和社会民主运动党组成"心之联盟"参选，再度失败。2014年与工党结盟参选，但依然败选。战斗党对内主张政治民主化,实行新闻、结社、工会自由,经济上对外开放,发展民族经济;对外主张不结盟和中立,与各国建立友好关系,反对印度洋军事化,要求英国归还迪戈加西亚岛。现任领袖是保罗·贝仁格。

5. 自由运动党(Muvman Liberater)

2014年,因部分党员反对与工党结盟,战斗党发生分裂。伊万·凯伦迪凡勒(Ivan Collendavelloo)与其支持者成立了自由运动党。在2014年的议会选举中,该党获得了7个议席。目前该党尚无明确纲领,其领袖伊万·凯伦迪凡勒亦表达出重回战斗党的意愿。

6. 毛里求斯团结阵线(Mauritian Solidarity Front/Front Solidarité Mauricien)

1992年成立,领袖为塞尔·菲克米尔(Cehl Fakeemeeah)。成立之初名为真主党(Hizbullah),2004年改为现名,声称代表毛里求斯穆斯林群体的利益,在1995年和2010年议会选举中均赢得一个议席。

7. 拉利特党(Lalit)

1981年,因部分战斗党党员认为党中央提出的"社会新共识"(New Social Consensus)政策的实质是与资本家进行合作,战斗党发生分裂,一批人另组拉利特党,但该党网站声称它是在1976年与一本名叫《阶级斗争》(*Lalit de Klas*)的杂志一同成立的。拉利特党是毛里求斯的一个左翼政党,名称来源于克里奥尔语"Lalit",意为"斗争"。反对任何通过非民主手段对政府的控制行为。

指导思想是"另类政治经济学",关注环境保护与妇女解放,反对压迫,并强烈反对利用社群主义或宗教、族群达到政治目的的做法。此外,还反对英美在迪戈加西亚岛的军事存在。

二 毛里求斯历次议会选举结果

在1967年议会选举中,由工党、独立前进集团、穆斯林行动委员会组成的独立党(Independence Party)赢得了胜利,西沃萨古尔·拉姆古兰成为毛里求斯第一任总理,社会民主党则成为议会反对党(见表3-13)。

表 3-13 1967年大选议会席位分配情况

政党名称		议会席位(个)
独立党集团	工党	26
	独立前进集团	12
	穆斯林行动委员会	5
社会民主党		27

在1976年议会选举中,战斗党赢得了最多的议会席位,但最终独立党集团与社会民主党通过建立联合政府的方式执政。西沃萨古尔·拉姆古兰得以继续出任总理。战斗党成为反对党(见表3-14)。

表 3-14 1976年大选议会席位分配情况

政党名称	议会席位(个)
战斗党	34
独立党集团(包括工党与穆斯林行动委员会)	28
社会民主党	8

在1982年的议会选举中,由战斗党和社会主义党组成的联盟获得了胜利。阿内罗德·贾格纳特出任总理,哈里什·布杜出任副总理,保罗·贝仁格出任财政部长。社会民主党成为反对党(见表3-15)。

表 3-15 1982年大选议会席位分配情况

政党名称	议会席位(个)
战斗党	42
社会主义党	18
国家联盟党(National Alliance Party,包括工党和穆斯林行动委员会)	2
社会民主党	2
罗德里格斯人民组织	2

因执政联盟破裂,议会选举在1983年提前举行。由工党、社会主义战斗党和社会民主党组成的联盟获胜,阿内罗德·贾格纳特继续出任总理。战斗党则成为反对党(见表3-16)。

表3-16 1983年大选议会席位分配情况

政党名称	议会席位(个)
工党、社会民主党、社会主义战斗党	46
战斗党	22
罗德里格斯人民组织	2

在1987年议会选举中,由工党、社会主义战斗党和社会民主党组成的同盟党(Alliance)获得了胜利,阿内罗德·贾格纳特继续出任总理。战斗党仍是反对党(见表3-17)。

表3-17 1987年大选议会席位分配情况

政党名称	议会席位(个)
联盟党(由战斗党、民主工人运动 Democratic Labour Movement 和社会主义工人阵线 Socialist Workers' Front 组成)	24
同盟党(工党、社会主义战斗党和社会民主党)	44
罗德里格斯人民组织	2

在1991年议会选举中,战斗党与社会主义战斗党再次结成联盟并赢得了胜利,阿内罗德·贾格纳特继续出任总理。工党成为反对党(见表3-18)。

表3-18 1991年大选议会席位分配情况

政党名称	议会席位(个)
战斗党、社会主义战斗党、民主工人运动	57
工党、社会民主党	9
罗德里格斯人民组织	

在1995年议会选举中,由工党、战斗党组成的联盟获得了胜利。纳温·拉姆古兰(西沃萨古尔·拉姆古兰之子)出任总理。社会民主党成为反对党(见表3-19)。

表3-19　1995年大选议会席位分配情况

政党名称	议会席位(个)
工党、战斗党	60
盖尔唐·杜瓦尔党(Gaëtan Duval Party)	1
罗德里格斯人民组织	2
罗德里格斯运动(Rodrigues Movement)	2
真主党	1

在2000年议会选举中,由战斗党、社会主义战斗党组成的联盟获得了胜利,工党成为反对党(见表3-20)。战斗党、社会主义战斗党就权力分享达成了协议。社会主义战斗党的阿内罗德·贾格纳特在出任总理三年后主动辞职,来自战斗党的副总理兼财长保罗·贝仁格接替其职务。保罗·贝仁格由此成为毛里求斯首位非印度裔总理。保罗·贝仁格成为总理后,阿内罗德·贾格纳特当选总统,其子普拉文·贾格纳特当选副总理。随后,阿内罗德·贾格纳特还将社会主义战斗党的控制权交给了普拉文·贾格纳特。

表3-20　2000年大选议会席位分配情况

政党名称	议会席位(个)
战斗党、社会主义战斗党	58
工党、泽维尔-吕克·杜瓦尔党(Xavier-Luc Duval)	8
罗德里格斯人民组织	2
罗德里格斯运动	2

在2005年议会选举中,由工党、泽维尔-吕克·杜瓦尔党、绿党(Les Verts Fraternels)、共和运动、社会主义战斗运动组成的联盟与由战

斗党、社会主义战斗党和社会民主党组成的联盟展开了竞争，最终前者获得了胜利，纳温·拉姆古兰出任毛里求斯总理（见表3-21）。

表3-21 2005年大选议会席位分配情况

政党名称	议会席位(个)
工党、泽维尔-吕克·杜瓦尔党、绿党、共和运动、社会主义战斗运动	42
战斗党、社会主义战斗党、社会民主党	24
罗德里格斯人民组织	4

在2010年议会选举中，工党、社会民主党和社会主义战斗党组成了未来联盟（Alliance de L'Avenir），而战斗党、民族联盟（Union Nationale）和社会民主运动则组成了"心之联盟"与之对抗，最终未来联盟获得了胜利，纳温·拉姆古兰继续出任总理（见表3-22）。

表3-22 2010年大选议会席位分配情况

政党名称	议会席位(个)
未来联盟	45
心之联盟	20
毛里求斯团结阵线(Front Solidarité Mauricien)	1
罗德里格斯运动	2
罗德里格斯人民组织	1

在2014年议会选举中，由社会主义战斗党、社会民主党和自由运动党组成的人民联盟（l'Alliance Lepep）出乎意料地击败了由工党和战斗党组成的联盟，阿内罗德·贾格纳特再次出任总理（见表3-23）。

表3-23 2014年大选议会席位分配情况

政党名称	议会席位(个)
人民联盟	51
工党、战斗党	16
罗德里格斯人民组织	2

三 团体

(一) 毛里求斯社会团体总体发展情况

毛里求斯民众结社十分发达。建立社会团体的目的主要是提高民众的经济水平和文化生活质量，或践行其宗教信仰。虽然目前对毛里求斯社会团体的研究尚不充分，但不可否认的是，社会团体的影响已经深入毛里求斯各个社会经济部门、社会阶层和族群。

据考证，19世纪成立的葬仪社（Burial Societies）是毛里求斯最早的社会团体。随后成立的社会文化与宗教组织成为劳工反抗"去文化运动"和政府的工具。毛里求斯的劳工组织出现在20世纪，最早由于制糖工人和码头工人中。工人运动最终导致工会组织的出现。在政府允许成立政党后，工会组织在1936年成立了工党。20世纪50年代以后，工会对政治的影响力越来越大，并在保障工人阶层利益方面起到了重要作用。

同族群或具有血缘联系的民众同样成立了社会团体以维护社区团结、保存传统文化并提供教育资源。随着时间的推移，这些组织逐渐成为维护民族利益的游说团体。随着女权运动的兴起，20世纪40年代出现了妇女组织以保护毛里求斯妇女的权益。60年代中期，联谊会（Social Club）成为社区组织的主要形式。

80年代以来，毛里求斯社会团体的数量迅速增加。目前，毛里求斯的社会团体可被分为三大类：保护弱势群体（如妇女、残疾人、贫困人口）的组织、专注于特定问题（如环境保护与维护国家的历史遗产）的组织以及争取各种社会权利的组织。研究表明，参加宗教、文化、体育组织与工会的民众比例最高，而参加政党、农业、商业及专业协会的民众比例较低（见图3-1）。[①]

[①] L. Amedee Darga & Gilles Daniel Joomun, *Strengthening Parliamentary Democracy in SADC Countries: Mauritius Country Report*, Braamfontein: The South African Institute of International Affairs, 2005, p. 24.

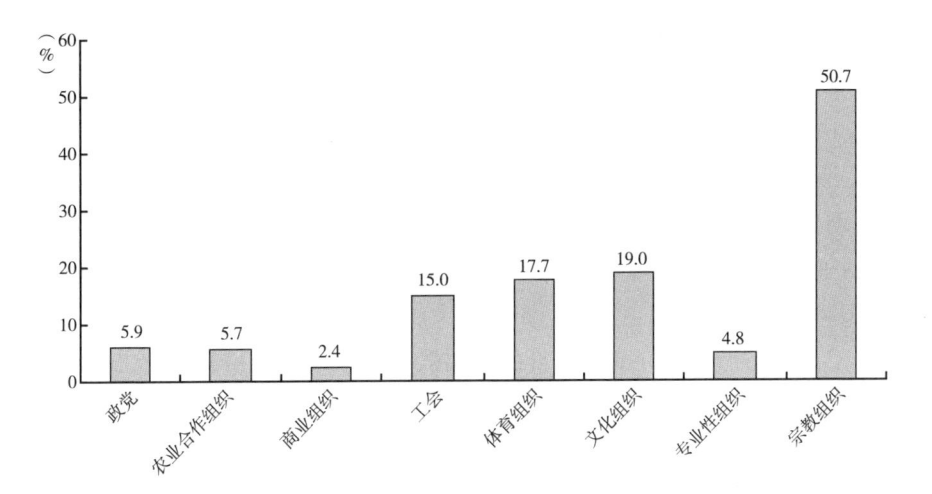

图 3-1　毛里求斯社会团体的类别及占比

资料来源：L. Amedee Darga & Gilles Daniel Joomun, *Strengthening Parliamentary Democracy in SADC Countries: Mauritius Country Report*, Braamfontein: The South African Institute of International Affairs, 2005, p.24。

（柱状图数据：政党 5.9；农业合作组织 5.7；商业组织 2.4；工会 15.0；体育组织 17.7；文化组织 19.0；专业性组织 4.8；宗教组织 50.7）

（二）部分团体介绍

1. 毛里求斯野生动物基金会

创立于1984年，起初保护范围仅限于为数不多的几种濒危动植物，包括毛里求斯茶隼（Mauritius kestrel）和粉鸽（Ile aux Aigrettes, pink pigeon）。1996年，毛里求斯野生动物基金会将保护范围扩大到了野生动植物栖息地恢复领域，具体包括原始森林和小岛屿的生态恢复。1998年又开展了格雷特岛生态旅游计划（Ile aux Aigrettes）和罗德里格斯环境教育计划（Environmental Education programme in Rodrigues）。

目前，毛里求斯野生动物基金会是毛里求斯专注于保护濒危动植物的唯一非政府组织。它的目标包括：通过恢复生态系统来保护毛里求斯的野生动植物，并进行相关的科学研究；与国内外的环境保护者交流经验，共同寻找更好的保护方案；向民众宣传保护野生动植物的相关知识。在黑河峡谷国家公园（Black River Gorges National Park）、格雷特岛、圆岛和罗德里格斯岛均有该组织的环保项目。①

2. 哈雷运动（Halley Movement）

1989年成立，是一个由旨在改善毛里求斯和南部非洲地区儿童和家庭生活状况的一系列慈善机构组成的联盟。在毛里求斯活动的主要分支为"关爱毛里求斯"（Parenting in Africa-Mauritius Chapter）与"毛里求斯青年创业与可持续发展机构"（Youth Entrepreneurship and Sustainability-MAURITIUS）。

"关爱毛里求斯"的主要目的是加强毛里求斯儿童福利保护工作。迄今为止，该项目已经成功整合了22个国家与非国家组织的资源。为法庭的相关案件提供证据、提供电话或现场咨询服务是其主要工作方式。"毛里求斯青年创业与可持续发展机构"则主要致力于增强年轻人的创业能力与促进就业。②

3. 毛里求斯童子军（Scouting in Mauritius）

创立于1912年。起初，该组织因成员的宗教信仰不同被分为了几个子协会，彼此间关系较为松散。1976年，毛里求斯童子军正式组织为一个整体。目前，共有5800名成员。主要活动是组织童子军小组完成各类野营活动，并训练相关的志愿者。根据年龄的不同，其成员被分为以下几个类别：初学者（Cubs），7~10岁；侦察者（Scout），11~15岁；冒险者（Ventures），16~19岁；漫游者（Rovers），20~25岁。③

4. 毛里求斯社会服务委员会（The Mauritius Council of Social Service）

成立于1965年，目标是促进毛里求斯志愿者服务与慈善事业的开展。社会教育是其关注的核心领域。改善医疗情况与扶贫也是其工作重点所在。为达到上述目的，社会服务委员会一直积极开展并促进与相关领域的政府和民间组织的合作。

社会服务委员会由一个由25人组成的执行委员会领导，包括约250个分

---

① "About MWF", Mauritian Wildlife Foundation, 2016, http://www.mauritian-wildlife.org/application/Index.php?tpid=2&tcid=60.

② "About Us", Halley Movement, 2016, http://halleymovement.org/about-us/subsidiary/.

③ "About Us", Mauritius Scout Association, 2016, http://www.scoutsmauritius.org/about-us.

支机构，如青年与可持续发展委员会（Youth and Sustainable Development Committee）、能力建设与健康委员会（Capacity Building & Health Committee）、中小企业委员会（Small and Medium Enterprises Committee）、社会发展委员会（Social Development Committee）、资格培训委员会（Credentials Committee）、财务与通用委员会（Finance and General Purpose Committee）、性别平等、家庭与老人委员会（Gender Equality, Family and Elderly Committee）、媒体和通信委员会（Media and Communication Committee）、网络和授权委员会（Networking and Empowerment Committee）等。目前，该组织每年与毛里求斯政府、地方政府或社会团体开展的合作项目超过25个。

5. 工会组织

毛里求斯是国际工会联合会（International Trade Union Confederation）的成员。毛里求斯主要的工会组织共有四个，分别是拥有3万名成员的毛里求斯劳工大会（Mauritius Labour Congress）、拥有2.5万名成员的毛里求斯工会大会（Mauritius Trade Union Congress）、拥有3.5万名成员的进步联盟联合会（Federation of Progressive Unions）以及拥有5.9万名成员的全国工会联合会（National Trade Union Confederation）。此外，毛里求斯还拥有电信雇员与员工协会（Telecommunications Employees and Staff Association）等行业性工会组织。

其中，毛里求斯工会大会约有27个分支组织，包括农业科研与推广工人工会（Agricultural Research and Extension Unit Workers Union）、一般教师工会（General Purpose Teachers Union）、毛里求斯飞行员协会（Mauritius Airline Pilots Association）、毛里求斯电信员工协会（Mauritius Telecom Employees Association）和糖业工人协会（Sugar Industry Workers Association）。全国工会联合会则包含公务员工会联合会（Federation of Civil Service Unions）和技工团结组织（Organization of Artisans' Unity）等。

第四章

经　　济

第一节　概述

一　经济发展简史

（一）殖民时期毛里求斯的经济发展

毛里求斯的经济发展可追溯至荷兰殖民时期。来自荷兰东印度公司的殖民者率先对毛里求斯进行了大规模开发，向岛上引入了甘蔗、水稻、靛青、各类果树和蔬菜等作物，试图实现毛里求斯的自给自足。不过，岛上恶劣的自然环境使殖民者的建设进展十分缓慢。例如，虽然毛里求斯较为湿热的气候十分有益于水稻等农作物的生长，但因岛上鼠害严重，水稻往往未到收获季节便被鼠类啃噬一空。加之飓风、干旱、虫害、疾病与管理不善等，毛里求斯长期处于停滞状态，不仅未能实现自给自足的目标，反而需要东印度公司不断地从马达加斯加等地输入奴隶与各种物资。岛上人口最多时也仅有百余人。

在对外经济领域，荷兰殖民者试图将乌木出口作为毛里求斯殖民地的主要盈利行业。据统计，仅在奥瑞安·范·德·斯特尔担任总督期间（1639～1645年）便有五六千根乌木被运往荷属东印度的巴达维亚出售。至17世纪50年代末，毛里求斯岛上沿海地区的乌木已经被砍伐殆尽。欧洲与亚洲市场上乌木价格的持续走低与岛上乌木资源的日渐枯竭逐渐降低了毛里求斯的经济价值。荷兰东印度公司逐渐意识到，与他们在毛里求斯的巨大投入相比，该地区的经济收益不值一提，且几乎看不到扭转这一经济颓势的希望。在此情况下，荷兰殖民者最终在1710年彻底放弃了对毛里求斯的殖民统治。

1715年，法国殖民者占领了毛里求斯，并在1721年着手对该岛进行殖民开发。在法属时期之初，法国人遭遇了与荷兰人相似的问题，殖民地发展十分缓慢。1735年，富有才干的总督拉布尔多内马上任后迅速扭转了这一局面。与荷兰人急于通过乌木出口实现盈利的开发战略不同，拉布尔多内马大力加强毛里求斯的基础设施建设，以改善岛上的生存条件。同时，他还在岛上大力发展种植业，不仅基本实现了毛里求斯粮食的自给自足，甚至还实现了甘蔗与靛青等经济作物的出口。拉布尔多内马还在巴格城建立了毛里求斯首座蔗糖加工厂，以增加出口利润。这些都为日后毛里求斯经济的腾飞奠定了重要基础。

1767年，法国王室从东印度公司接过了对毛里求斯的控制权。随后，毛里求斯的经济得到了进一步发展。一方面，随着法国东印度公司的破产，它对贸易的垄断特权也被废除，法国得以在毛里求斯推行自由贸易政策；另一方面，由于毛里求斯较为优越的地理条件，加之拉布尔多内马在任职期间建立的较为完备的港口、仓库等基础设施，毛里求斯迅速发展为印度洋南部地区重要的航运中心。在这一时期，它不仅成为法国船只在印度洋地区活动的重要中转站，也成为其他欧洲国家乃至美国船只在南印度洋海域的重要停靠港与物资仓库。据统计，1786~1810年有多达600艘美国船只在毛里求斯岛停靠。

法国王室直接统治时期毛里求斯经济发展的另一个重要成就是种植园经济初具雏形。在这一时期，大量欧洲移民（主要为法国人）通过购置大片土地而成为种植园主，并从非洲与亚洲等地大量购买奴隶作为廉价劳动力。在原有农业生产体系的基础上，毛里求斯逐渐建立起许多专门种植甘蔗、香料、粮食以及其他经济作物的种植园。据统计，1767~1797年，毛里求斯人口翻了一番，达到5.9万人，其中参与种植园劳动的奴隶多达4.9万人。

1810年，英国通过武力从法国手中夺取了对毛里求斯的控制权。这

第四章 经 济

一变更在 1814 年签订的《巴黎和约》中得到了确认。英国殖民统治时期,毛里求斯在经济领域主要发生了两个方面的重大变化。

第一,英国殖民当局通过不懈努力最终在毛里求斯废除了奴隶制。长期以来,以奴隶为劳动力主体的种植园经济一直是毛里求斯经济的重要发展动力。不过,这一地区奴隶的悲惨生活状况引起了英国民众的高度关注。在巨大的舆论压力下,英国殖民当局开启了在毛里求斯的废奴进程。其间,殖民政府与种植园主进行了多轮交锋,双方甚至到了武装对抗的边缘。最终,双方都意识到一味对抗只会导致"双输",并决定就废奴问题进行谈判。1835 年 2 月,殖民当局与种植园主达成协议,英国政府需向种植园主支付 210 万英镑的补偿款,并要求已经自由的奴隶需以"学徒"的身份在前雇主的种植园继续工作六年,而种植园主在此情况下同意废除奴隶制。为了填补巨大的劳动力空缺,种植园主从中国、马来亚、非洲大陆以及马达加斯加等地引进了大量劳工。其中,仅 1834~1910 年就有超过 45 万名来自孟加拉和马德拉斯的印度劳工来到毛里求斯。奴隶制的废除从根本上改变了毛里求斯的生产关系,为其经济的进一步发展奠定了良好基础。

第二,英国的殖民统治也使毛里求斯形成了以蔗糖生产、加工和出口为中心的单一经济结构。虽然种植业早在法国殖民时期便取得了巨大发展,但从总体上看,法属时期毛里求斯的种植业仍呈现出多元化的发展态势,咖啡、靛青、棉花、甘蔗等作物均得到大面积种植。英国在毛里求斯建立殖民统治后,该地区甘蔗种植面积呈现出快速增加的态势。据统计,1806~1830 年,在可耕种土地面积几乎维持不变的情况下,毛里求斯甘蔗种植面积增长了近四倍,由 10221 阿庞[①]增加到 50998 阿庞,占可耕种土地总面积的比重达到 68.1%。到了 19 世纪 30 年代,制糖业成为毛里求斯经济的支柱产业。

除了甘蔗具有适应毛里求斯炎热潮湿、多飓风的气候外,这一时期的外部环境也是造成这一改变的重要原因。在这一时期,国际蔗糖市场价格持续走高。英国为了减少蔗糖进口开支,便积极鼓励各殖民地进行甘蔗种

---

① 法国的一种土地面积单位,1 阿庞约等于 0.4 公顷或 0.85 英亩。

植与蔗糖生产。毛里求斯适宜的气候条件便成为英国推广甘蔗种植的主要对象。如表4-1所示,从世界范围内看,毛里求斯的蔗糖制造业在19世纪50年代达到了顶峰。毛里求斯的甘蔗种植面积占到了世界总面积的7.8%,蔗糖产量占世界总量的6.5%。随后,虽然毛里求斯蔗糖产量不断上升,但在世界市场中的地位则逐渐被其他新产地削弱。据统计,1909年毛里求斯将近1/3的劳动力受雇于制糖业。至独立前夕的1967年,毛里求斯蔗糖的产量已经达到63.8万吨。

表4-1 1820~1939年毛里求斯甘蔗种植与蔗糖生产情况

时间	蔗糖年平均产量(吨)	占世界甘蔗种植面积比例(%)	占世界蔗糖产量比例(%)	平均价格(先令/英担)
1820~1829年	15559	—	—	33
1830~1839年	33443	—	—	32
1840~1849年	45388	4.8	4.5	64
1850~1859年	97407	7.8	6.5	24
1860~1869年	115778	7.8	5.6	22
1870~1879年	112184	6.2	3.7	22
1880~1889年	116016	5.3	2.5	16
1890~1899年	132663	4.3	1.8	12
1900~1909年	182848	3.1	1.4	10
1910~1919年	225775	2.2	1.3	20
1920~1929年	225808	1.5	1	20
1930~1939年	251792	1.5	0.9	6

资料来源:刘金源《印度洋英联邦国家》,四川人民出版社,2003,第108~109页。

制糖业的快速发展在带来巨额财富的同时,也为毛里求斯的经济发展埋下了隐患。由于对蔗糖出口过度依赖,国际市场的价格波动便会对毛里求斯的经济产生巨大影响。例如,在第一次世界大战期间,高位运行的蔗糖市场极大地刺激了毛里求斯制糖业的发展,糖厂数量在1908年升至66家;而在随后的大萧条中,由于蔗糖价格大幅下跌,毛里求斯的糖厂大量倒闭,1929年仅剩43家,导致大量工人失业。

第四章 经 济

(二) 独立后毛里求斯的经济发展

在独立之初,毛里求斯面临着较为严峻的经济形势,制糖业成为毛里求斯唯一的经济增长点。毛里求斯共有约 94% 的可耕种土地用于种植甘蔗,蔗糖出口占到当时出口总值约 93%,产值占到国内生产总值近 1/3;同时,也有约 30% 的劳动力受雇于蔗糖业。同一时期,毛里求斯人均国内生产总值仅为 220 美元,失业率高达 20%。[①]

为了扭转不利的经济局面,毛里求斯政府主要从以下三个方面进行了经济改革。

第一,对制糖业进行调整与改革。毛里求斯政府充分意识到了以制糖业为主的一元经济的弊端。不过,考虑到制糖业在国民经济中的主导地位,从短时间内彻底改变这一局面显然是不现实的。在这种情况下,毛里求斯政府决定在保障制糖业稳定发展的基础上,对蔗糖业的发展方向进行引导调整,并对制糖业进行现代化改革。

一方面,毛里求斯政府积极通过外交手段保障蔗糖出口渠道的畅通,以减少外部市场波动对毛里求斯经济发展带来的不利影响。早在独立前的 1951 年,毛里求斯便与英国签署了《英联邦糖业协议》(Commonwealth Sugar Agreement)。该协议规定,英国需要在 1953~1974 年以固定的价格、配额的形式从毛里求斯进口一定数量的蔗糖。该配额几乎占到毛里求斯蔗糖总产量的 80%,其规定的收购价格除八年外也均高于国际市场价。在协议到期后,毛里求斯政府又加入了《洛美协定》(Lomé Convention)。该协定规定,毛里求斯可以以高于市场价的价格每年向欧共体国家出口 50 万吨蔗糖,而在大多数时间里,这一价格均为国际市场价的 3~5 倍。

另一方面,毛里求斯也开始对本国制糖业进行调整与现代化改造,限制制糖业盲目扩张。在 1985 年公布的《1985~1990 年蔗糖行动计划》中,毛里求斯政府指出,在接下来的 20 年里,蔗糖产量不宜超过 70 万吨。此外,为了提升制糖业的国际竞争力,毛里求斯政府还关闭了多家生产效率较低的制糖厂,逐步降低并最终取消了蔗糖出口税。虽然关闭落后

---

① 吴士存:《著名岛屿经济体选论》,世界知识出版社,2006,第 58 页。

制糖厂的措施造成了失业人数的增加，取消蔗糖出口税则降低了政府的收入，但毛里求斯对制糖业的调整与改革从总体上看仍保障了该产业的平稳运行，并避免了转型期国民经济的混乱，为毛里求斯其他产业的发展创造了条件。

第二，大力发展出口加工区。建立与发展出口加工区既符合毛里求斯促进经济多元化、工业化的战略发展目标，又有助于吸纳毛里求斯大量的失业人口。在借鉴"亚洲四小龙"成功经验的基础上，拉姆古兰政府于1970年颁布了《出口加工区法》，决定大力发展以出口为导向的劳动密集型产业。为了吸引外部投资，毛里求斯政府出台了一系列优惠政策，主要包括对投资者前十年的收入税进行减免、对加工区企业所需的原料设备免收进口税、允许自由转移资本、对企业的供水供电以及厂房建设提供保障。

在政府大量优惠政策的刺激下，加之较为稳定的政治与社会局势，毛里求斯的出口加工区得到快速发展。据统计，1971~1976年短短五年间，毛里求斯出口加工区内的企业由9家迅速增加至85家，雇员人数由644人上升至17403人，出口产值也由370万毛里求斯卢比上升至3.086亿毛里求斯卢比。虽然在1976~1982年受国内政局动荡和国际市场贸易保护主义抬头的影响，毛里求斯出口加工区的发展速度一度放缓，但总体上其仍保持了高速发展的态势。尤其是在80年代贾格纳特政府上台后，随着新一轮优惠政策的出台，来自国内外的投资进一步增加。进入90年代，毛里求斯政府也意识到出口加工区发展中过于依赖纺织与服装加工业的弊端，决定对其发展方向进行调整，开始加大对首饰、灯具、仪表、电子产品等的扶持力度，以实现制造业的多元化发展。

第三，积极促进旅游业发展。旅游业是毛里求斯在独立后发展的另一个重点产业。毛里求斯有着迷人的景色与宜人的气候，具有发展旅游业的良好基础。不过，交通与旅馆等配套设施投入不足成为长期制约毛里求斯旅游业发展的重要因素。20世纪70年代，毛里求斯仅开通了与非洲、欧洲少数几个国家的固定航班；旅馆也仅有约40家，床位不足4000张。在意识到这些问题后，毛里求斯政府迅速加大了对旅游业的投入。到90年代末，毛里求斯与英国、法国、德国、印度等国家的航空公司建立了合作关系，开辟了18条国际航线，每周航班数量超过150班次。与之同步，毛里求斯的年出入境旅客增加至120万人次。旅馆方面，毛里求斯在1995年已建有旅馆95家，床位达1.2万张，入住率常年超过70%（见表4-2），旅游业的发展为毛里求斯带来了巨额外汇收入。与此同时，毛里求斯直接从事旅游业的人数也上升至1.5万人，而从事与旅游业相关工作的人数也增至2万人。通过对旅游业的扶持，毛里求斯政府成功实现了增加收入、促进就业的战略目标。

表4-2 1968~1998年毛里求斯游客数量与创汇额变化情况

年份	游客数量（人次）	创汇额（百万毛里求斯卢比）
1968	15533	—
1970	27650	—
1972	48797	—
1974	72915	—
1976	92561	—
1978	108332	—
1980	115080	—
1982	118360	450
1984	139670	630
1986	165300	1187
1988	239300	2374
1990	282000	3500
1994	405000	6052
1996	486900	9048
1998	558195	12279

资料来源：刘金源《印度洋英联邦国家》，四川人民出版社，2003，第270~271页。

从总体上看，毛里求斯在独立后的经济转型取得了巨大成功。虽然在20世纪70年代末受国际石油危机与世界性经济衰退的影响，毛里求斯经济发展速度一度放缓，但总体上其仍维持了较高的增长速度。80年代以来，随着世界经济的复苏，毛里求斯的经济发展明显提速。1985~2000

年,毛里求斯国内生产总值年均增长率达到 6.09%,毛里求斯由此被评为全球最具竞争力的 59 个国家之一。其中,1993 年毛里求斯人均国民生产总值排名上升至非洲第二位。1995 年,联合国开发计划署又将毛里求斯列为"国民发展高水平国家"。与此同时,毛里求斯也彻底摆脱了以制糖业为主的单一经济结构。制糖业产值占国内生产总值的比重由 20 世纪 60 年代末期的 30% 下降至 1993 年的 9%;出口额占总外汇收入的比重也由独立之初的 93% 下降至 90 年代中期的 33.3%。

目前,毛里求斯已经成为非洲最活跃的经济体之一。2017 年毛里求斯主要经济指标如表 4-3 所示。

表 4-3 2017 年毛里求斯主要经济指标

类别	数额	世界排名
国内生产总值(购买力平价,亿美元)	274.4	137
国内生产总值增长率(%)	3.90	75
人均国内生产总值(美元)	21600	86
工业生产增长率(%)	3	102
失业率(%)	6.90	100
通货膨胀率(%)	4.20	162
出口额(亿美元)	23.3	136
进口额(亿美元)	45.5	127
外汇储备(亿美元)	50.7	92
外部债务(亿美元)	146.7	104
汇率(毛里求斯卢比/美元)	35.17	—

资料来源:"The World Factbook", CIA, 2018, https://www.cia.gov/library/publications/the-world-factbook/geos/mp.html。

二 经济发展战略

2015 年,毛里求斯政府制定了国家发展规划——《实现第二个经济奇迹和 2030 年愿景》(Achieving the Second Economic Miracle and Vision 2030)。该规划旨在实现以下四个目标:降低失业、减少贫穷、扩大开放

第四章 经 济

与实现可持续发展。毛里求斯总理将亲自推动和监督相关政策的实施，以确保国家经济的进一步发展。为此，毛里求斯政府将以下三个领域为核心进一步推动经济改革。

第一，建立一个全新且富有活力的制造业基地。在制造业领域，毛里求斯将充分利用已有的支持机制吸引更多高精度工程、食品、医药产品、珠宝和其他快速消费品等领域的企业。其中，推动高端制造业发展将成为毛里求斯制造业发展的重点方向。以此为抓手，毛里求斯计划在三年内将制造业在经济中的比重从18%提高到25%。

第二，利用专属海洋经济区发展海洋产业。在该领域，毛里求斯在未来将采取的举措包括：与主要国际渔业公司就建立水产加工设施进行协商；与渔业公司和港务部门就渔港建设问题进行讨论，以便将毛里求斯建成该地区主要的渔业中心；建立国家海洋委员会（National Ocean Council），以推动和实施与海洋经济有关的项目；将路易港建设为区域加油中心，计划每年为3万艘船只提供加油和其他相关服务；将路易港发展为拥有先进设施的现代化港口，为过往船只提供包括货运和物流在内的一系列配套服务，并以此创造新的就业机会；建立一个地区性的海运公司；提升本国港口的性能和相关服务，以进一步符合国际标准。

第三，对服务业进行升级。毛里求斯政府采取的主要举措包括：增加服务业的附加值；将金融服务业定位为实现第二个经济奇迹的关键产业加以发展，将毛里求斯发展为一个充满活力的国际性金融中心；在毛里求斯证券交易所与印度国家证券交易所（NSE）之间建立伙伴关系以便用美元交易国际金融产品；改善资本市场以吸引世界一流的流动资金提供者、国际经纪人、投资银行和基金经理；专注于发展高端服务业，如软件开发和动画制作、大数据分析与云计算等；通过实施智能城市、科技园区等大型项目，把毛里求斯变成一个智能岛；将毛里求斯发展为区域医疗服务中心；通过吸引留学生，将毛里求斯发展成区域教育中心；积极拓展新兴产业，如时尚产业、娱乐产业和电影产业。

与此同时，毛里求斯还提出了经济发展的"非洲战略"，主要内容包括：将自身打造成地区性的贸易、投资与服务平台；与加纳、塞内加尔、马达加斯加等国共同建设特别经济区；提升空中与海上运输能力，最终建立地区性的空运与海运公司。

目前，毛里求斯经济发展战略运行良好。据统计，毛里求斯主要的40个私人投资项目的总额已经达到1830亿毛里求斯卢比，其中外商直接投资达1400亿毛里求斯卢比。这些项目将在未来五年创造约10万个潜在工作岗位；而在2015~2016财年，它们便已经为毛里求斯带来了约1.6万个工作岗位。其中，带动就业增长最为明显的10个部门分别为海洋经济（2.5万个工作岗位）、金融服务（1.5万个工作岗位）、信息通信技术（1.5万个工作岗位）、建筑与房地产开发（1.5万个工作岗位）、中小企业（9000个工作岗位）、旅游业（8000个工作岗位）、制造业（5000个工作岗位）、教育与知识（3000个工作岗位）、物流（3000个工作岗位）、医疗健康与生物技术（2000个工作岗位）。①

第二节 农业

总体而言，尽管毛里求斯政府已经推行了数十年的经济多元化战略，但农业在毛里求斯的经济发展中仍占有十分重要的地位。根据毛里求斯统计局的数据，2016年农业创造的附加值为137.1亿毛里求斯卢比，相较于2015年的129.3亿毛里求斯卢比，增长了约6%。与此同时，农业创造的附加值占毛里求斯经济总附加值的比重也由2015年的3.5%上升至3.6%。在就业领域，2016年农业从业人数为4.1万人，占毛里求斯就业总人数的7.3%。②

一 甘蔗

毛里求斯大量种植甘蔗可追溯至1755年法国殖民时期。19世纪英国取得了对毛里求斯的控制权后，甘蔗在毛里求斯经济发展中的地位进一步上升。随着种植面积的不断扩大与种植方式、制糖工艺的改良，毛里求斯

---

① "Vision 2030: Key Focus Areas", Sourcemauritius, 2018, http://sourcemauritius.com/wp-content/uploads/2015/09/Brief_ vision-2030.pdf.
② *Digest of Agricultural Statistics 2016*, Statistics Mauritius, 2017, p.17.

蔗糖的产量不断增加，品质也不断提升，最终成为毛里求斯农业的支柱性产业。据统计，毛里求斯的甘蔗种植园总面积约为 7.6 万公顷，约占国土面积的 45% 与可耕地面积的 90%。其中，最大的 20 个种植园面积约占甘蔗总种植面积的 55%，面积从 5500 公顷到 730 公顷不等。在最主要的 20 个种植园中，15 个为毛里求斯公司所有，3 个由英国跨国公司——伦敦和罗得西亚矿业和地产公司（London & Rhodesian Mining & Land Company，Lonrho）控制，1 个由毛里求斯政府所有，1 个为 3.5 万名小型经营者所有，面积从不足 1 公顷到 400 公顷不等。受制于较小的经营规模，这些小型经营者在收获季节往往将收割的甘蔗送往拥有制糖厂的大型种植园加工。自 20 世纪 60 年代以来，毛里求斯的蔗糖产量长期维持在 60 万~70 万吨，只是在遭遇严重飓风或旱灾的年份产量才会有所下降。

甘蔗出口曾是毛里求斯政府重要的收入来源。仅以甘蔗出口税为例，20 世纪 80 年代，毛里求斯政府规定：对生产规模低于 1000 吨的甘蔗种植者，免收出口税；对生产规模在 1000~3000 吨的种植者，收取 15.75% 的出口税；对生产规模高于 3000 吨的种植者，收取 23.63% 的出口税。1986 年，甘蔗出口税占毛里求斯政府总收入的 13%。不过，随着 90 年代初经济发展压力的增加与经济自由化和多元化政策的推进，毛里求斯政府将出口税比例降至 9.4% 并逐步取消。不过，政府的这一举措也因被认为是偏袒大种植园主而遭到部分民众的反对。

为了保障甘蔗种植业的可持续发展，毛里求斯政府通过积极参与各类国际贸易协定确保来甘蔗出口市场与价格的稳定。例如，在 1975 年签署的《洛美协定》中，毛里求斯政府在《糖业议定书》（The Sugar Protocol）中为本国争取到了 50 万吨的蔗糖出口配额，在 19 个签约国中位列第一。价格方面，《洛美协定》还规定了高于市场价的蔗糖收购价格。1991 年，该协定规定的收购价几乎是国际市场价格的两倍。2000 年《洛美协定》到期后，又积极参加《科托努协定》（Cotonou Agreement）的制订工作，并再次为本国争取到了足够的蔗糖市场份额。

除了保障稳定的蔗糖出口价格与市场，毛里求斯政府还在甘蔗种植领域建立了专门的管理机构——毛里求斯糖业管理局（Mauritius Sugar Authority），以保障蔗糖产业平稳发展。毛里求斯糖业管理局为农业部的下属机关。自1984年起，它就在制定糖业政策上为政府提供建议。它还作为政府和甘蔗种植园主、工人组织、科研组织之间的联系纽带，保障各方间的有效沟通。此外，毛里求斯参与甘蔗种植的各企业也建立了自己的协调管理机构。其中，毛里求斯糖业企业联合会（Mauritius Sugar Syndicate）在伦敦和布鲁塞尔均设有办公室，负责处理毛里求斯境内外糖业运输、财务、保险和关税等领域的各类问题。毛里求斯糖业研究所（MSIRI）则负责在植物育种、昆虫学和食品作物学等领域的研究工作。

不过，进入21世纪后，毛里求斯甘蔗种植业面临的挑战逐渐显现。

第一，毛里求斯特殊的地形地貌是毛里求斯甘蔗种植业进一步升级的巨大阻碍。毛里求斯超过4万公顷的甘蔗种植园位于多石地貌地区，这非常不利于现代机械化种植方法的推广。为消除这一不利条件，毛里求斯政府和企业只得耗费大量资金移除这些地区的岩石。截至2005年，毛里求斯政府已经对约1.4万公顷的甘蔗种植园进行了表面岩石移除，另对约1.8万公顷进行了部分岩石移除。然而，毛里求斯仍有约2.3万公顷的甘蔗种植园亟须进行岩石移除。

第二，灌溉用水成为限制毛里求斯甘蔗种植业的另一大因素。虽然毛里求斯整体上属于多雨气候，年均降水量约为2500毫米，但是毛里求斯降水不均的现象也十分明显，其中西部海岸的年降水量只有800毫米，加之每年高达1370~1870毫米的蒸发量，毛里求斯大量甘蔗种植园均面临如何实现有效灌溉的问题。据统计，毛里求斯甘蔗种植园的灌溉面积已经达2.1万公顷，另有约8000公顷处于亟须加强灌溉的状态。随着人口的增加、经济的日趋多元化以及生活工业用水的增加，毛里求斯甘蔗种植业也将面临日益严峻的用水压力。[1]

---

[1] R. N. G. Kee Kwong, "Status of Sugar Industry in Mauritius: Constraints and Future Research Strategies", *Sugar Tech*, Vol. 7, No. 1, 2005, pp. 5–8.

在此情况下,毛里求斯政府逐渐意识到进一步增加甘蔗的种植面积并不现实,转而决定提升蔗糖产业的质量,以增强国际竞争力。其中,关闭生产效率较低的小型甘蔗种植园成为政府的工作重点。毛里求斯政府于2001年针对甘蔗种植行业,提出了"自愿退休计划"(Voluntary Retirement Scheme),旨在解决种植园关闭带来的劳动力过剩问题。该计划随着政府与毛里求斯制糖协会(Mauritius Sugar Producers Association)在2007年达成协议付诸实施。随后,毛里求斯中小型甘蔗种植园的就业人数迅速减少。其中,2015~2016年就减少了3800人。这一举措无疑有助于提升行业竞争力。

根据毛里求斯国家统计局的数据,2016年毛里求斯甘蔗种植面积为55560公顷,相较于2015年的56872公顷下降约2.4%;收获面积为51476公顷,相较于2015年的52387公顷下降了1.8%。毛里求斯甘蔗产量也由2015年的400.9万吨降至2016年的379.8万吨。与之相应,毛里求斯每公顷甘蔗的平均产量也由2015年的76.5吨降至73.8吨。其中,西部地区甘蔗单位面积产量的下降最为明显,降幅达10.4%。[1]

二 茶叶

与甘蔗类似,茶叶在毛里求斯同样有着悠久的种植历史。1886年,毛里求斯从斯里兰卡引入了阿萨姆红茶。1919年,香草茶被引入毛里求斯,并逐渐成为毛里求斯人最喜欢的饮料。[2]

尽管茶叶在毛里求斯有着悠久的种植历史,但它在农业中的地位远不如甘蔗那样突出。目前毛里求斯茶叶种植业的发展主要得益于20世纪60年代末期毛里求斯政府推行农业多元化。20世纪80年代,毛里求斯的茶叶产量一直维持在8000吨左右。1985年,毛里求斯茶叶产量达到了创纪录的8115吨。虽然毛里求斯的高海拔地区很适于茶树生长,但高昂的人

---

[1] *Digest of Agricultural Statistics 2016*, Statistics Mauritius, 2017, p. 17.
[2] "Mauritian Tea", Sourcemauritius, 2016, http://sourcemauritius.com/wp-content/uploads/2016/11/highlights-Tea-Newsletter-2016.pdf.

毛里求斯

工成本与国际市场价格的波动均抑制了茶叶种植业的发展。1986年,毛里求斯政府决定对茶叶进行出口补贴以弥补过低市场价格带来的亏损。不过,毛里求斯茶叶产量仍在持续下滑。到1991年,毛里求斯的茶叶产量仅为5918吨。茶叶出口创汇也由20世纪80年代兴旺时期的1亿毛里求斯卢比下降至8300万毛里求斯卢比。为了缓解经济压力,毛里求斯政府甚至曾考虑将茶叶种植园改为他用。

在管理体制上,与甘蔗不同,毛里求斯的茶叶种植园基本属于国有或半国有。毛里求斯茶叶发展局(Tea Development Authority)拥有毛里求斯约3/4茶叶种植园的所有权,并通过将土地出租给种植者的方式对茶叶生产活动实施间接管理。该部门还曾拥有毛里求斯四座主要茶叶加工厂的经营权,不过1986年后这一经营权转移给了新成立的毛里求斯茶叶加工公司(Mauritius Tea Factories Company)。

虽然茶叶的利润不如甘蔗高,毛里求斯的茶叶种植业与加工业在近年间也取得了长足发展。除了传统的红茶与香草茶,凉茶也被引入毛里求斯,并成为毛里求斯重要的茶叶品种。通过长时间的技术摸索,毛里求斯的茶叶加工厂也掌握了独特的茶叶加工工艺。目前,毛里求斯的茶叶加工厂能够生产超过20种茶叶以及相关的茶叶制品,其中较有特色的产品包括绿茶、椰子茶、柠檬茶、焦糖茶、豆蔻茶、柠檬香草茶、异国水果茶、瓶装冰茶和茶酸辣酱等。出口方面,除了传统的法国、马达加斯加、塞舌尔等地,近年来毛里求斯也拓展了中国、日本、加拿大、匈牙利、捷克等出口市场。不过,毛里求斯的茶叶种植业也不得不面对诸如缺少工人、化肥成本过高、甘蔗种植业与房地产开发对种植园的侵占等一系列挑战。

根据毛里求斯国家统计局的数据,2016年毛里求斯茶叶种植面积为622公顷,相较于2015年的574公顷增长了约8.4%。2016年,毛里求斯绿茶和红茶产量分别为7301吨、1353吨,较2015年分别增长8.5%、4.5%。2016年,毛里求斯实现茶叶出口41.2吨,相较于2015年的40.7吨增长1.2%;创汇1190万毛里求斯卢比,相较于2015年的1030万毛里求斯卢比增长15.5%。[①]

---

① *Digest of Agricultural Statistics 2016*, Statistics Mauritius, 2017, p. 18.

三 食品作物

独立以来，毛里求斯政府十分重视食品作物的种植，并一直为部分作物提供补贴以刺激生产。这既有促进经济多元化的目的，也有减少粮食进口、节省外汇的考量。毛里求斯种植的食品作物主要包括豆类、马铃薯、玉米、洋葱、番茄、卷心菜、甜菜、苦瓜、茄子、葫芦、胡萝卜、辣椒、黄瓜、姜、大蒜、羊角豆、莴苣、木薯、白菜、南瓜、甜椒、红薯、香蕉和菠萝。然而，毛里求斯的食品作物生产并不能完全满足本国市场的需求。

2008年世界粮食危机爆发后，国际市场粮食价格大幅上涨，给毛里求斯的经济发展带来了严重的冲击。2001~2007年，毛里求斯用于食品进口的开销由84亿毛里求斯卢比增至210亿毛里求斯卢比。在这种情况下，粮食安全成为毛里求斯政府亟须解决的问题。随后，毛里求斯政府大力促进食品作物的种植以提高粮食自给率。相关措施取得了良好的成效，目前毛里求斯的新鲜蔬菜已经基本实现了自给自足，而土豆和洋葱的自给率也分别达到60%与33%，水果的自给率为50%。不过，现在毛里求斯仍有约70%的食品需要进口。

为了进一步促进相关粮食作物的种植，毛里求斯农工业与食品安全部（Ministry of Agro-Industry and Food Security）提出了"可持续多元化农业和食品战略"（Sustainable Diversified Agri Food Strategy）。此外，鉴于国土面积有限，毛里求斯还积极与邻近国家就实施农业合作进行协商。目前，毛里求斯计划通过在莫桑比克投资种植大米、玉米、豆类、马铃薯和洋葱等农作物的方式缓解自身耕地面积有限的问题。

根据毛里求斯国家统计局的数据，2016年毛里求斯食品作物种植面积为7766公顷，较2015年的8077公顷下降了4%；而产量则因较好的气候条件达到10.6万吨，较2015年的10.3万吨增长了2.9%。2015~2016年毛里求斯各类食品作物产量变化情况如表4-4所示。

表4-4 2015~2016年毛里求斯各类食品作物产量变化情况

单位：%

胡萝卜	番茄	豆类	茄子	黄瓜	洋葱	香蕉	菠萝	马铃薯
+22.7	+18.9	+15.9	+9.3	-12.7	-7.4	-2.9	-17	-0.6

资料来源：*Digest of Agricultural Statistics 2016*, Statistics Mauritius, 2017, p.22。

四 畜牧业

毛里求斯畜牧业规模较小，畜牧产品主要由3500所小型以及100所大中型养殖场提供。总体而言，毛里求斯仅有家禽产品与猪肉可实现自给自足。为了改变这一不利态势，毛里求斯政府出台了一系列支持措施，包括：尽一切手段为畜牧业提供足够土地；为饲养者在种畜、设备和饲料进口等方面提供特殊的金融扶持，以克服畜牧业生产中固有的低回报率等缺陷；向农民教授现代化的畜牧养殖方法以提高生产力；提升兽医的服务能力；通过提供保险等措施提升畜牧业抵御风险的能力；确保制糖厂生产的甘蔗渣和糖蜜有5%提供给饲养者作为饲料。不过，上述支持措施的成效并不显著。目前，毛里求斯仍有高达95%的肉类和98%的奶制品需要进口，进口地主要为印度、澳大利亚、新西兰、南非、阿根廷、巴拉圭与巴西。[①]

根据毛里求斯国家统计局的数据，截至2016年12月，毛里求斯共有牛4533头、山羊26959只、绵羊2845只和猪24161头。2016年，毛里求斯本土牛肉产量为54吨，自给率仅为2.7%；羊肉产量为42吨，自给率为90.1%；猪肉产量为632吨，较2015年上升了12.9%；家禽产量为45800吨，较2015年下降1.3%。[②]

五 渔业

毛里求斯的渔业是20世纪80年代政府实行经济多元化战略的产物。1982

---

① Yacob Aklilu, *An Assessment of the Meat Market in Mauritius*, USAID, 2008, p.4.
② *Digest of Agricultural Statistics 2016*, Statistics Mauritius, 2017, p.19.

年，为了保护本国的渔业资源，毛里求斯宣布设立并划定本国200海里的专属经济区，并积极与日本、澳大利亚和美国等国的渔业公司开展合作。

目前，毛里求斯的渔业生产主要分为三个部分。其中，技术要求较低的是手工捕鱼，即在潟湖和礁石附近通过陷阱、鱼叉、渔网等工具捕鱼，鱼类主要有鹦嘴鱼和鲻鱼等。这种捕鱼方式是毛里求斯新鲜海产品的主要来源。据统计，2004年毛里求斯共有2256名渔民从事手工捕鱼活动，海产品总产量为1043吨。

远洋捕鱼是毛里求斯渔业的第二个组成部分，是毛里求斯冷冻海产品的主要来源。位于毛里求斯北部200公里处的马斯克林海底高原（Mascarene Plateau）是毛里求斯进行远洋捕鱼的主要海域。2004年，共有8艘渔船从事远洋捕鱼，捕获海产品2680吨，约占当年毛里求斯海产品消费总量的30%。

金枪鱼捕捞则是毛里求斯渔业的第三个组成部分，也是最主要的组成部分。西南印度洋海域丰富的金枪鱼资源吸引了包括欧洲渔业公司在内的大量捕捞者。凭借得天独厚的地理位置，毛里求斯成为这一海域重要的金枪鱼转运与加工中心。2004年，共有14255吨金枪鱼在路易港转运，超过47705吨金枪鱼被送往毛里求斯的罐头加工厂。与此同时，毛里求斯也有三艘渔船参与了对金枪鱼的直接捕捞，捕获各类海产品1117吨。

自20世纪80年代以来，毛里求斯的渔业得到了长足发展。在发达的渔业支撑下，毛里求斯居民年均鱼类消费量约为20公斤，鱼类食物蛋白质摄取量占动物食物蛋白质摄取量的1/4。同时，渔业的发展也在一定程度上促进了毛里求斯的经济发展与就业。不过，从总体上看，毛里求斯渔业产量仍然较低，仅基本满足国内消费，少量的出口则忽略不计。[1]

根据毛里求斯国家统计局的数据，2016年毛里求斯鱼类产量为16698吨，与2015年的14239吨相比增长了17.3%。其中，近海新鲜鱼类产量为1804吨，其他海产品产量为14894吨，较2015年分别增长0.3%与19.7%。

---

[1] "Structure and Characteristics of the Industry Marine Fisheries", FAO, 2006, http://www.fao.org/fi/oldsite/FCP/en/MUS/profile.htm.

第三节　工业

通过毛里求斯政府的不懈努力，工业在毛里求斯经济发展中的地位不断提高。今天，工业在毛里求斯经济发展格局中的地位已经超过了农业。根据毛里求斯国家统计局的数据，2016年工业部门（包括采矿与采石业、制造业、供水与废物处理、电力、燃气、蒸汽与空调供应）的雇员人数为7.6万人，占毛里求斯大型企业雇员总数的24.4%。工业部门的总增加值为644.6亿毛里求斯卢比，较2015年增长0.8%，占经济增长总量的16.7%。其中，电力、燃气、蒸汽与空调供应部门的增加值增长了4.2%，供水与废物处理部门增长了2%，采矿与采石业增长了1%，制造业增长了0.3%。投资方面，2016年工业领域共吸引投资137亿毛里求斯卢比，较2015年的137.3亿毛里求斯卢比下降了0.2%。制造业是工业最主要的生产部门。2016年，制造业增加值为536.3亿毛里求斯卢比，占毛里求斯工业总增加值的比重为13.9%。

一　制糖业

制糖业是毛里求斯历史最为悠久的工业生产部门之一。荷兰殖民者占领毛里求斯后不久便在当地大量种植甘蔗。不过，最初甘蔗仅被作为酿酒原料。17世纪末，荷兰的威廉（Wilhems）兄弟在毛里求斯建立了第一个组织化的制糖作坊，拉开了毛里求斯制糖业的序幕。随后，熟知制糖工艺的让·博埃尔伯格（Jean Boekelberg）来到毛里求斯，推动了毛里求斯制糖业进一步发展。

在法国殖民时期，总督拉布尔多内马成为推动毛里求斯制糖业发展的重要人物。任职期间，他修建了必要的基础设施以促进甘蔗种植。此外，拉布尔多内马还在制糖业中采用新工艺以提高生产效率。1745年，他建立了毛里求斯首座现代化的糖厂，即位于庞波慕斯的罗莎莉·维尔博格糖厂（Rosalie Villebague）。

第四章 经济

英国殖民时期，随着生产工艺的进一步改进，毛里求斯制糖业快速发展。虽然飓风对毛里求斯制糖业的发展带来了不利影响，但该地区蔗糖的产量仍从1812年的467吨稳步上升至1949年的40多万吨。但随着糖厂数量的快速增加，毛里求斯制糖业的内部竞争也变得日益激烈，很多小型糖厂因经营不善而破产或被兼并。据统计，毛里求斯糖厂的数量由1860年的296家减少至1947年的30家。20世纪60年代，糖厂数量又减少至25家。

独立后，毛里求斯政府积极推行经济多元化政策。因此，政府将稳定而不是进一步发展制糖业作为发展重点。通过积极参与《洛美协定》等国际协定，毛里求斯建立起了较为稳定的蔗糖出口市场。不过，20世纪90年代后，毛里求斯制糖业国际竞争力较弱的弊端逐渐显现。毛里求斯甘蔗磨坊较低的处理能力、较高的人工成本以及较低的出糖率，使得毛里求斯蔗糖的生产成本与非洲、加勒比和太平洋地区国家集团（ACP）的其他国家以及澳大利亚、巴西、印度等蔗糖生产大国相比均处于较高水平。据测算，1995~1996年和1997~1998年，毛里求斯蔗糖的平均生产成本为每吨435美元，而国际蔗糖的平均价格仅为每吨309美元。可见，一旦失去国际协定对本国蔗糖出口市场的保护，毛里求斯甘蔗种植业将不可避免地受到巨大的冲击。

意识到这一点后，毛里求斯政府决定关闭生产效率较低的小型制糖厂，而将蔗糖生产集中到几家大型糖厂。至2003年，毛里求斯糖厂仅剩11家。

2009年，随着与欧盟国家间糖业协定的到期，毛里求斯蔗糖的出口价格下降了36%。在这种情况下，毛里求斯对本国制糖业进行了新一轮改革。其主要措施包括：蔗糖的生产集中在两座加工厂以提高生产效率；只出口精制糖和特种糖，以提升制糖业的产品附加值。与此同时，毛里求斯的制糖业也开始了多元化经营。例如，以丰富的蔗渣为原料，毛里求斯的制糖厂已成为毛里求斯发电领域重要的参与者。2018年，毛里求斯制糖工业的总装机容量已经达到243兆瓦，其中140兆瓦属于企业电力生产商。作为毛里求斯的国家"名片"之一，制糖厂也开始成为毛里求斯旅

游业的重要人文景点。①

根据毛里求斯国家统计局的数据，2016年毛里求斯的蔗糖产量为38.6万吨，相较于2015年增长了5.5%；创造增加值7.8亿毛里求斯卢比，相较于2015年增长7%，占毛里求斯经济总增加值的比重约为1%。②2016年，毛里求斯共出口蔗糖43.3万吨（包含库存），创汇90.5亿毛里求斯卢比，较2015年增长了17.2%。③

二 纺织服装业

与制糖业相比，纺织服装业是毛里求斯的新兴产业。独立后，毛里求斯政府决定改变以蔗糖出口为支柱的单一经济发展模式，转而实施经济多元化战略。在借鉴"亚洲四小龙"成功经验的基础上，毛里求斯政府决定大力发展出口导向的劳动密集型企业。其中，技术门槛较低且有利于吸引大量就业的纺织服装业就成为毛里求斯重点发展的产业之一。

毛里求斯纺织服装业的迅速发展主要归结为三个因素。

第一，良好的投资环境。1970年，毛里求斯颁布了《出口加工区法》，并于次年建立了首个出口加工区。《出口加工区法》为生产出口产品的企业提供了一系列优惠措施，具体包括：减免投资者前十年的收入所得税，如果所获利润用于再投资，免征一切税；对于加工区企业进口原料、机械设备等，免征进口税；可以自由转移资本、红利和薪金；政府在水源、电力和企业厂房建设等方面为投资者提供帮助；全力支持产品的对外出口。此外，毛里求斯政府还采取了其他有利于纺织服装业发展的措施，包括：1980~1986年实施了两次较为成功的结构调整计划；建立毛里求斯出口发展和投资促进局（Mauritius Export Development and Investment Authority）等关键部门以促进出口加工；采

---

① "The Mauritian Sugar Industry", AXYS Group, 2011, http://www.axys-group.com/media/8774/sugar_2011.09.12.pdf.
② *Digest of Industrial Statistics 2016*, Statistics Mauritius, 2017, p.31.
③ Salman Zafar, "Salient Features of Sugar Industry in Mauritius", Bioenergy Consult, 2018, https://www.bioenergyconsult.com/sugar-industry-mauritius/.

取货币贬值政策以促进本国纺织品的出口。不可忽视的一点是,随着教育体系的完善,毛里求斯在20世纪80年代建立了一支人数较为充足、受过教育且较为廉价的劳动力队伍。大多数工人虽然缺乏从事纺织服装业的工作经验,却也能很快掌握相关技能。

第二,有利的外部因素。毛里求斯纺织服装业的快速发展也离不开有利的外部因素的刺激。其中,欧美发达国家和地区的纺织服装业因无法抵挡来自中国香港、泰国、印度等低工资国家和地区的竞争,要求政府采取数量限制措施。在此背景下签署的《多种纤维协定》(Multi-Fibre Agreement)限制了很多地区向发达国家出口纺织品。同时,台币的升值也降低了中国台湾出口产品在世界市场上的竞争力。在这些因素的共同作用下,毛里求斯吸引到大量来自中国香港与台湾地区的投资。20世纪80年代,油价的降低、美元的贬值导致债务较低的还本付息以及欧洲各国货币相对于毛里求斯卢比的升值也同样有助于增强毛里求斯纺织品的出口竞争力。①

第三,优惠贸易安排。与对制糖业发展的支持类似,毛里求斯政府通过与发达国家和地区签订各类贸易协定成功保障了毛里求斯纺织品出口市场的稳定。在《洛美协定》中,欧盟作为毛里求斯2/3纺织品的出口市场,向毛里求斯纺织品提供了37年免税、免配额的优惠政策。由于与美国签订了《非洲增长与机会法案》(The African Growth and Opportunity Act),毛里求斯的纺织品也得以在进入美国市场时享受类似的优惠条件。②

在上述有利条件的促进下,纺织服装业得以在毛里求斯迅速发展,并在20世纪90年代较长时间里使年均增速保持在5%以上。与此同时,纺织服装业的迅速发展也极大地促进了毛里求斯的经济增长。1990年、1995年与2000年,以纺织服装业为核心的出口加工区制造业增加值占到

---

① Gilles Joomun, "The Textile and Clothing Industry", in Herbert Jauchm Rudolf Traub-Merz, eds., *The Future of the Textile and Clothing Industry in Sub-Saharan Africa* (Bonn: Friedrich - Ebert - Stiftung, 2006), pp. 193 - 194.

② *Pestle Analysis of Mauritius and Analysis of Major Industries Available in Mauritius* (Ahmedabad: Gujarat Technological University, 2013), p. 172.

毛里求斯制造业增加值的50%，并在1990～2000年占到毛里求斯国内生产总值的12%左右。此外，纺织服装业的发展还显著地改变了毛里求斯的经济结构。1970年，毛里求斯高达23.9%的劳动力从事第一产业，至1998年这一比例降至9%。同一时期，以纺织服装业为核心的第二产业吸纳的劳动力比重则上升至33%。

值得注意的是，纺织服装业的快速发展也给毛里求斯的社会带来了重要影响。在以甘蔗种植和制糖业为支柱产业的情况下，男性在身体素质上相对于女性的绝对优势使得其获得了更高的经济、社会地位。不过，随着纺织服装业的兴起，女性的就业率得到极大提升（出口加工区约60%的雇员为女性），相应的，女性的社会地位也得到提高。女性就业率的提升也增加了家庭收入，有助于生活水平的提高。据统计，1986～1987年，毛里求斯家庭月平均收入仅为100美元，2001～2002年已增加至474美元。①

进入21世纪后，毛里求斯的纺织服装业面临愈发严峻的挑战。毛里求斯纺织服装业的快速发展很大程度上得益于与发达国家和地区达成的优惠贸易安排。随着相关贸易协定陆续到期，毛里求斯被迫与中国、印度、巴西等纺织业大国进行直接竞争。此外，由于经济发展，劳动力成本日益上升，毛里求斯逐渐丧失了纺织服装业赖以生存的比较优势。

根据毛里求斯国家统计局的数据，2016年全国共有大型纺织企业178家，就业人数为4.2万人，分别占全国纺织企业总数、工业生产部门就业人数的28.3%、54.6%。2016年共完成利润增加值158.3亿毛里求斯卢比，占毛里求斯工业生产部门总值的30%。②

第四节　商业、服务业

毛里求斯十分重视商业、服务业等第三产业的发展。尤其是20世纪80

---

① Gilles Joomun, "The Textile and Clothing Industry", in Herbert Jauchm Rudolf Traub-Merz eds, *The Future of the Textile and Clothing Industry in Sub-Saharan Africa* (Bonn: Friedrich-Ebert-Stiftung, 2006), pp. 196 – 203.

② *Digest of Industrial Statistics 2016*, Statistics Mauritius, 2017, pp. 33 – 37.

第四章 经济

年代后,随着旅游业的迅速发展,第三产业逐渐成为毛里求斯经济增长重要的推动力。2005年,毛里求斯出口加工业赖以生存的一系列国际优惠协定陆续到期,毛里求斯政府开始了新一轮经济转型进程。此轮改革的主要目标是通过营造良好的投资环境、扩大对外开放、简化商业手续来吸引外部投资,以进一步带动经济增长。其中,2006年颁布的《商业促进法案》(Business Facilitation Act)较为引人关注。该法案简化了新企业的许可证发放流程,将注册和运营的时间间隔缩短至三天,并放宽了有关外国专业人员入境和居留的规定。除了优惠的投资条件,毛里求斯还拥有稳定的政局、完备的基础设施以及优质的公共服务体系。这些都使得毛里求斯成为世界上最适于开展商业活动的国家之一。2018年,在由美国遗产基金会(Heritage Foundation)发布的世界经济自由指数(Index of Economic Freedom)排名中,毛里求斯得到75.1分,列世界第21位。在由世界银行发布的营商便利指数(Ease of Doing Business index)排名中,毛里求斯列世界第25位;在由世界经济论坛(World Economic Forum)举办的全球竞争力指数(Global Competitiveness Index)评选中,毛里求斯列世界第45位。尤其值得注意的是,在上述所有排名中,毛里求斯均位列撒哈拉以南非洲国家之首。

根据毛里求斯国家统计局的数据,2016年毛里求斯第三产业增加值为3853.6亿毛里求斯卢比,相较于2015年增长了4.4%。2016年毛里求斯第三产业各部门完成增加值情况如表4-5所示。

表4-5 2016年毛里求斯第三产业各部门完成增加值情况

单位:百万毛里求斯卢比

类别	金额
批发零售贸易、汽车和摩托车修理	45914
批发零售业	43006
交通运输与仓储	24338
住宿和餐饮服务	26727
信息与通信	16374
金融保险	46614
货币中介	26489

续表

类别	金额
融资租赁及其他授信	2604
保险、再保险和养老基金	12461
其他	5060
房地产	22798
自有住房	18647
专业性、科技性活动	17917
行政和支持服务活动	11118
公共行政与国防、强制社会保障	24824
教育	18926
医疗和社会工作	16488
艺术、娱乐	13161
其他服务	5979
第三产业合计	291178
全国总增加值	385364
第三产业占比(%)	75.6

资料来源：*National Accounts of Mauritius 2016*，Ministry of Finance and Economic Development，2017，p.45。

就业方面，2016年毛里求斯第三产业吸纳劳动力38万人，占毛里求斯就业总人数的66.9%（见表4-6）。

表4-6 2016年毛里求斯第三产业各部门就业情况

单位：千人

部门	总人数
批发零售贸易、汽车和摩托车修理	94
交通运输与仓储	38.5
住宿和餐饮服务	40.8
信息与通信	17.4
金融保险	13.5
房地产	1.4
专业性、科技性活动	12.1

续表

部门	总人数
行政和支持服务活动	25.2
公共行政与国防、强制社会保障	41.4
教育	32.0
医疗和社会工作	19.4
艺术、娱乐	12.2
其他服务	32.0
第三产业合计	379.9
全国总就业人数	567.2
第三产业占比(%)	70.0

资料来源：*Digest of Labour Statistics 2016*, Ministry of Finance and Economic Development, 2017, p.12。

一 商业

截至2012年12月，毛里求斯商业活动团体的总数为138236个，相较于2011年12月的133723个增加4513个，增幅为3%。其中，72991个商业团体（占比为53%）属于"批发零售贸易、汽车和摩托车修理"类别，23448个团体（占比为17%）属于"交通运输与仓储"类别，10542个团体（占比为8%）属于"住宿和餐饮服务"类别。2012年毛里求斯商业团体的经营活动分布情况如表4-7所示。

表4-7 2012年毛里求斯商业团体分布情况

单位：个

部门	总数
采矿与采石业	34
制造业	8546
电力、燃气、蒸汽与空调供应	5
供水、污水、废物管理和补救活动	16
建筑业	1911

续表

部门	总数
批发零售贸易、汽车和摩托车修理	72991
交通运输与仓储	23448
住宿和餐饮服务	10542
信息与通信	505
金融保险	622
房地产	636
专业性、科技性活动	2776
行政和支持服务活动	5506
教育	1648
医疗和社会工作	1674
艺术、娱乐	3024
其他服务	4352
合计	138236

资料来源：*Business Activity Statistics*, *January- December 2012*, Ministry of Finance and Economic Development, 2017, p.7。

如表4-8所示，在商业活动的地域分布上，毛里求斯人口最多的威廉平原区是商业活动最为活跃的地区。该地区的商业团体总数为38765个，占毛里求斯商业团体总数的28%。首都路易港虽然人口数量较少，但由于是毛里求斯的政治与经济中心，因此仍有23952个商业团体，占毛里求斯商业团体总数的17%，位列第二。相比之下，人口最少的萨凡纳区商业团体的数量位列最后一名，仅为5857个。

表4-8 2012年毛里求斯各区级单位商业团体数量分布

单位：个

地区	数量
路易港	23952
威廉平原	38765
庞波慕斯区	14214
朗帕河区	15811

续表

地区	数量
莫卡区	7918
弗拉克区	15484
大港区	10147
萨凡纳区	5857
黑河区	6088
合计	138236

资料来源：*Business Activity Statistics*, *January-December 2012*, Ministry of Finance and Economic Development, 2017, p.8。

在毛里求斯的经济格局中，微、小、中型企业[①]占据着主导地位。据统计，2013年微、小、中型企业占到毛里求斯各类经营机构的99%，创造了48%的就业、35%的经济总增加值（见表4-9）。

表4-9 2007年与2013年微、小、中型企业对毛里求斯经济的拉动作用

类别	2007年	2013年
微、小、中型企业雇员人数（人）	229700	264900
总就业人数（人）	504400	552000
微、小、中型企业所占比重（%）	46	48
微、小、中型企业创造的增加值（百万毛里求斯卢比）	72647	114094
毛里求斯总增加值（百万毛里求斯卢比）	226662	329009
微、小、中型企业所占比重（%）	32	35

资料来源：*Performance of Small and Medium Enterprises (SMEs), 2007 to 2015*, Ministry of Finance and Economic Development, 2016, p.1。

2013年，毛里求斯微、小、中型企业的总量为172190家，其中微型企业占81%，小型企业占19%，中型企业占1%。60%的企业从事服务

---

① 根据毛里求斯国家统计局的定义，微型企业指的是规模在1~5人且年均产值不高于200万毛里求斯卢比的企业；小型企业指的是年均产值不高于1000万毛里求斯卢比的企业；中型企业指的是年均产值在1000万~5000万毛里求斯卢比的企业。

性活动,其中"批发零售贸易、汽车和摩托车修理"、"交通运输与仓储"以及"住宿和餐饮服务"部门的企业数量最多。此外,"农业、林业、渔业"、"制造业"以及"建筑业"部门的企业也占有一定比例(见表4-10)。

表4-10 2013年毛里求斯微、小、中型企业的部门分布

单位:个

类型	微型	小型	中型	微、小、中型企业合计	其他类型企业	合计
农业、林业、渔业	32000	14000	70	46070	70	46140
采矿与采石业	—	—	15	15	10	25
制造业	12630	2610	280	15520	335	15855
电力、燃气、蒸汽与空调供应	—	—	—	—	10	10
供水与废物处理	—	—	—	—	15	15
建筑业	7900	5040	60	13000	50	13050
批发零售贸易、汽车和摩托车修理	42960	3820	200	46980	230	47210
交通运输与仓储	19550	1370	40	20960	50	21010
住宿和餐饮服务	9040	1670	90	10800	90	10890
信息与通信	380	180	30	590	60	650
金融保险	90	90	50	230	40	270
房地产	525	75	10	610	15	625
专业性、科技性活动	1555	705	115	2375	45	2420
行政和支持服务活动	1200	520	50	1770	60	1830
教育	1555	295	115	1965	65	2030
医疗和社会工作	1445	265	10	1720	40	1760
艺术、娱乐	2475	935	40	3450	30	3480
其他服务	5725	395	15	6135	15	6150
合计	139030	31970	1190	172190	1230	173420

资料来源:*Performance of Small and Medium Enterprises (SMEs), 2007 to 2015*, Ministry of Finance and Economic Development, 2016, p.7.

就业方面,2007~2013年,微、小、中型企业就业人数由229700人增加至264920人,增长了15.3%,占总就业人数比重也由46%上升至

48%。2013 年，约有 215900 人在微、小型企业工作（占比为 81%），另有 49020 人（占比为 19%）在中型企业工作。从类别上看，约有 27% 从事"批发零售贸易、汽车和摩托车修理"，13% 从事"制造业"，12% 从事"农业、林业、渔业"，12% 从事"建筑业"，7% 从事"交通运输与仓储"（见表 4-11）。

表 4-11　2013 年毛里求斯微、小、中型企业就业人数分布

单位：人

类别	微型	小型	中型	微、小、中型企业合计	其他类型企业	合计
农业、林业、渔业	—	26200	5400	31600	8700	40300
采矿与采石业	—	1000	240	1240	860	2100
制造业	13200	10400	10655	34255	67345	101600
电力、燃气、蒸汽与空调供应	—	—	—	—	2300	2300
供水与废物处理	—	—	—	—	3200	3200
建筑业	12310	15790	2940	31040	11660	42700
批发零售贸易、汽车和摩托车修理	51400	10300	10440	72140	16160	88300
交通运输与仓储	16090	2910	860	19860	15940	35800
住宿和餐饮服务	8900	3900	2975	15775	22425	38200
信息与通信	2570	3330	1030	6930	9470	16400
金融保险	160	340	525	1025	12075	13100
房地产	340	260	220	820	480	1300
专业性、科技性活动	2200	2300	2295	6795	3805	10600
行政和支持服务活动	4740	4560	3030	12330	12170	24500
公共行政与国防、强制社会保障	—	—	—	—	40600	40600
教育	2800	1300	6160	10260	21040	31300
医疗和社会工作	1070	1430	1050	3550	15150	18700
艺术、娱乐	5680	1020	750	7450	2350	9800
其他服务	7970	1430	450	9750	21350	31200
合计	129430	86470	49020	264920	287080	552000

资料来源：*Performance of Small and Medium Enterprises（SMEs），2007 to 2015*，Ministry of Finance and Economic Development，2016，p.8。

财富创造方面,毛里求斯微、小、中型企业在 2013 年共创造经济增加值 1140.9 亿毛里求斯卢比,占总增加值的 35%,相较于 2007 年的 726.5 亿毛里求斯卢比、32% 均有较为明显的提升。其中,微、小型企业创造的增加值占 74%,中型企业占 26%。在部门分布上,"批发零售贸易、汽车和摩托车修理"创造经济增加值 300.58 亿毛里求斯卢比,占 26%;"制造业"创造经济增加值 145.7 亿毛里求斯卢比,占 13%;"交通运输与仓储"创造经济增加值 92.16 亿毛里求斯卢比,占 8%;"专业性、科技性活动"创造经济增加值 89.6 亿毛里求斯卢比,占 8%;"农业、林业、渔业"创造经济增加值 87.26 亿毛里求斯卢比,占 8%(见表 4-12)。2013 年,毛里求斯微、小、中型企业实现了商品出口总额 42 亿毛里求斯卢比,占货物出口总值的 7%。

表 4-12 2013 年毛里求斯微、小、中型企业创造的经济增加值

单位:百万毛里求斯卢比

类型	微型企业	小型企业	中型企业	微、小、中型企业合计	其他类型企业	合计
农业、林业、渔业	—	4903	3823	8726	3844	12570
采矿与采石业	—	55	202	257	733	990
制造业	5666	3637	5267	14570	37217	51787
电力、燃气、蒸汽与空调供应	—	—	—	—	4722	4722
供水与废物处理	—	—	—	—	1294	1294
建筑业	3062	3926	742	7730	10192	17922
批发零售贸易、汽车和摩托车修理	20685	5253	4120	30058	8907	38965
交通运输与仓储	7305	1319	592	9216	10563	19779
住宿和餐饮服务	2466	1079	1923	5468	14359	19827
信息与通信	306	396	1359	2062	12336	14398
金融保险	152	319	1577	2048	36288	38336
房地产	262	1348	516	2126	17916	20042
专业性、科技性活动	2393	2510	4057	8960	5664	14624
行政和支持服务活动	1228	1183	1264	3676	5078	8754
公共行政与国防、强制社会保障	—	—	—	—	20196	20196
教育	1263	833	2710	4806	10918	15724

续表

类型	微型企业	小型企业	中型企业	微、小、中型企业合计	其他类型企业	合计
医疗和社会工作	2774	1280	463	4517	8606	13123
艺术、娱乐	2287	3061	1220	6568	4198	10766
其他服务	2441	687	178	3306	1883	5189
合计	52290	31790	30014	114094	214915	329009

资料来源：*Performance of Small and Medium Enterprises (SMEs), 2007 to 2015*, Ministry of Finance and Economic Development, 2016, p. 9。

二 旅游业

毛里求斯有着发展旅游业的良好基础。从自然环境上看，毛里求斯地处南印度洋，属于亚热带海洋性气候，阳光明媚、气候宜人。作为火山喷发形成的岛国，毛里求斯拥有美丽的沙滩与高耸的山峰等多样化的自然景观。从人文环境上看，毛里求斯先后遭受荷兰、法国与英国的殖民统治，同时又有着印度裔、华裔、克里奥尔人与欧洲裔共存的多元族群结构。两者相互交织、相得益彰，使毛里求斯成为独特的文化混合体。20世纪80年代以来，随着政府经济多元化战略的推行，旅游业成为国家重点发展的产业之一。早在1991年，毛里求斯年均接待游客人数便达到30万人，创汇390万毛里求斯卢比。

随着交通运输、住宿与餐饮业的快速发展，毛里求斯已经成为世界知名的旅游胜地。仅2016～2017年，毛里求斯便夺得第24届世界旅行奖、"印度洋最佳蜜月目的地"等八项旅游奖项。[1]

21世纪以来，毛里求斯政府出台了一系列措施以进一步发展旅游业。面对自身过于依赖欧洲（尤其是法国）客源地的现实，毛里求斯

---

[1] "Tourism Sector", Ministry of Tourism, 2018, http：//tourism.govmu.org/English/Tourism%20sector/Pages/Tourism-Sector.aspx.

毛里求斯

在 2008 年启动了游客多元化战略,旨在吸引来自中国、印度等新兴市场的游客,在该战略的引导下,毛里求斯在保障游客人数持续增加的同时,将欧洲游客比例由 2009 年的 67% 逐渐降至 2016 年的 57.7%,将亚洲游客比例由 7% 提高至 16%,将非洲游客比例由 23% 提高至 28%。2016 年毛里求斯旅游客源地的国别与地区分布如表 4 – 13 所示。

表 4 – 13 2016 年毛里求斯旅游客源地的国别与地区分布

单位:个,人,%

国家与地区	旅行团数量	占比	个人游数量	占比	游客总人数	占比
欧洲	4300	63.7	9426	63.0	727651	57.7
法国	1586	23.5	3645	24.4	271799	21.6
德国	666	9.9	1401	9.4	102342	8.1
意大利	122	1.8	268	1.8	30430	2.4
俄罗斯	21	0.3	42	0.3	9259	0.7
瑞士	212	3.1	458	3.1	35454	2.8
英国	884	13.1	1882	12.6	140460	11.1
非洲	1184	17.5	2829	18.9	287716	22.8
留尼汪	284	4.2	647	4.3	145875	11.6
南非	763	11.3	1896	12.7	102180	8.1
亚洲	1028	15.2	2203	14.7	205258	16.3
中国	311	4.6	661	4.4	79413	6.3
印度	594	8.8	1271	8.5	81744	6.5
阿联酋	28	0.4	57	0.4	9780	0.8
大洋洲	116	1.7	237	1.6	19472	1.5
澳大利亚	112	1.7	232	1.6	18002	1.4
美洲	120	1.8	256	1.7	19254	1.5
美国	44	0.7	95	0.6	8363	0.7
其他	—	—	—	—	774	0.1
合计	6748	100	14951	100	1260125	100

资料来源:*Survey of Inbound Tourism*, *Year 2016*, Ministry of Finance and Economic Development, 2017, p.1。

此外，为了改变旅游淡季（每年5~9月）游客稀少的情况，毛里求斯旅游部决定通过在淡季加强与旅行社、航空公司和酒店经营者的合作，组织体育比赛和购物节，与周边旅游胜地（如留尼汪岛）联合推出优惠活动等方式吸引游客，取得了显著成效。

2016~2017财年，毛里求斯又提出了"毛里求斯365"（Mauritius 365）项目，以进一步提振毛里求斯的旅游业。该项目计划通过在淡季举办毛里求斯高尔夫公开赛、橄榄球锦标赛、国际厨师大赛、自行车比赛和毛里求斯狂欢节等方式，将毛里求斯打造为全年适宜的旅游目的地。通过这个项目，2016年毛里求斯旅游淡季的游客人数相较于2015年增长了9.2%。

为了进一步规范旅游市场，毛里求斯政府还于2016年2月推出了酒店分级体系（见表4-14）。

表4-14 毛里求斯酒店的星级分布

单位：家

星级	数量
五星豪华	7
五星	25
超四星	3
四星	23
超三星	7
三星	25
二星	9

资料来源："Tourism Sector", Ministry of Tourism, 2018, http://tourism.govmu.org/English/Tourism%20sector/Pages/Tourism-Sector.aspx。

根据毛里求斯国家统计局的数据，2016年毛里求斯共接待国际游客126万人次，酒店平均入住率达到73%。其中，欧洲国家仍是毛里求斯最主要的旅游客源地，约占游客总数的57.7%。其中，来自法国的游客人数最多，约为27.2万人，占比为21.6%。

旅游业的快速发展对毛里求斯的经济也起到了显著的拉动作用。2016

年毛里求斯旅游业创收 558.7 亿毛里求斯卢比,占毛里求斯国内生产总值的 7.8%。同期,旅游业还为毛里求斯创造了约 9.7% 的就业岗位。[1]

2016 年,毛里求斯旅游市场的主要运行情况如表 4-15 所示。

表 4-15　2016 年毛里求斯旅游业主要统计数据

类别		2016 年全年	第一季度	第二季度	第三季度	第四季度
旅行目的(%)	度假	75.8	83.2	69.2	72.7	76.1
	度蜜月	17.4	12	22	19.1	17.9
	公务	2.6	2.2	3.1	3.5	1.8
	探亲访友	0.9	0.9	0.8	1.5	0.7
	其他	3.3	1.7	5	3.2	3.6
参加旅行团的游客比例		67	64	74	68	63
住宿(%)	旅馆	81.2	79	84.9	82.4	79.6
	旅游住宅(Tourist residence)	7.3	9.1	5.2	5.2	8.9
	招待所(Guest house)	4.8	5.9	4.3	3.5	5.1
	亲戚朋友家	5.5	5	5	7.4	4.9
	其他	1.1	1	0.5	1.5	1.4
平均在毛里求斯度过的夜晚数量		10.4	10.8	10.1	11.1	9.7
开销(毛里求斯卢比)	平均每人	44660	44169	44416	45451	44687
	平均每夜	4290	4081	4414	4081	4623
对旅行的评价(%)	超出期望	34	32	34	38	32
	符合期望	63	64	64	58	65
	低于期望	3	3	2	3	3
	不清楚	0	1	0	0	1
非首次到访毛里求斯的游客比例(%)		32	38	28	29	32

资料来源:Survey of Inbound Tourism, Year 2016, Ministry of Finance and Economic Development, 2017, p.2。

---

[1] "Tourism Sector", Ministry of Tourism, 2018, http://tourism.govmu.org/English/Tourism%20sector/Pages/Tourism-Sector.aspx.

2017年6月,毛里求斯召开了一次"旅游会议"(Assises du Tourisme),就应对旅游行业面临的挑战集思广益,并制定了短期和中期发展路线图,以便在新的商业环境中重新定位毛里求斯的旅游业。最终,超过200名从业者参加了此次会议,提出了四个主要建议:第一,将毛里求斯建设成一个充满活力的旅游目的地和印度洋上的旅游中心;第二,通过社交媒体、搜索引擎、营销和移动应用程序等进一步提升毛里求斯旅游业的知名度;第三,在旅游开发中加强对环境的保护;第四,增设从中国到毛里求斯的航班,以便吸引更多来自中国的游客。

第五节 交通运输、邮电通信

一 交通运输

(一) 公路运输

毛里求斯最早的公路运输主要依靠畜力。19世纪60年代初,毛里求斯共有约2000匹马、4000头驴、4500辆马车从事客货运输活动。1901年1月,毛里求斯进口了首辆两座轿车;10月,瑞格纳德联合糖业公司(Union Regnard Sugar Estate)进口了首辆卡车。毛里求斯的公路运输由此进入机动车时代。

1930年,毛里求斯共有机动车3016辆,其中私家车2401辆、出租车300辆、货运卡车303辆、公交车92辆、摩托车220辆。1950年,毛里求斯的机动车保有量增加至5161辆。这一数字在1960年与1970年分别为13291辆与25389辆。随着经济的发展与人口的增长,毛里求斯的公共交通也得到了快速发展。1950~1970年,毛里求斯公交车数量也由186辆增加至722辆。

根据毛里求斯国家统计局的数据,2017年全国机动车保有量为531797辆,较2016年增加了24121辆,增幅为4.8%。其中,272219辆(占比为51.2%)为轿车、双驾驶座皮卡及客货两用车,205493辆(占比为38.6%)为摩托车,28121辆(占比为5.3%)为面包车,15024辆

卡车，3101 辆为公交车，7845 辆为其他车辆。①

在公路线路方面，毛里求斯在 2016 年共建有道路 2502 公里。其中，硬化道路占 98%。道路密度为每平方公里 1.34 公里。毛里求斯的主线公路为三条高速公路，分别是路易港至普莱桑斯（Plaisance）的 M1 高速公路、路易港至索茨（Sottise）的 M2 高速公路以及从特雷罗格（Terre Rouge）经由路易港通往凡尔登（Verdun）的 M3 高速公路。

在公共运输方面，毛里求斯共有两家主要的公交公司，即联合巴士服务公司（United Bus Service）与国家运输公司（National Transport Corporation）。这两家公司均由国家运输管理局（National Transport Authority）运营。此外，在交通高峰时也有部分小型公交公司［如罗斯希尔运输公司（Rose Hill Transport）］参与公共交通运营。②

目前，毛里求斯共拥有 220 条公交线路与 900 个公交站点。毛里求斯有两种类型的公交可供选择，即标准公交与快速公交。其中，快速公交均配有空调且只在主要站点停靠。在城市地区，公交运营的时间为早上 8 点半至晚上 8 点；乡村地区公交的运营时间为早上 6 点半至晚上 6 点半。其中，从路易港至居尔皮普的公交运行到晚上 11 点。公交的短途票价为 15 毛里求斯卢比，长途票价为 30 毛里求斯卢比。此外，乘坐快速公交或携带大量行李还需要交纳少量额外费用。③

（二）铁路运输

毛里求斯的铁路运输系统建于 19 世纪 60 年代。首条铁路线路（北线）于 1864 年开始运营，路线为庞波慕斯区—朗帕河区—弗拉克区，全长约 50 公里。第二条铁路（中线）则于 1865 年投入使用，路线为路易港—马可邦，中途停靠博巴森、罗斯希尔、卡特勒博尔纳、瓦科阿、居尔皮普等主要车站。

随着乡村地区的不断发展，毛里求斯铁路运输系统又在上述两条干

---

① "Road Transport and Road Traffic Accident Statistics", Ministry of Finance and Economic Development, 2018, p. 1.
② "Mauritius Buses", Mauritius Buses, 2018, https：//www.mauritius-buses.com/.
③ "Mauritius Buses", Mauritius Buses, 2018, https：//www.mauritius-buses.com/.

线的基础上延伸出四条支线，分别为1876年投入运营的莫卡—弗拉克支线（全长42公里）、萨凡纳支线（全长18公里），1904年投入运营的黑河支线（全长21公里），1903年投入运营的长山支线（Long Mountain）（全长6.5公里）。此外，毛里求斯还有多条连接甘蔗种植园与制糖厂的工业铁路。

毛里求斯铁路运输网络总长度为250公里。在运力上，毛里求斯铁路系统在鼎盛时期拥有52辆机车以及近200辆客车和750辆货车。

铁路系统对毛里求斯的经济社会发展起了重要的推动作用。据统计，1880～1910年，毛里求斯通过铁路系统运输了约10万吨甘蔗。此外，铁路还极大地加强了毛里求斯各地区间的交流，促进了教育、商业的发展。

第二次世界大战结束后，毛里求斯的公路网络得到迅速发展，机动车保有量也快速增加，灵活性较差的铁路运输网络逐渐落后于时代。1956年3月31日，毛里求斯最后一班客运列车停止运营，铁路货运则持续至1964年。随后，毛里求斯的铁路被拆除并作为废金属出售，一些铁路车辆作为废品出售给南非的伯利恒钢铁公司，铁轨则被卖往印度。

21世纪以来，随着交通拥堵现象日益严重，重振铁路运输的问题又被提上了议事日程。2012年9月，毛里求斯政府开始就建设轻轨交通系统进行规划。其中，路易港至居尔皮普的轻轨线路将首先建成通车。该规划线路总长约25公里，拥有13个停靠车站，运行时间约为32分钟，高峰期的车次间隔不超过5分钟。2014年12月，轻轨建设计划被新任政府中止。不过到了2016～2017财年，政府又宣布将重新审视该计划。2017年8月，拉尔森·图博公司（Larson & Toubro）中标，成为轻轨交通系统的建设商。

（三）水路运输

作为一个岛国，水路运输对于毛里求斯的内外交通都有着不可替代的重要意义。目前，毛里求斯岛与罗德里格斯岛上最主要的港口分别为路易港和马特琳港。

毛里求斯

路易港是毛里求斯唯一的海船进出港,任何前往或离开毛里求斯的船只都必须在该港口完成通关。目前,路易港有三个主要码头。第一码头长1180米,有6个供货船、客船或渔船停泊的泊位。第二码头长986米,有6个泊位,并设有处理和储存糖、鱼、动物脂和烧碱的专门设施。其中,由毛里求斯糖业码头公司(Mauritius Sugar Terminal Corporation)经营的散装糖码头可停靠吃水深达11米的船只,并以每小时1450吨的速度装载糖;附近的仓库也可储存17.5万吨货物。此外,第二码头还设有124米长、疏浚深度为10.8米的专门的邮轮码头。第三码头由两个280米长、14米深的码头组成,专门用于停靠集装箱船。该码头配有5台龙门起重机,同时也建有能够储存大量乙醇的设施及连接冷藏集装箱的设备。2010年,为了进一步提振旅游业,路易港还启用了印度洋上首座可停靠300米长游轮的专用码头。

根据毛里求斯国家统计局的数据,2016年共有2934艘船只在毛里求斯停靠,游客吞吐量为113753人次(其中到港59548人次、离港54205人次),货物吞吐量为727.3万吨(其中到港600.7吨、离港126.6吨)。[1]

(四) 航空运输

1922年6月22日,由F.W.奥内特(F. W. Honnet)少校驾驶的"莫里斯"号(Maurice)单引擎飞机在瓦科阿修建的临时机场上进行了首次起降,这标志着毛里求斯进入航空时代。

1933年9月10日,两名法国飞行员莫里斯·萨马特(Maurice Samat)和保罗·路易斯·莱梅尔(Paul Louis Lemerle)从留尼汪岛起飞,并在毛里求斯北部的蒙乔西(Mon-Choisy)地区降落。在接下来的几年里,蒙乔西一直作为毛里求斯的临时机场。随着太平洋战争的爆发,毛里求斯在印度洋上的战略地位日趋重要。英国政府匆忙在普莱桑斯南部修建了一个新的机场。1943年11月24日,第一架军用飞机在普莱桑斯机场着陆。

---

[1] "Infrastructure Statistics", Ministry of Finance and Economic Development, 2018, p.1.

第四章 经　济

二战结束后，普莱桑斯岛开始向民用航空开放。而在此前的1945年2月10日，一家隶属于法国航空（Air France）的容克-52型客机在普莱桑斯岛着陆。此后，法国航空便开始运营巴黎—毛里求斯的定期航班，该航程当时耗时6天，经过7次降落。法国航空也成为第一家在毛里求斯运营的商业航空公司。1947年，法国航空换装了更为先进的DC-4型客机，将航程缩短至3天。次年，英国航空公司（British Airways）"天空之路"（Sky Ways）开通了毛里求斯—内罗毕的航线。喷气式客机的出现显著降低了航程时间。1962年，英国海外航空公司（British Overseas Airways Corporation）开通了毛里求斯—伦敦航线，航程仅为26小时。

1967年，毛里求斯首家本土航空公司毛里求斯航空（Air Mauritius）成立。毛里求斯政府、英国航空、法国航空与印度航空（Air India）是其创始股东。1975年，毛里求斯航空开始运营毛里求斯岛至罗德里格斯岛的定期航班。

1986年，毛里求斯对普莱桑斯机场进行了升级改造以适应更大型客机的起降要求。这一工程包括一座两层航站楼，并在新航站楼和海关处修建了一个停车场。1987年，为了纪念西沃萨古尔·拉姆古兰爵士在毛里求斯独立过程中做出的突出贡献，普莱桑斯机场更名为西沃萨古尔·拉姆古兰爵士国际机场并沿用至今。随后，该机场又经历了数次升级改造。

目前，西沃萨古尔·拉姆古兰爵士国际机场是毛里求斯最主要的航空枢纽。拥有一条3040米长、75米宽的跑道以及一条2279米长、60米宽的应急跑道。设有16个停机位，并拥有一座面积57000平方米的航站楼，其中设有6部行李托运机、8座登机桥和32个值机柜台。目前已开通飞往欧洲、亚洲、澳大利亚与非洲大陆等地41个主要城市的航班。[①]

毛里求斯还在罗德里格斯岛修建了珊瑚平原机场（Plaine Corail Airport），该机场拥有一条1300米长、30米宽的跑道。2007年，为了纪

[①] "Airport facts & Figures", Airports of Mauritius, 2015, http://aml.mru.aero/index.php/ssr-international/facts-figures.

念前总理盖尔唐·杜瓦尔爵士（Sir Gaëtan Duval）为罗德里格斯岛的发展所做的贡献，该机场被重新命名为盖尔唐·杜瓦尔爵士机场（Sir Gaëtan Duval Airport）。目前，该机场开通有飞往毛里求斯岛的定期航班与飞往留尼汪岛的季节性航班。

根据毛里求斯国家统计局的数据，2016年全国航空共运送旅客3434207人次，其中到港1715914人次，出港1718293人次；飞机起降20284架次，其中起飞10080架次，降落10204架次；进口货物1.8万吨，出口货物2万吨。①

二 邮电通信

（一）电信

电信服务在毛里求斯有着较为悠久的历史。毛里求斯于1883年开始提供最基本的电话服务，第一条电话线被架设在殖民地总督官邸与路易港的政府办公室之间。1893年，殖民当局通过海底电报电缆将毛里求斯与塞舌尔、桑给巴尔连接起来。1901年，东非和南非电报公司（Eastern and South African Telegraph Company）又修建了连接毛里求斯岛和罗德里格斯岛的海底电缆。当时的电报传输速度约为每分钟15字，极大地提升了地区间信息传递的速度，对毛里求斯通信发展产生了革命性的影响。

毛里求斯的电信服务业一直由电力和电话局（Electricity and Telephone Department）管理。1956年，殖民政府成立的电信局（Telecommunications Department）接管了这一职责。为了能为电信服务提供必要的技术支持，1971年毛里求斯政府成立了中央信息系统司（Central Information Systems Division）。

20世纪80年代以后，随着技术的快速发展，毛里求斯的电信业也进行了一系列设备升级与体制改革。1985年，毛里求斯电信有限公司（Mauritius Telecom Limited）接替私营的英国大东电报局（Cable &

---

① "Infrastructure Statistics", Ministry of Finance and Economic Development, 2018, p. 1.

Wireless)运营毛里求斯的国际通信业务。1987年,毛里求斯安装了第二部B标准地面站,并在罗德里格斯岛及其他岛屿建成了本土卫星接收网络。同年,毛里求斯还安装了X.25分组数据交换系统。

1988年,毛里求斯政府相继颁布了《电信法案》(Telecommunications Act)与《国家电脑委员会法案》(National Computer Board Act)。前者赋予毛里求斯政府在电信服务领域的垄断地位,后者则促成了国家电脑委员会(National Computer Board)的建立,就制定电信业发展政策向政府提供意见。1989年,毛里求斯成立了中央信息局(Central Informatics Bureau)和国家信息有限公司(State Informatics Limited),以促进政府办公系统的电子化。1997年,毛里求斯成立了信息和通信部(Ministry of Information and Telecommunications)以制定和执行有关信息和通信技术发展的相关政策,原有的中央信息系统司和中央信息局并入该机构。

1998年,为了适应世界贸易组织对电信行业自由化的相关规定,毛里求斯国民议会通过了新的《电信法案》。该法案为电信行业的自由竞争提供了法律框架。为了管理可能出现的竞争,毛里求斯电信管理局(Mauritius Telecommunications Authority)成立。2001年,毛里求斯国民议会又对《电信法案》进行了修改,电信管理局被信息和通信技术管理局(Information and Communication Technologies Authority)取代。

目前,毛里求斯已经建立较为完善的电信网络。根据毛里求斯国家统计局的数据,截至2016年,毛里求斯共有2家固定电话运营商、3家移动电话运营商。2016年,毛里求斯固定电话数量为39万部,较2015年增长了2.5%。移动电话方面,毛里求斯已经有约99%的人口被移动网络覆盖。2016年,毛里求斯移动通信设备总数为181.4万部,较2015年增长了2.9%。移动通信设备密度达到143.6部/平方公里。

在互联网领域,2016年毛里求斯共有13家互联网运营商。互联网用户达到109万人,较2015年增长了29.7%。其中,固定互联网用户增长7.3%,移动互联网用户增长36.7%。互联网用户密度达到86.3人/平方公里。

总体而言,毛里求斯的电信服务具有较高的覆盖率。以家庭为单位,

2016年毛里求斯移动通信设备的普及率已达94.8%、付费电视频道普及率为31.3%、智能电视普及率为13.4%、电脑普及率为54.7%、互联网普及率为63.3%。

电信业的快速发展也在一定程度上带动了毛里求斯经济的发展。据统计，2016年电信业就业人数为1.5万人，占毛里求斯就业总人数的4.9%；创造经济增加值219.6亿毛里求斯卢比，占毛里求斯国内生产总值的5.7%。①

（二）邮政

毛里求斯的邮政业务可追溯至法国殖民时期。1772年12月12日，在皮埃尔·尼古拉斯·兰伯特（Pierre Nicolas Lambert）的组织下，毛里求斯首家邮局投入运营。最初，毛里求斯的邮政系统仅有8名邮差，主要负责投递当地报纸以及往来信件。随后，邮政业务逐渐扩展至毛里求斯的各个地区。1790年，乡村地区的邮政体系也逐渐建立起来。

随着法国大革命的爆发，共和政府关闭了当地的邮局，毛里求斯的邮政业在1795年后陷入停滞。随着拿破仑战争的爆发，英国从1804年开始对毛里求斯岛进行封锁，导致毛里求斯与外界的通信状况变得更加恶劣。

在取得了对毛里求斯岛的控制权后，英国也接管了岛上的邮政系统。1847年，毛里求斯发行了首张邮票，成为世界第五个发行邮票的地区，同时也是第一个发行邮票的殖民地。1867年，英国殖民政府开始通过铁路运输信件。1870年，英国殖民当局在路易港设立了邮政总局（General Post Office）。1933年，毛里求斯首次使用飞机运输信件。②

毛里求斯的邮政业务主要由国有的毛里求斯邮政有限公司（Mauritius Post Limited）运营。该公司在毛里求斯岛上设有114家邮局，拥有1300名雇员，平均每天处理30万封信件。此外，该公司还在罗德里格斯岛上

---

① *Information and Communication Technologies（ICT）Statistics - 2016*, Ministry of Finance and Economic Development, 2018, pp. 1 - 5.

② "Mauritius Postal Museum", Mauritius Holidays Discovery, 2018, http：//www.mauritius - holidays - discovery.com/mauritius - postal - museum.html.

设有5家邮局,拥有41名雇员;在阿加莱加群岛上设有1家邮局。

值得注意的是,毛里求斯在国际集邮界有着举足轻重的地位。该地区发行的第一批邮票["邮局邮票"(Post Office Stamps)]具有稀有性和高价值,甚至被誉为"所有集邮中最伟大的物品"。1993年11月3日,"邮局邮票"在苏黎世拍卖会上以575万瑞士法郎(约相当于400万美元)的价格成交,成为当时成交价格最高的集邮单品。毛里求斯发行的其他邮票也十分受集邮收藏家的欢迎。如今,毛里求斯还有2家以邮票为主题的博物馆,分别是毛里求斯邮政博物馆和蓝色便士博物馆。

第六节 财政、金融

一 财政

独立以来,毛里求斯的经济保持了长期的高速增长,国内生产总值由1976年的7.1亿美元增至2016年的121.7亿美元。[①] 根据毛里求斯国家统计局的数据,2016年全国经济总增加值为3853.6亿毛里求斯卢比,相较于2015年的3635.5亿毛里求斯卢比名义上增长了6.0%,实际增长了3.6%。在不包括糖业的情况下,经济总增加值增长率达到3.5%。

产品税收(扣除补贴)达到488.8亿毛里求斯卢比,相较于2015年的463.5亿毛里求斯卢比名义上增长了5.5%。

按当前市场价格计算的国内生产总值(等于按当前市场价格计算的总增加值加上扣除补贴的税收)相较于2015年增长了5.9%,达到4342.4亿毛里求斯卢比。在排除价格变化带来的影响后,按市场价格计算毛里求斯国内生产总值相较于2015年增长了3.8%。

毛里求斯人均名义国内生产总值达到343616毛里求斯卢比,相较于2015年增长了5.9%(见表4-16)。

---

① "Mauritius GDP", World Bank, 2018, https://data.worldbank.org/indicator/NY.GDP.MKTP.CD?locations = MU.

表4-16 2013~2016年毛里求斯经济总体情况

类别	2013年	2014年	2015年	2016年
总增加值(按当前基本价格计算,百万毛里求斯卢比)	329009	348011	363547	385364
增长率(%)	3.4	3.6	3.1	3.6
增长率(不包含糖业,%)	3.5	3.7	3.2	3.5
产品税收(不包含补贴,百万毛里求斯卢比)	43388	44051	46346	48879
国内生产总值(按当前价格计算,百万毛里求斯卢比)	372397	392062	409893	443243
增长率(%)	3.4	3.7	3.6	3.8
人均国内生产总值(毛里求斯卢比)	295591	310862	324570	343616

资料来源：*National Accounts of Mauritius 2016*, Ministry of Finance and Economic Development, 2017, p.42。

从经济增长的产业分布上看，2016年第三产业对经济总增加值的贡献率高达75.6%，相比之下，第二产业为20.6%，而第一产业仅为3.8%。与此同时，毛里求斯经济总增加值的上升主要是第三产业发展的结果，3.5%的增量中有3.3%来自第三产业，相比之下，第一产业与第二产业分别只有0.1%。除去通货膨胀等因素得到的各部门的实际增长率如下。

第一产业中，农业、林业、渔业增加值增长了3.7%，远高于2015年的0.3%。其中，甘蔗种植业附加值增长了5.5%，其他种植业附加值增长了3.2%。

第二产业增加值整体增长了0.6%。其中，制造业附加值增长了0.4%，电力、燃气、蒸汽与空调供应增长了4.2%，供水与废物处理增长了2%，建筑业没有明显增长。

第三产业增加值整体增长了4.4%。其中，批发零售贸易、汽车和摩托车修理增长了3%，交通运输与仓储增长了3.9%，住宿和餐饮服务增长了9.2%，信息与通信增长了5.9%，金融保险增长了5.7%，房地产增长了3.9%，专业性、科技性活动增长了5.7%，行政和支持服务活动增长了5.9%，公共行政与国防、强制社会保障增长了2.3%，教育增长了

0.7%，医疗和社会工作增长了2.1%，艺术、娱乐增长了4.7%，其他服务增长了3.1%（见表4-17）。

表4-17　2013~2016年毛里求斯各部门创造增加值情况

单位：百万毛里求斯卢比，%

类别	2013年	2014年	2015年	2016年	2016年相对于2015年的实际增长率
农业、林业、渔业	12570	12778	12928	13706	3.7
采矿与采石业	990	1000	893	908	1.0
制造业	51787	53274	53436	53631	0.4
电力、燃气、蒸汽与空调供应	4722	5511	7083	8427	4.2
供水与废物处理	1294	1340	1442	1490	2.0
建筑业	17923	16631	16018	16027	0.0
批发零售贸易、汽车和摩托车修理	38965	41579	43738	45914	3.0
交通运输与仓储	19779	21160	22613	24338	3.9
住宿和餐饮服务	19827	21702	23520	26727	9.2
信息与通信	14398	14948	15841	16374	5.9
金融保险	38336	41322	43599	46614	5.7
房地产	20042	21165	21923	22798	3.9
专业性、科技性活动	14624	15923	16776	17917	5.7
行政和支持服务活动	8754	9752	10391	11118	5.9
公共行政与国防、强制社会保障	20196	21543	22419	24824	2.3
教育	15725	16562	17636	18926	0.7
医疗和社会工作	13123	14431	15199	16488	2.1
艺术、娱乐和娱乐	10766	11854	12369	13161	4.7
其他服务	5189	5537	5725	5979	3.1
合计	329009	348011	363547	385364	3.6

资料来源：*National Accounts of Mauritius 2016*, Ministry of Finance and Economic Development, 2017, pp. 45, 48。

开支方面，2016年毛里求斯政府与家庭名义开支为3865.4亿毛里求斯卢比，相较于2015年增长了5.2%，实际增长了2.8%。其中，家庭开支约占毛里求斯总开支的82.7%，相较于2015年实际增长2.9%。同一时期，政府开支增长了 3.1%。

投资方面，2016 年"房屋与建筑"领域的投资实际增长了 1.5%，扭转了 2015 年下降 4% 的不利态势。其中，居民住房领域的投资增长了 13.5%，成为该领域复苏的主要推动力。同期，"机械设备"领域的投资增长率也由 2015 年的 -7.8% 回升至 7.7%。其中，除飞行器与船舶领域的投资外，该类别其他领域投资的增幅为 1.9%。

上述投资中，共有 558.1 亿毛里求斯卢比流入了私营领域，占比为 74.4%。总额相较于 2015 年名义上增长 7.9%，实际增长了 6.2%。公共领域的投资为 191.6 亿毛里求斯卢比，较 2015 年名义上下降 1.4%，实际下降 3%。

进出口方面，2016 年毛里求斯进出口总额为 2340.9 亿毛里求斯卢比，相较于 2015 年名义上下降 2.9%，实际下降 0.2%。进口方面，货物进口较 2015 年增长了 4%，服务进口下降了 8.2%。出口方面，2016 年名义出口总额为 1932.3 亿毛里求斯卢比，相较于 2015 年下降 3.4%，实际下降 4.9%。其中，货物出口下降 11.2%，服务出口增长 0.6%。

总体上，2016 年毛里求斯对外贸易出现了 408.57 亿毛里求斯卢比的贸易赤字，占国内生产总值的 9.4%，相较于 2015 年的 411.8 亿毛里求斯卢比和 10% 均有所下降（见表 4-18）。

表 4-18　2013~2016 年毛里求斯国内总支出情况

单位：百万毛里求斯卢比，%

类别	2013 年	2014 年	2015 年	2016 年	2016 年相对于 2015 年的实际增长率
最终消费开支	330896	350457	367417	386540	2.8
居民	276507	292343	306206	319758	2.9
政府	54388	58114	61211	66782	2.2
固定资本形成总值	77618	73989	71155	74969	3.7
私营部门	59267	55048	51735	55813	6.2
公共部门	18351	18941	19420	19156	-3.0
存货变化	4429	3152	2999	-2048	—

续表

类别	2013年	2014年	2015年	2016年	2016年相对于2015年的实际增长率
出口总额	180305	200198	200007	193230	-4.9
货物	88048	94776	93290	83851	-11.2
服务	92257	105422	106717	109379	0.6
进口总额	229219	243980	241189	234087	-0.2
货物	157673	164170	158688	156633	4.0
服务	71546	79810	82501	77454	-8.2
误差	8367	8246	9504	15640	—
国内生产总值（按市场价格计算）	372396	392062	409893	434243	—

注：国内生产总值＝最终消费开支＋固定资本形成总值＋存货变化＋出口总额－进口总额＋误差。
资料来源：*National Accounts of Mauritius 2016*, Ministry of Finance and Economic Development, 2017, pp. 53, 54。

从国内生产总值的收入类别分布上看，如表4－19所示，2016年毛里求斯劳动者报酬、生产税与进口税（不含补贴）、营业盈余三者占比分别为36.4%、11.9%、51.7%。其中，劳动者报酬约为1580.51亿毛里求斯卢比，名义上增长6.2%；营业盈余为2242.94亿毛里求斯卢比，增长5.9%；生产税与进口税为518.98亿毛里求斯卢比，增长5.1%。

表4－19　2013～2016年毛里求斯收入类别分布

单位：百万毛里求斯卢比

	2013年	2014年	2015年	2016年
劳动者报酬	136685	141394	148769	158051
生产税与进口税	46321	47011	49388	51898
营业盈余	189390	203657	211736	224294

资料来源：*National Accounts of Mauritius 2016*, Ministry of Finance and Economic Development, 2017, p. 51。

在国民可支配收入与储蓄领域，2016年毛里求斯国民可支配收入约为4562.19亿毛里求斯卢比，相较于2015年名义上增长5.9%。其中，国内储蓄总额达到了477.04亿毛里求斯卢比,相较于2015年增长12.3%,占国内生产总值的比重为11%。国民储蓄总额为696.79亿毛里求斯卢比,占国民可支配收入的比重为15.3%（见表4-20）。

表4-20 2013~2016年毛里求斯可支配收入与储蓄变化情况

单位：百万毛里求斯卢比

类别	2013年	2014年	2015年	2016年
国民总收入	401018	420471	438520	464462
国民可支配收入	398186	414020	430603	456219
国内储蓄总额	41501	41605	42476	47704
国民储蓄总额	67291	63563	63186	69679
国内储蓄总额占GDP比重(%)	11.1	10.6	10.4	11
国民储蓄总额占国民可支配收入比重(%)	16.9	15.4	14.7	15.3

资料来源：*National Accounts of Mauritius 2016*, Ministry of Finance and Economic Development, 2017, p.51.

二 金融

毛里求斯拥有完善的金融服务体系。在毛里求斯,金融基础设施如支付、证券交易和结算系统等均实现了现代化且运行高效。毛里求斯金融服务的普及度也很高,几乎每人都拥有一个以上银行账户。

毛里求斯高度发达且高效的银行体系包括20家商业银行。它们在全国拥有近200家分行和240多部自动提款机,保持着良好的资本流动性和盈利能力。截至2011年,这些银行的不良贷款仅占贷款总额的2.8%。2011年,毛里求斯还推出了伊斯兰银行业务,以提供符合伊斯兰教法的产品和服务,促进了毛里求斯金融产品的多样化。

毛里求斯几乎每个家庭都拥有储蓄账户,并能够比较容易地获得基本个人信贷服务。根据2011年的数据,毛里求斯每1000名成年人拥有2209个存款账户,位列非洲第一。此外,创新的商业模式也得到了很好的推广。毛里求斯国家银行与电信运营商Orange和Emtel开展合作,为客户提供最先进的移动银行服务。

为了改善中小企业的融资渠道,政府投资约1200万美元设立了中小企业基金(SME Fund),使中小企业能够以不超过10%的股本从商业银行获得贷款。

毛里求斯拥有相对活跃的资本市场。毛里求斯证券交易所(Stock Exchange of Mauritius)共有除共同基金和国库券外的41家上市公司。受制于本国有限的经济总量,毛里求斯证券市场的交易量较低,流动性较差。截至2010年,毛里求斯证券市场资本总值占国内生产总值的比重为55%,周转率为8.6%。

毛里求斯的固定收益市场也相对发达。毛里求斯银行会定期发行政府证券。2013年3月,穆迪公司对毛里求斯的主权债务评级为Baa 2。过去,公司实体可在毛里求斯发行非政府证券,但随着税收政策的修订,这一做法已受到限制。截至2009年12月,市场上未偿还的公司债券已退出流通。此外,毛里求斯的二级金融市场也相当活跃。

毛里求斯的债务市场有着较高的开放性。散户投资者可以通过拍卖、证券交易所、一级交易商或在毛里求斯国家银行进行场外交易购买政府证券;公众则可以通过一级交易商、银行和持牌证券经纪人进入债务市场。毛里求斯的金融衍生品市场也相当发达,主要由利率产品和货币衍生产品组成,但交易量仍然很小。2010年底,环球贸易委员会有限公司(Global Board of Trade Ltd.)开设了一家多资产衍生品交易所。该交易所通过提供各种非洲大宗商品和货币衍生品交易服务,扩大了金融衍生品领域的市场活动。

保险市场方面,由于近几年没有因飓风带来的巨大经济损失,保险业的竞争逐渐加剧。毛里求斯的保险费已经开始下降,在一些细分市场(如汽车保险领域),目前的运营比率明显偏低。不过,毛里求斯保险业的资本仍然高度集中,三大保险集团资产占整个行业总资产的2/3左右。现行的监管框架将海外资产占保险公司总资产的份额限制为25%。

毛里求斯拥有发展完善的多支柱养恤金制度。多支公共养老基金在毛里求斯共同运作,它们是政府债券市场的主要参与者。其中最引人注目的是,根据最新数字,国家养恤基金拥有的资产约相当于国内生产总值的 21%。

在金融领域，毛里求斯的核心管理部门是毛里求斯国家银行与毛里求斯金融服务委员会（The Financial Services Commission）。其中，毛里求斯国家银行是毛里求斯的中央银行，成立于 1967 年 9 月，主要负责维持价格稳定、执行政府的货币政策，以促进经济的有序协调发展。毛里求斯国家银行还控制着毛里求斯的外汇储备，管理清算、支付和结算系统，并根据国内和国际经济发展情况制定和执行经济促进政策。

此外，毛里求斯国家银行还负责对金融机构进行监督，以确保其保持健康、稳定合法的运行状态，并根据《2004 年银行法案》（*Banking Act 2004*）和《2004 年毛里求斯国家银行法案》（*National Bank of Mauritius Act 2004*）的相关规定对银行机构和非银行存款型金融机构进行监管。同时，管理货币兑换商和外汇交易商也属于毛里求斯国家银行的职权范围。它的监管职能包括：向金融机构发布各类管理规定；对金融机构进行现场检查及场外监察；处理银行牌照的申请，对非银行存款型金融活动、货币兑换商及外汇交易商进行授权。

根据国际惯例，毛里求斯国家银行承诺执行巴塞尔银行监督委员会（Basel Committee on Banking Supervision）制定的"25 个进行有效银行监管的核心原则"（25 Core Principles for Effective Banking Supervision）。它为有效的银行监管提供了一个国际公认的原则框架。此外，毛里求斯国家银行还是离岸银行监管小组（Offshore Group of Banking Supervisors）与东非和南非银行监管小组（Eastern and Southern Africa Banking Supervisors Group）成员。

相比之下，毛里求斯金融服务委员会是非银行金融服务部门和全球性业务的综合性监管机构，成立于 2001 年。主要职责是根据《2007 年金融服务法案》（*Financial Services Act 2007*）、《2005 年证券法案》（*Securities Act 2005*）、《2005 年保险法案》（*Insurance Act 2005*）和《2012 年私人养恤金计划法案》（*Private Pension Schemes Act 2012*）等法律法规，对相关部门的商业活动进行授权、监管、监测和监督。主要目标是促进毛里求斯金融机构和资本市场的发展，并保障其公平、高效和透明；打击犯罪及不法行为，为居民投资非银行金融产品提供保障；确保毛里求斯金融体系的健全和稳定。

毛里求斯卢比对美元汇率与国际储备变化如图4-1、图4-2所示。

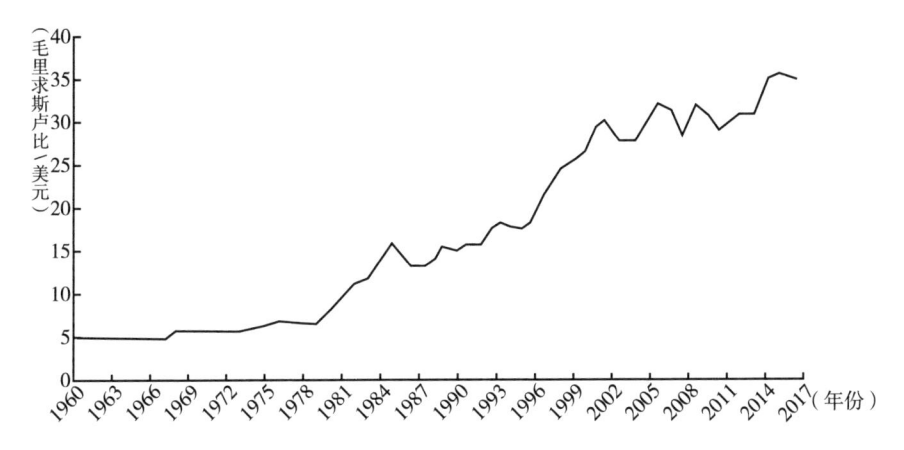

图4-1 1960~2017年毛里求斯卢比对美元汇率变化情况

资料来源："Official Exchange Rate（LCU per USMYM，Period Average）"，World Bank，2018，https：//data.worldbank.org/indicator/PA.NUS.FCRF?locations=MU。

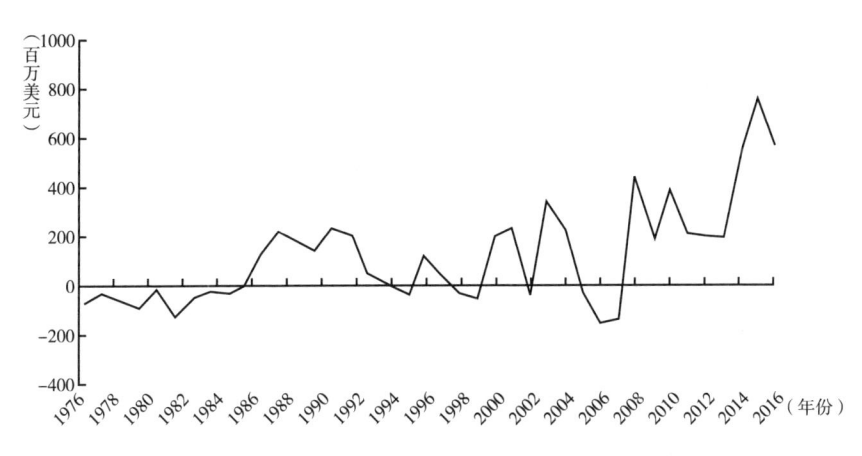

图4-2 1976~2016年毛里求斯国际储备变化情况

资料来源："Reserves and Related Items（Bop，Current USMYM）"，World Bank，2018，https：//data.worldbank.org/indicator/BN.RES.INCL.CD?locations=MU。

毛里求斯

第七节 对外经济关系

一 对外贸易

毛里求斯的贸易政策是毛里求斯经济政策的重要组成部分，主要目的是通过向具有世界竞争力的经济体转型来实现国家经济的高速增长，从而提高人民的生活水平，并确保充分就业。为了实现这一目标，毛里求斯政府一直致力于推进对外开放，大力促进商业发展，并在公共基础设施领域进行大规模投资以改善营商环境。

21世纪初，随着国际优惠性贸易安排的即将到期、油价的不断上涨以及新兴市场国家迅速崛起所带来的挑战，毛里求斯进一步加快了经济开放的进程。通过实施关税简化，毛里求斯逐渐向免税岛屿国家的方向迈进。此外，毛里求斯政府也意识到，为了提升自身产品的竞争力，需要降低生产成本，增强竞争力，并保障在公共基础设施、教育与培训领域的相关投入。

在对外贸易政策的制定与实施上，外交、地区一体化与国际贸易部长（Minister of Foreign Affairs, Regional Integration and International Trade）有权代表政府签署各类贸易协定，不过相关协定需提交内阁批准并经议会通过后方能生效。贸易政策的制定、审查和评估主要由外交、地区一体化与国际贸易部（Ministry of Foreign Affairs, Regional Integration and International Trade）下属的国际贸易司（International Trade Division）负责。此外，该部门还负责就贸易政策问题与私营经济体进行协商。

联合经济理事会（Joint Economic Council）是私营经济部门的主要协调机构，成员包括九个主要商业组织。毛里求斯工商会（Mauritius Chamber of Commerce and Industry）是私营部门贸易和工业利益的主要代表机构。

此外，毛里求斯还有多个与对外贸易有关的部门，如主要负责政府采购业务的中央采购委员会（Central Procurement Board）和采购政策办公室（Procurement Policy Office），主要负责保障合理竞争的竞争委员会（Competition Commission），主要负责保障农产品市场有序运行的国家农产品监管局（National Agricultural Products Regulatory Office）和甘蔗产业管理局（Sugar Cane Industry Authority）。2008年，毛里求斯还就反倾销和反补贴问题成立了专门的调查机构。此外，毛里求斯还考虑设立知识产权办公室（IP Office）以及独立的公共事业监管机构（Utility Regulatory Authority）。

在参与国际贸易机制方面，毛里求斯是世界多个重要贸易协定的参与国。毛里求斯是世界贸易组织的创始成员国，还与24个贸易伙伴（欧盟被视为一个整体）签署了6项地区性贸易协定。不过，毛里求斯并不是《全球贸易优惠制度协定》（Agreement on Global System of Trade Preferences）的参与国。此外，毛里求斯还是普遍优惠制（Generalized System of Preferences）与《非洲增长与机会法案》的受益国。其中，前者给予了毛里求斯部分商品25%的关税减免；后者则使毛里求斯的部分商品（主要是纺织品）可以在免税和免配额的情况下进入美国市场。[1]

根据毛里求斯国家统计局的数据，2016年毛里求斯出口总额为844.56亿毛里求斯卢比，进口总额为1654.23亿毛里求斯卢比，外贸赤字为809.67亿毛里求斯卢比（见图4-3）。因出口商品价格上升了1.1%，进口商品价格下降了5.1%，2016年的贸易指数（表示出口贸易相对于进口贸易的价格变化，以2013年为100）相较于2015年增长6.5%，达到120.2。

出口方面，在排除"船舶仓库和油库"这一类别后，2016年"杂项制品"一类所占比重最大，达到38.9%；"食品与活动物"一类所占比重为35.3%，位列第二（见表4-21）。

---

[1] *Trade Policy Review of Mauritius*, WTO, 2014, pp. 22-28.

```
         进口      出口    ---- 贸易平衡
```

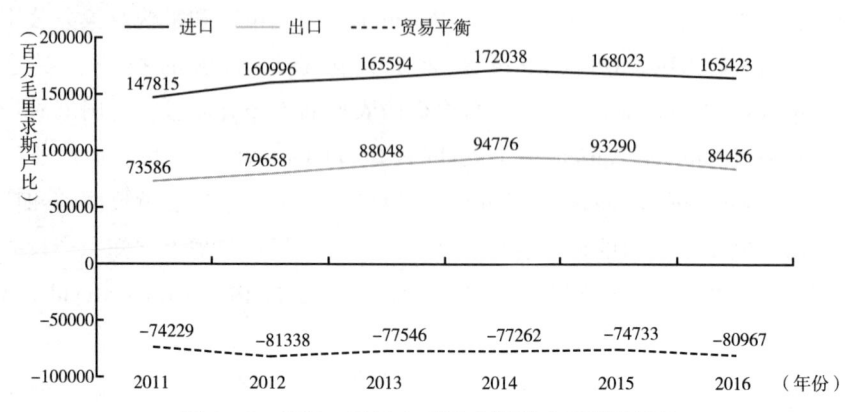

图 4-3　2011~2016 年毛里求斯进出口贸易情况

数据点（进口）：147815, 160996, 165594, 172038, 168023, 165423
数据点（出口）：73586, 79658, 88048, 94776, 93290, 84456
数据点（贸易平衡）：-74229, -81338, -77546, -77262, -74733, -80967

资料来源：*Digest of External Merchandise Trade Statistics Year 2016*，Ministry of Finance and Economic Development，2017，p. 3。

表 4-21　2015~2016 年毛里求斯出口贸易详细情况

商品	离岸价(百万毛里求斯卢比)		变化(%)	
	2015 年	2016 年	总收入	总量
总出口	93290	84456	-9.5	—
不包括船舶仓库和油库领域收入的出口额	85890	78106	-9.1	-10.1
食品与活动物	25072	27567	+10.0	+8.3
鱼类和鱼制品	13475	14077	+4.5	+6.1
蔗糖	7662	8517	+11.2	+4.6
饮料与烟草	730	670	-8.2	—
不可食用原材料(不包括燃料)	1163	1183	+1.7	—
矿物燃料、润滑剂和相关材料	217	1187	+447.0	—
动植物油脂与蜡	139	178	+28.1	—
化学相关制品	3302	3323	+0.6	-6.0
主要按材料分类的制成品	9011	7077	-21.5	-24.4
机械与交通工具	13281	6146	-53.7	—
杂项制品	32643	30366	-7.0	-7.5
服饰用品	25733	23462	-8.8	-9.4
商品与交易	332	408	+23.2	—
船舶仓库和油库	7400	6350	-14.2	—

资料来源：*Digest of External Merchandise Trade Statistics Year 2016*，Ministry of Finance and Economic Development，2017，p. 4。

与 2015 年相比,2016 年毛里求斯出口贸易总量下降了 9.5%,跌至 844.6 亿毛里求斯卢比。2016 年,毛里求斯自由港区(Freeport Zone)再出口贸易总额为 162.1 亿毛里求斯卢比,相较于 2015 年下降了 25.6%。其中"主要按材料分类的制成品"出口总量下降了 24.4%,总收入下降了 21.5%。此外,"服饰用品"出口总量下降了 9.4%,总收入下降了 8.8%。不过,毛里求斯仍有多个类别的出口贸易实现了增长。其中,在"鱼类和鱼制品"及"蔗糖"出口的带动下,"食品与活动物"出口总量增长了 8.3%,总收入增长了 10%。

从出口商品的国别分布上看,欧盟仍是毛里求斯最主要的出口对象。2016 年,对欧盟国家的出口达到 372.9 亿毛里求斯卢比,占毛里求斯出口总额的 47.7%。其中,英国是毛里求斯第一大出口对象,出口额为 93.8 亿毛里求斯卢比,占比为 12%。法国以 89.4 亿毛里求斯卢比、11.4% 的比重位列第二。毛里求斯的其他主要出口对象还包括美国、南非、马达加斯加、意大利与西班牙等国。相较于 2015 年,2016 年毛里求斯对意大利、法国和马达加斯加的出口分别上升 17.2%、10.6% 与 1.5%;而针对南非、英国、西班牙和美国的出口则分别下降 15.2%、12.3%、8.6% 与 3.9%(见图 4-4)。

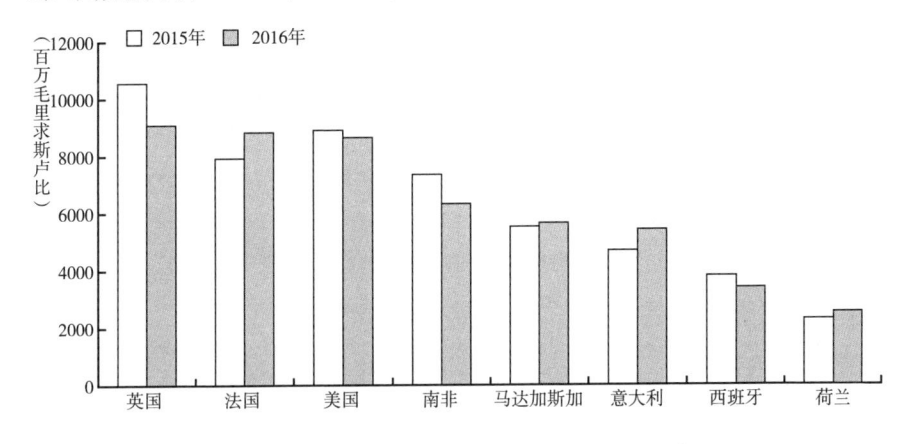

图 4-4 2015~2016 年毛里求斯出口国别变化情况

资料来源:*Digest of External Merchandise Trade Statistics Year 2016*, Ministry of Finance and Economic Development, 2017, p. 5。

毛里求斯

进口方面,毛里求斯的进口商品主要集中于"机械与交通工具"、"食品与活动物"以及"主要按材料分类的制成品"三个领域,占比分别为23.5%、20.9%与15.8%。2016年,毛里求斯进口贸易总量为1654.2亿毛里求斯卢比,相较于2015年下降了1.5%。自由港区的进口也由2015年的213.2亿毛里求斯卢比减少至2016年的148.9亿毛里求斯卢比,下降了30.1%。造成这一现象的原因主要是"主要按材料分类的制成品"和"矿物燃料、润滑剂和相关材料"进口量的下降。与此同时,"食品与活动物"的进口增长了6.2%,"化学相关制品"的进口增长了2.9%。

表4-22 2015~2016年毛里求斯进口贸易详细情况

商品	到岸价格(百万毛里求斯卢比)		变化(%)	
	2015年	2016年	总开支	总量
总进口	168023	165423	-1.5	-1.9
食品与活动物	32496	34497	+6.2	-1.0
饮料与烟草	3568	3962	+11.0	+16.6
不可食用原材料(不包括燃料)	4386	4023	-8.3	+11.2
矿物燃料、润滑剂和相关材料	25367	22556	-11.1	-8.1
动植物油脂与蜡	1349	1424	+5.6	+5.3
化学相关制品	14242	14651	+2.9	+8.9
主要按材料分类的制成品	30019	26075	-13.1	-18.8
机械与交通工具(不包括飞机、船只与相关零件)	40548	38894	-5.5	-3.0
电信与其他设备	14368	7,923	-44.9	—
飞机、船只与相关零件	612	2428	+296.7	—
杂项制品	14673	15852	+8.0	+13.9
商品与交易	763	1061	+39.1	—

资料来源:*Digest of External Merchandise Trade Statistics Year 2016*, Ministry of Finance and Economic Development, 2017, p.6。

亚洲地区是毛里求斯的主要进口来源地。2016年,从亚洲地区的进口达到了878.6亿毛里求斯卢比,占进口总额的53.1%。中国、印度、法国与南非是毛里求斯的主要进口对象国,占比分别为17.7%、16.5%、7.8%与7.5%(见图4-5)。

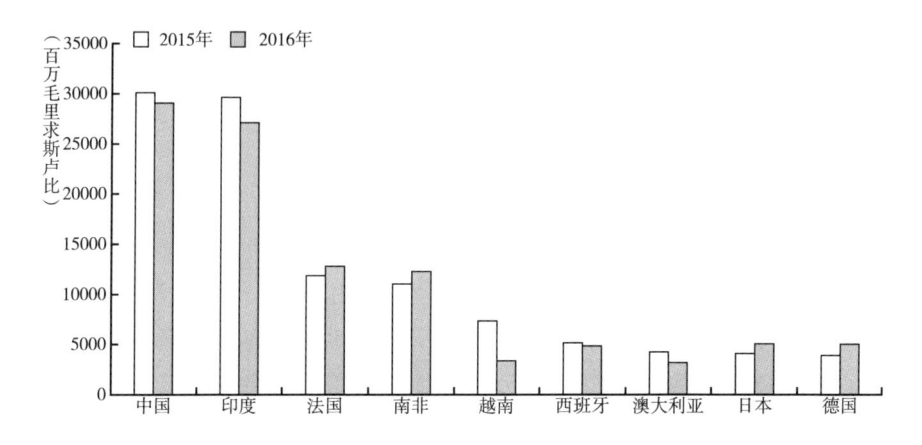

图4-5 2015~2016年毛里求斯进口国别变化情况

数据来源:*Digest of External Merchandise Trade Statistics Year 2016*, Ministry of Finance and Economic Development, 2017, p.6。

在与地区性国际组织的贸易中,2016年毛里求斯共向非洲、加勒比和太平洋地区国家集团出口159.6亿毛里求斯卢比,进口212.2亿毛里求斯卢比,最主要的贸易对象国为南非和马达加斯加。其中,从南非的进口达123.8亿毛里求斯卢比,占从非洲、加勒比和太平洋地区国家集团进口总额的58.3%。

在与东南非共同市场(COMESA)国家的贸易中,2016年毛里求斯共出口83亿毛里求斯卢比,进口73.5亿毛里求斯卢比。其中,马达加斯加是毛里求斯最主要的出口对象,而塞舌尔、马达加斯加和肯尼亚是毛里求斯最主要的进口对象,占比分别为34.3%、25.1%和17.1%。

在与南部非洲发展共同体(SADC)国家的贸易中,2016年毛里求斯出口134.7亿毛里求斯卢比,进口187.3亿毛里求斯卢比。其中,毛里求斯的主要出口对象为南非和马达加斯加,占比分别为47.2%、42.3%;进口对象主要为南非,占比为66.1%。

二 投资

毛里求斯十分重视吸引外资,投资委员会(Board of Investment)是负责促进投资和对境外投资者提供帮助的主要政府机构。投资委员会主要负责审查外国投资提案,并向潜在投资者提供一系列服务,其中包括在投资者与相关地方当局之间就用地许可、经营许可、审查许可等问题进行协调。如果投资申请未能通过,投资者可以向投资委员会或有关政府部门提出上诉。

毛里求斯公司的成立和商业活动的登记主要依据《2001年公司法》(Companies Act 2001)和《2002年商业登记法》(Business Registration Act 2002)的相关规定。在毛里求斯成立的公司可为100%外资且没有最低资本限制。不过,所有企业必须在公司登记员(Registrar of Companies)处进行登记。在完成该项手续后,公司必须向投资委员会登记其业务活动。之后,公司才可以申请用地许可以及向投资者提供的各类优惠措施。根据世界银行2017年的业务报告,在毛里求斯,公司注册一共需要两天,而实际开始运营则需要六天。

为了方便公司的经营活动,毛里求斯网络服务公司(Mauritius Network Services)与公司和商业登记部(Corporate and Business Registration Department)合作开发了公司和商业登记综合系统(Companies and Business Registration Integrated System)。通过该系统,投资者可以在线办理公司成立、提交法定申报表、支付年费、注册企业和搜索商业信息等一系列业务。

据多项调查和指标显示,毛里求斯是非洲最适于投资的国家之一。在房地产投资方面,根据毛里求斯《非公民(财产限制)法案》[Non-Citizens (Property Restriction) Act],非毛里求斯公民可在政府批准的情况下持有、购买或取得不动产。此外,外国人也可根据由毛里求斯政府制订的房地产开发计划(Property Development Scheme)取得房产。2016年,毛里求斯对《非公民(财产限制)法案》进行了修订,允许外国人购买金额超过600万卢比的房产。

第四章 经　济

在商业投资领域，毛里求斯政府并不对境外投资进行差别对待。不过，毛里求斯仍限制外国参与部分商业活动，其中包括电视广播、制糖、报纸或杂志出版以及旅游部门的某些业务。在电视广播方面，独立广播局（Independent Broadcasting Authority）不会向外国公司或任何一家由外国公司持股超过20%的企业发放许可执照。外国投资者也不能在任何一家经营报纸、杂志或印刷品的出版公司持有超过20%的股份。在糖业领域，外国投资者在糖业公司中持有的股份不能超过15%。最后，境外投资者在旅游部门面临的限制主要集中在宾馆、游艇、潜水、旅行社等方面，涉及最低投资额、宾馆房间数量或最大参股比例等。①

根据毛里求斯国家银行的统计数据，2017年毛里求斯共接收境外投资142.3亿毛里求斯卢比。其中，"房地产"是接收境外投资最多的部门，总量达到87.9亿毛里求斯卢比；"金融保险"及"建筑业"也是吸引境外投资较为集中的部门，总量分别为33.2亿毛里求斯卢比、10.5亿毛里求斯卢比（见表4-23）。从国别上看，法国与卢森堡是毛里求斯境外投资的最主要来源地，对总投资额的贡献率超过50%（见表4-24）。

表4-23　2015~2017年毛里求斯接收境外投资的部门分布

单位：百万毛里求斯卢比

类型	2015年	2016年	2017年
农业、林业、渔业	3	—	12
制造业	91	511	108
电力、燃气、蒸汽与空调供应	—	—	19
建筑业	332	511	1051
批发零售贸易、汽车和摩托车修理	30	23	51
交通运输与仓储	8	—	—
住宿和餐饮服务	860	199	386
信息与通信	—	97	73
金融保险	229	2150	3323

---

① "Investment Climate Statements for 2017 Mauritius", Bureau of Economic and Business Affairs, 2018, https://www.state.gov/e/eb/rls/othr/ics/investmentclimatestatements/#wrapper.

续表

类型	2015 年	2016 年	2017 年
房地产	8120	9931	8793
专业性、科技性活动	—	40	103
行政和支持服务活动	—	—	—
教育	—	7	163
医疗和社会工作	4	179	30
艺术、娱乐	—	—	40
其他服务	—	—	76
合计	9677	13648	14228

资料来源：*Gross Direct Investment Flows*l *for Calendar Year 2017（Provisional）*，Bank of Mauritius，2018，p.1。

表4-24　2015~2017年毛里求斯接收境外投资来源地分布

单位：百万毛里求斯卢比

投资来源地	2015 年	2016 年	2017 年
世界总量	9677	13648	14228
发达国家	6330	7176	9737
欧洲	6214	7062	9630
欧盟27国	5349	6395	9100
比利时	112	434	318
卢森堡	126	137	3312
法国	3555	4496	4383
德国	57	124	170
英国	908	633	517
瑞士	730	420	295
其他	135	247	235
北美	116	114	107
美国	114	69	81
发展中国家	3347	6468	4491
非洲	2002	2445	2227
留尼汪	104	44	36
南非	1411	1967	1814
其他	486	434	378

续表

投资来源地	2015年	2016年	2017年
拉美与加勒比海地区	84	45	—
南美洲	—	1	—
中美洲	84	44	—
亚洲与大洋洲	1261	3978	2264
亚洲	1232	3907	2241
西亚	200	1309	533
阿联酋	152	1022	502
南亚与东亚	1032	2598	1708
南亚	85	45	116
印度	85	45	90
东亚	947	2553	1592
中国	423	2443	1110
其他	524	110	483
大洋洲	29	71	23
来源不明	—	4	—

资料来源：*Gross Direct Investment Flows1 for Calendar Year 2017 (Provisional)*, Bank of Mauritius, 2018, p.2。

毛里求斯对资本的流出没有限制。由于毛里求斯市场规模偏小，政府积极鼓励本国企业到海外（特别是非洲）投资，以进一步促进毛里求斯的经济发展。2012年，毛里求斯投资委员会设立了非洲卓越中心（Africa Center of Excellence）。该中心的主要任务就是为毛里求斯企业对非洲投资提供服务。此外，毛里求斯政府还出台了"非洲战略"（Africa Strategy），具体措施包括成立资本额为1380万美元的毛里求斯非洲基金（Mauritius Africa Fund），以支持毛里求斯企业在非洲各国的投资。通过该基金，毛里求斯政府可作为在非投资企业的股权合作伙伴，为投资项目提供最多10%的原始资本。此外，毛里求斯政府还与塞内加尔、马达加斯加和加纳等国签署了协议，在这些国家建立和运营经济特区，并邀请当地公司和国际公司在这些特区开展业务。为了进一步促进投资，毛里求斯还签署了23项投资促进和保护协定，并与20个非洲国家签订了避免双重征税协定。

毛里求斯的直接对外投资主要集中于马尔代夫和塞舌尔的旅游业，莫桑比克、坦桑尼亚、科特迪瓦、马达加斯加和乌干达的糖业，马达加斯加、印度和孟加拉国的制造业部门，塞舌尔、马达加斯加、留尼汪、马尔代夫、莫桑比克、南非和印度的金融部门。①

2017年，毛里求斯对其他国家和地区的投资总额为25.5亿毛里求斯卢比。这些投资基本都集中在"金融保险"与"制造业"领域（见表4-25）。其中，肯尼亚是毛里求斯对外投资最集中的国家，达到9.1亿毛里求斯卢比，而在法国的投资也达到2.2亿毛里求斯卢比（见表4-26）。

表4-25 2015~2017年毛里求斯对外投资的部门分布

单位：百万毛里求斯卢比

类别	2015年	2016年	2017年
农业、林业、渔业	108	4	30
制造业	2	812	620
电力、燃气、蒸汽与空调供应	—	53	—
供水与废物处理	12	—	—
建筑业	—	38	—
批发零售贸易、汽车和摩托车修理	106	47	10
交通运输与仓储	2	—	—
住宿和餐饮服务	162	282	128
信息与通信	—	—	23
金融保险	1131	69	1116
房地产	286	448	588
专业性、科技性活动	—	58	35
行政和支持服务活动	17	8	—
教育	—	—	—
医疗和社会工作	583	—	—
艺术、娱乐	—	18	3
其他服务	1	5	—
合计	2410	1842	2553

资料来源：*Gross Direct Investment Flows1 for Calendar Year 2017 (Provisional)*, Bank of Mauritius, 2018, p.3。

---

① "Investment Climate Statements for 2017 Mauritius", Bureau of Economic and Business Affairs, 2018, https：//www.state.gov/e/eb/rls/othr/ics/investmentclimatestatements/#wrapper。

表4-26 2015~2017年毛里求斯对外投资去向地分布

单位：百万毛里求斯卢比

投资去向地	2015年	2016年	2017年
世界总量	2410	1842	2553
发达国家	532	537	671
欧洲	504	488	665
欧盟27国	170	324	645
法国	73	151	221
瑞士	334	—	14
其他	—	164	6
北美洲与中美洲	28	49	6
美国	14	44	
发展中国家	1878	1305	1882
亚洲	1601	895	1436
科摩罗	—	—	
肯尼亚	144	53	912
马达加斯加	13	68	202
莫桑比克	660	—	202
留尼汪	38	686	31
塞舌尔	30	—	10
南非	30	54	18
其他	686	34	61
亚洲与大洋洲	277	410	446
亚洲	256	410	417
西亚	95	10	13
阿联酋	68	10	13
南亚与东亚	161	400	404
南亚	161	320	393
印度	28	3	36
其他	133	317	357
东亚	—	80	12
中国		18	3
其他	—	62	9
大洋洲	21	—	29
去向不明	—		

资料来源：*Gross Direct Investment Flows*1 *for calendar year 2017（Provisional）*, Bank of Mauritius, 2018, p.4。

第五章

军　事

第一节　武装力量简史

在法国殖民统治时期，毛里求斯是法国在印度洋地区重要的军事据点。在奥地利王位继承战争中，为了加强法国在印度本地治里和马德拉斯的防御，时任总督拉布尔多内马在1741年积极在毛里求斯组织远征军。此举可看作在毛里求斯建立正规武装力量的首次尝试。① 1767年，为加强本地治安，安托万·科德尔（Antoine Codere）被任命为毛里求斯首任警察专员（Commissaire de Police），这标志着毛里求斯警察机构的成立。值得注意的是，当时毛里求斯的警察机关还拥有审判权。②

拿破仑战争期间，法国私掠船与海军舰艇以毛里求斯为基地频繁攻击英国商船。为了彻底消除这一隐患，1810年底，一支由约70艘舰艇、1万人组成的英国远征军对毛里求斯发动进攻。毛里求斯则在时任总督夏尔·德卡恩（Charles Decaen）的带领下组织了由约1300名士兵、1万名民兵组成的防御力量。不过，最终法军未能抵挡住英军的进攻，被迫投降。

---

① "The Development of Isle de France – (Mauritius) – under Mahé de La Bourdonnais", Mauritius Holidays Discovery，2016，http://www.mauritius–holidays–discovery.com/isle–de–france.html.

② "History of MPF"，The Mauritius Police Force，2018，http://police.govmu.org/English/AboutUs/Pages/History1111–837.aspx.

毛里求斯

在取得了毛里求斯的控制权后，很长一段时期内英国在毛里求斯仅维持了少量的军事力量。1835年，英国仅在毛里求斯驻扎了约2000名士兵用以应对内外部的安全威胁。直到1859年，英国殖民政府才着手在毛里求斯组建警察力量，并在首府路易港成立了警察部队。根据1893年颁布的第16号条例，英国殖民当局对警察部队的规模进行了扩大。至1899年，毛里求斯警察部队人数扩充至700人，其中300人在路易港执勤。值得注意的是，此时毛里求斯警察部队的装备十分简陋，仅有100人拥有步枪。这一时期，毛里求斯警察部队的指挥机构由1名总检察长、7名检察长以及12名副检察长组成。而在招募对象上，欧洲裔、克里奥尔人以及印度裔居民均可加入警察部队。警察部队的最初服役期不超过3年，若表现良好可再服役5年。

在第一次世界大战期间，英军于1916年在毛里求斯的瓦科阿设立了指挥部。至1931年，驻扎在毛里求斯的英国陆海军共有2694人。随后，部分隶属于国王非洲步枪团（King's African Rifles Regiment）的士兵被派到毛里求斯。1937年，毛里求斯总检察长成立了警察预备队（Police Reserve），以帮助岛上治安力量应对任何突发状况。在第二次世界大战期间，毛里求斯的英军划归东非司令部（East Africa Command）指挥。① 战争期间，毛里求斯基本未受到战争的直接影响，只在1942年遭到了日本的入侵威胁。1943年10月，毛里求斯建立了一支小型志愿军——皇家毛里求斯团（Royal Mauritius Regiment），以协助该地区的防御。当年12月，皇家毛里求斯团第一营被派往马达加斯加。不过，由于军官与士兵间的矛盾激化，该部队在到达马达加斯加后不久便发生了兵变。数百人因违反军纪遭到审判，其中多名挑起争端者被判处死刑。最终，皇家毛里求斯团在1944年8月宣告解散。此外，还有一些毛里求斯士兵在西亚与北非战场参与了对轴心国的作战

---

① "Special Supporting Unit", The Mauritius Police Force, 2018, http://police.govmu.org/English/Organisation/Branches/Pages/Special-Supporting-Unit.aspx.

第五章 军事

行动。①

在皇家毛里求斯团解散之后，毛里求斯的防御再次交由英国的国王非洲步枪团负责。1960年，英国决定撤出所有驻军，毛里求斯随即成立了特别机动部队（Special Mobile Force）以维护内部治安。这支部队主要由当地警察以及参加过第二次世界大战的老兵组成，最初仅有6名长官与146名士兵，总部设在瓦科阿。成立之初，该部队由英国人指挥。直至1978年，特别机动部队才迎来首位毛里求斯人指挥官——比马（D. Bhima）上校。②与此同时，毛里求斯还成立了警察部队（Mauritius Police Force），下设刑事调查、骚乱控制、交通管制、移民和护照管理与水警等专业化部门。③原有的警察预备队规模扩大，拥有1名检察长、1名助理检察员、6名中士与50名警员，并在1964年改组为警察防暴部队（Police Riot Unit），总部仍设在瓦科阿。1966年，毛里求斯还在博巴森组建了第二警察防暴部队（Police Riot Unit No 2）。④

1974年，毛里求斯从印度购进了首艘巡逻船"阿马尔"（Amar）号，并移交给毛里求斯警察部队，标志着毛里求斯海上警察力量的建立。最初，海上警察的职能仅限于搜索、救援和沿海巡逻。然而，随着对打击走私与渔业保护需求的逐渐扩大，毛里求斯逐渐意识到需要对海上力量进行扩充。在这种情况下，1987年7月，毛里求斯正式成立了国家海岸警卫队（National Coast Guard）。⑤

在加强海上力量建设的同时，毛里求斯也加强了对陆上安全威胁的防范。1982年，毛里求斯政府建立了国家调查机构（National Investigation

---

① Ashley Jackson, *War and Empire in Mauritius and the Indian Ocean* (London: Palgrave Macmillan, 2001), p. 102.
② "Special Mobile Force", The Mauritius Police Force, 2018, http://police.govmu.org/English/Organisation/Branches/Pages/Special-Mobile-Force.aspx.
③ "Armed Forces in National Life", Allrefer, 2004, http://reference.allrefer.com/country-guide-study/mauritius/mauritius53.html.
④ "Special Supporting Unit", The Mauritius Police Force, 2018, http://police.govmu.org/English/Organisation/Branches/Pages/Special-Supporting-Unit.aspx.
⑤ "National Coast Guard", The Mauritius Police Force, 2018, http://police.govmu.org/English/Organisation/Branches/Pages/National-Coast-Guard.aspx.

Unit），用以监控国内治安情况以及外国大使馆和某些外国游客的活动。该组织由 200 名来自警察部队的全职人员，以及 3000 名分布于全国的情报人员组成。1989 年，在一次针对总理的暗杀行动失败后，时任总理贾格纳特下令建立由 100 人组成的要员保护机构（Very Important Persons Security Unit）。①

第二节　国防体制

独立以来，考虑到相对稳定的外部环境与维持军队所需要的巨大开销，毛里求斯放弃了建立正规军的努力。因此，毛里求斯从未制定详尽的军事政策与战略。20 世纪 70 年代，长期的政治纷争与劳资纠纷是毛里求斯政府面临的主要安全威胁。在这种情况下，毛里求斯政府曾动用特别机动部队逮捕反对党领导人以及工会成员。不过，因在 20 世纪 80 年代治安局势迅速好转，毛里求斯政府随即终止了此类活动。虽然贾格纳特总理曾在 20 世纪 80 年代遭到数次暗杀，但这些行动均来自对现实不满的个人，而不是反政府组织。目前，毛里求斯国防体制的基本构成情况如下。

一　领导体制与组织架构

根据毛里求斯宪法，总统为武装力量最高统帅，但武装力量的实际控制权掌握在总理手中。由于没有正规军，毛里求斯所有武装力量均以毛里求斯警察部队（Mauritius Police Force）的名义由警务处长（Commissioner of Police）直接领导。②

目前，毛里求斯的武装力量主要由以下几部分组成。

---

① "Mauritius Special Mobile Force"，Photius，2004，https：//photius.com/countries/mauritius/government/mauritius_ government_ special_ mobile_ force.html.

② "Overview of the Mauritius Police Force（MPF）"，Mauritius Police Force，2018，http：//police.govmu.org/English/AboutUs/Pages/Overview－of－the－Mauritius－Police－Force－（MPF）.aspx.

第五章 军 事

1. 特别机动部队

特别机动部队属于准军事武装,是毛里求斯战斗力最强的武装力量,同时也是毛里求斯应对潜在外部威胁的主力,总部设在瓦科阿。虽然并不属于真正意义上的军队,但其所有成员仍接受了基本的军事训练。此外,特别机动部队的部分成员还接受了突击以及其他领域的专业性训练。这些训练通常在国内进行,不过部分指挥员则要前往外国军事学院进修,如位于英国桑德赫斯特的皇家军事学院(Royal Military Academy Sandhurst)。1990年,毛里求斯政府决定在瓦科阿建立警察学院(Police Academy)。[①] 虽然特别机动部队的基本任务是应对内部与外来威胁,但在和平时期也肩负着诸如出任仪仗队、搜索和营救、炸弹处理、灾后重建等任务。

特别机动部队徽章主体部分由皇冠以及从下方环绕的橡树叶花环组成。其中,在花环中央是特别机动部队英文首字母缩写 S 与 F 和一条闪电。在花环下方有一条写着"毛里求斯特别机动部队"(Special Mobile Force Mauritius)的卷轴。特别机动部队的格言在成立之初为"困难的任务立即完成,不可能完成的任务只需稍多一点时间"(The Difficult We Do Immediately. The Impossible Takes A Little Longer)。随后,此格言改为"我们都将完成任务,无论任务是什么"(We'll Do It. What Is It)。

2. 海岸警卫队

海岸警卫队是毛里求斯另一支重要的准军事力量,其主要职责是保卫毛里求斯在领海与专属经济区的利益、打击海上犯罪与执行海上搜救任务。海岸警卫队的徽章包括象征着毛里求斯是印度洋钥匙的星星与钥匙、象征着海上导航的六分仪、象征着航海者的船锚、象征着活力和敏捷的海马以及象征着毛里求斯富饶繁荣并被大海环绕的绿色与蓝色。海岸警卫队的拉丁文格言是"在这个标志下我们征服"(In

---

① "Mauritius Special Mobile Force", Photius, 2004, https://photius.com/countries/mauritius/government/mauritius_government_special_mobile_force.html.

Hoc Signo Vinces）。①

3. 常规警察部队

常规警察部队用以维护毛里求斯内部的日常治安，总部设在首都路易港，分属 8 个区，分别为北区（Northern Division）、南区（Southern Division）、西区（Western Division）、东区（Eastern Division）、中区（Central Division）、大路易港北区（Metropolitan Port Louis North Division）、大路易港南区（Metropolitan Port Louis South Division）与罗德里格斯区（Rodrigues Division）。各区由一名分区指挥官（Divisional Commander）负责。每个区还被进一步分为 6~14 个警察局分管地。常规警察部队的格言是"团结起来，共建安全的毛里求斯"（With you, making Mauritius safe）。

除了上述武装力量外，毛里求斯警察部队还下辖反毒品与走私分队（Anti Drug and Smuggling Unit）、中央调查组织（Central Investigation Division）、直升机中队与特别支持分队（Special Supporting Unit）等。其中，直升机中队的任务主要为搜救和伤员疏散、海上监视和侦察以及对重要车队的安全护卫。特殊支持分队则由原来的警察防暴部队发展而来，主要任务是在骚乱事件超出常规警察处置能力时帮助恢复秩序、为敏感地区提供安全保障，控制人群，寻找失踪人员，追踪罪犯与押运危险囚犯。②

二 国防支出

由于没有正规军，毛里求斯也没有传统意义上的国防开支。在毛里求斯政府的预算与开支表中，武装力量被划归"公共秩序与安全"（Public Order and Safety）类别。根据世界银行的数据，毛里求斯的国防开支如图 5-1 所示。1968 年独立之初，毛里求斯国防开支仅为 151 万毛里求斯卢

---

① "National Coast Guard", The Mauritius Police Force, 2018, http://police.govmu.org/English/Organisation/Branches/Pages/National-Coast-Guard.aspx.

② "Special Supporting Unit", The Mauritius Police Force, 2018, http://police.govmu.org/English/Organisation/Branches/Pages/Special-Supporting-Unit.aspx.

比。80年代末以来,毛里求斯国防开支迅速增长,至2016年已经上升至8.2亿毛里求斯卢比。不过,与GDP相比,国防开支一直维持在较低的水平。21世纪以来,毛里求斯国防开支占GDP的比重维持在0.15%~0.2%(见图5-2)。

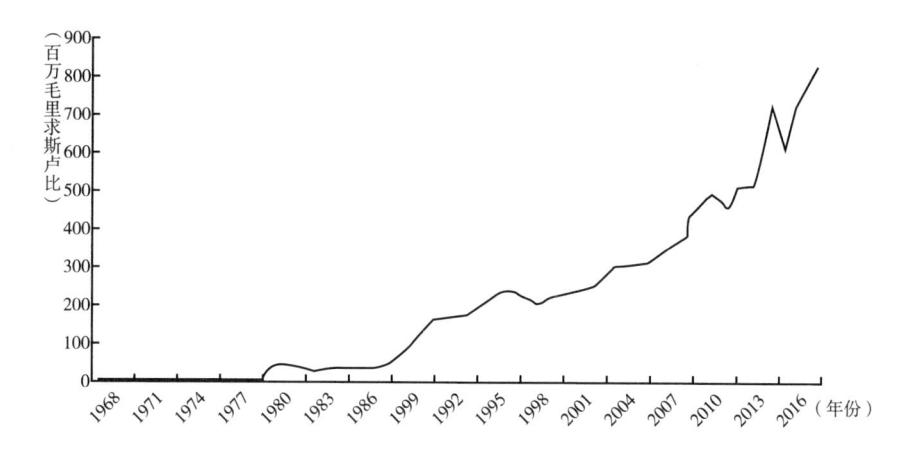

图5-1 1968~2016年毛里求斯国防开支变化情况

资料来源:"Military Expenditure (Current LCU)", World Bank, 2018, https://data.worldbank.org/indicator/MS.MIL.XPND.CN?locations=MU。

图5-2 1976~2016年毛里求斯国防开支占GDP比重变化情况

资料来源:"Military Expenditure (% of GDP)", World Bank, 2018, https://data.worldbank.org/indicator/MS.MIL.XPND.GD.ZS?locations=MU。

第三节 武装力量

截至 2018 年,毛里求斯武装力量的基本规模如下。

特别机动部队是毛里求斯国防的最主要力量,主要由 5 个摩托化步兵连、2 个装备装甲车辆的侦察连以及 1 支工程中队组成,总人数为 1500 人。海岸警卫队总人数约为 500 人,共装备有 4 艘巡逻舰、4 艘近海巡逻舰以及少量公务船和小型船只,旗舰为"警戒"号(Vigilant)巡逻舰,此外,还装备有 Do228 型与 BN-2T 型飞机各一架。常规警察部队规模约为 8000 人。其中编有一支由 100 人组成的直升机中队,装备有 4 架直升机。此外,还拥有一个由 5 个行动组共 270 人组成的特别支持分队用以执行防暴任务。值得注意的是,特别机动部队、海岸警卫队与常规警察部队在人员上是一体的,会定期进行人员轮换。

毛里求斯的主要武器装备如表 5-1、表 5-2、表 5-3 所示。

表 5-1 毛里求斯军队的轻武器

型号	原产国	类别
PP	德国	半自动手枪
FN P90	比利时	冲锋枪
M16	美国	突击步枪
SIG SG 540	瑞典	突击步枪
G3	德国	突击步枪
MP5	德国	冲锋枪
FN FAL	比利时	突击步枪
FN MAG	比利时	通用机枪

资料来源:"Military of Mauritius", Wikipedia, 2018, https://en.wikipedia.org/wiki/Military_of_Mauritius#cite_note-iiss07-2。

表 5-2 毛里求斯军队装备的航空器

单位：架

型号	原产国	数量	类别
Do 228	德国	1	海上巡逻机
BN-2T	英国	1	海上巡逻机
Alouette III	法国	2	直升机
AS355	法国	1	直升机
HAL Dhruv	印度	1	直升机

资料来源："Military of Mauritius", Wikipedia, 2018, https://en.wikipedia.org/wiki/Military_of_Mauritius#cite_note-iiss07-2。

表 5-3 毛里求斯军队舰艇

船名	服役时间	类别
警戒	1996 年 6 月	巡逻舰
守护者（Guardian）	1993 年 4 月	巡逻舰
救援者（Rescuer）	1990 年 1 月	巡逻舰
猎犬（Retriever）	1990 年 1 月	巡逻舰
卡斯托（Castor）	1990 年 7 月	近海巡逻舰
北极星（Polaris）	1990 年 7 月	近海巡逻舰
枪鱼（Marlin）	1987 年 7 月	近海巡逻舰
梭鱼（Barracuda）	1987 年 7 月	近海巡逻舰

资料来源："Military of Mauritius", Wikipedia, 2018, https://en.wikipedia.org/wiki/Military_of_Mauritius#cite_note-iiss07-2。

第四节 对外军事关系

独立以前，毛里求斯与英国之间维持着紧密的军事合作关系。1960年英国撤离在毛里求斯的驻军后，毛里求斯曾两次要求英国进行军事援助以维持治安。1965 年 5 月 10 日，印度裔居民与克里奥尔人因政治纠纷爆发大规模冲突，毛里求斯政府宣布进入紧急状态。英国科尔德斯特里姆警卫军团（Coldstream Guards）第 2 营从亚丁飞往毛里求斯维持治安，并驻扎至 1965 年 7 月。1968 年 1 月 22 日，毛里求斯总督再次请求英国出兵帮忙维持治安。政府担心路易港穆斯林与克里奥尔人之间的帮派冲突会蔓延至其他地区,国王什罗普郡轻步兵团(King's Shropshire Light Infantry)第1营B连从马来西亚来到毛里求斯,与毛里求斯警察和特别机动部队共同维护治安。①

1968年独立后,毛里求斯仍与英国维持着紧密的军事合作关系。根据毛里求斯在1968年3月11日与英国签署的共同防御协议,英国政府同意帮助毛里求斯应对任何安全威胁,并帮助其训练警察等武装力量。该协议有效期至1975年。② 与此同时,毛里求斯还与法国、美国等国在军事领域开展了日益密切的合作。这两个国家先后向毛里求斯的武装力量提供了大量设备,并帮助其进行人员训练。例如,在1988年与1989年连续发生针对总理贾格纳特的暗杀事件后,法国帮助毛里求斯对总理的贴身安保服务进行了升级,而美国则在1988财年与毛里求斯开展了国际军事教育与训练(IMET)项目,以增强特别机动部队的战斗力。同时,美国还致力于帮助提升毛里求斯船只保障以及海岸巡逻能力,以加强其对专属经济区的管理和反毒品走私能力。③ 2017年,毛里求斯还成为美国主导的"弯刀快车2017"(Cutlass Express 2017)海上搜救演习的主办国。④ 另外,1990年1月,苏联还向毛里求斯政府捐赠了两艘可载20人的巡逻船,并提供了相应的人员训练与后勤保障服务。

尤其值得关注的是,毛里求斯与印度在军事领域的合作十分密切。印度曾派遣安全顾问以升级毛里求斯政府要员的安保服务。此外,印度还向

---

① "Armed Forces in National Life", Allrefer, 2004, http://reference.allrefer.com/country-guide-study/mauritius/mauritius53.html.
② "Armed Forces in National Life", Allrefer, 2004, http://reference.allrefer.com/country-guide-study/mauritius/mauritius53.html.
③ "Foreign Military Assistance", Allrefer, 2004, http://reference.allrefer.com/country-guide-study/mauritius/mauritius55.html.
④ IISS, The Military Balance 2018, 2018, p. 474.

毛里求斯出口了巡逻舰、海上巡逻机等装备,并为其提供配套人员训练。① 目前,毛里求斯海岸警卫队的指挥与国家安全顾问均为印度人,毛里求斯也已经加入了印度海军的"国家指挥控制通信情报网"(National Command Control Communication Intelligence Network),允许印度在毛里求斯部署海岸监视雷达。

---

① "Foreign Military Assistance", Allrefer, 2004, http://reference.allrefer.com/country-guide-study/mauritius/mauritius55.html.

第六章

社 会

第一节 国民生活

毛里求斯社会发展水平较高。根据联合国开发计划署的调查，毛里求斯人类发展指数（Human Development Indicators）从1990年起呈稳步上升态势，从当时的0.62逐步上升至2015年的0.78（见图6-1），目前世界排名第64位。[①] 通过毛里求斯国家统计局以及联合国开发计划署的相关数据，我们可较为深入地了解毛里求斯的国民生活状况。

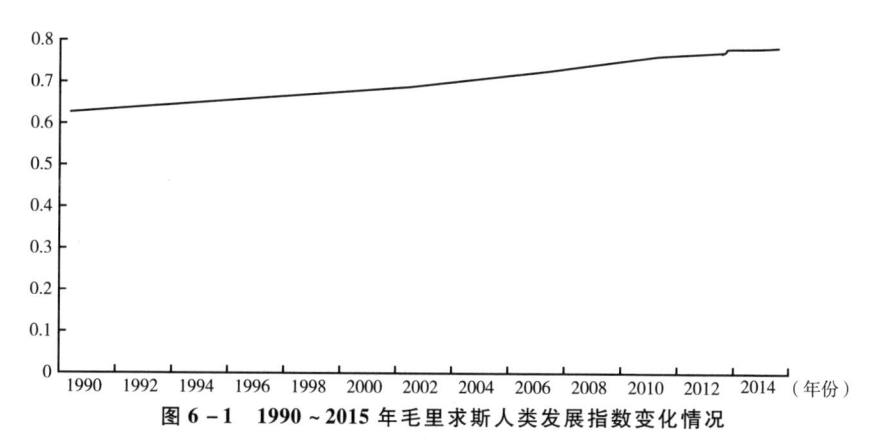

图6-1 1990~2015年毛里求斯人类发展指数变化情况

资料来源："Human Development Indicators", UNDP, 2018, http://hdr.undp.org/en/countries/profiles/MUS。

---

① "Human Development Indicators", UNDP, 2018, http://hdr.undp.org/en/countries/profiles/MUS.

毛里求斯

一 就业

(一) 总体数据

根据毛里求斯国家统计局的统计，2011~2016年，毛里求斯劳动力总数基本保持稳定。相较于2011年，2016年毛里求斯劳动力总数增加了3.24万人，增幅为5.9%（见表6-1）。同期，毛里求斯就业人数增加了3.83万人，增幅为7.2%，略高于劳动力总数的增幅（见表6-2）。毛里求斯的失业人数在2011~2016年则呈波动上升的趋势。2013年，毛里求斯失业人数为4.55万人。经历了2014年的短暂回落后，2015年再次上升至4.63万人。2016年，毛里求斯失业人数回落至4.24万人，与2011年基本持平（见表6-3）。与之相对应，毛里求斯的失业率也经历了类似的变化曲线。2016年，失业率为7.3%，为2011~2016年的最低值（见表6-4）。

表6-1 2011~2016年毛里求斯劳动力总数变化情况

单位：千人

年份	男性	女性	总数
2011	343.3	205.3	548.6
2012	346.9	209.4	556.3
2013	350.4	220.8	571.2
2014	352.8	222.9	575.7
2015	353.3	231.3	584.6
2016	353.6	227.4	581

注：统计数据中只包含毛里求斯国民。
资料来源：*Digest of Labour Statistics 2016*, Ministry of Finance and Economic Development, 2017, p.14。

表6-2 2011~2016年毛里求斯就业人数变化情况

单位：千人

年份	男性	女性	总数
2011	339.4	189.5	528.9
2012	343	192.7	535.7
2013	348.3	203.7	552

续表

年份	男性	女性	总数
2014	351.7	207.5	559.2
2015	352.4	214.2	566.6
2016	356	211.2	567.2

注：统计数据中包含毛里求斯国民与毛里求斯境内的外籍劳动力。
资料来源：*Digest of Labour Statistics 2016*, Ministry of Finance and Economic Development, 2017, p.14。

表6-3 2011~2016年毛里求斯失业人数变化情况

单位：千人

年份	男性	女性	总数
2011	17.3	25.4	42.7
2012	18.1	26.5	44.6
2013	18.6	26.9	45.5
2014	19.4	25.4	44.8
2015	19.5	26.8	46.3
2016	16.9	25.5	42.4

注：统计数据中包含毛里求斯国民与毛里求斯境内的外籍劳动力。
资料来源：*Digest of Labour Statistics 2016*, Ministry of Finance and Economic Development, 2017, p.14。

表6-4 2011~2016年毛里求斯失业率变化情况

单位：%

年份	男性	女性	总体情况
2011	5	12.4	7.8
2012	5.2	12.7	8
2013	5.3	12.2	8
2014	5.5	11.4	7.8
2015	5.5	11.6	7.9
2016	4.8	11.2	7.3

注：统计数据中包含毛里求斯国民与毛里求斯境内的外籍劳动力。
资料来源：*Digest of Labour Statistics 2016*, Ministry of Finance and Economic Development, 2017, p.14。

2016年，毛里求斯劳动力总数约为58.1万人（不包含外国公民），其中男性35.4万人，女性22.7万人；毛里求斯就业人数为56.7万人，其中男性

35.6万人，女性21.1万人；失业人数为4.24万人，其中男性1.69万人，女性2.55万人。从总体上看，毛里求斯失业率为7.3%，其中男性为4.8%，女性为11.2%。毛里求斯青年失业人数为1.9万人，其中男性0.8万人，女性1.1万人。青年失业率为23.9%，其中男性为18.3%，女性为31.2%。值得注意的是，因在教育机构就学、从事非生产性家庭劳动、退休、年纪过高或身患残疾等原因，毛里求斯共有约39.5万人被归入"非经济活动人口"（Inactive Population），其中男性12.3万人，女性27.2万人。毛里求斯居民经济活动参与率为59.6%，其中男性为74.3%，女性为45.5%。

（二）就业的年龄分布

根据毛里求斯国家统计局的官方数据，2016年毛里求斯劳动力市场年龄分布如表6-5、图6-2所示，2016年毛里求斯各年龄段参与经济活动的人口比重见表6-6、图6-3。

表6-5 2016年毛里求斯劳动力市场年龄分布情况

单位：千人

年龄	男性	女性	总人数
16~19岁	8.8	6.1	14.9
20~24岁	35.9	28.2	61.1
25~29岁	38.3	29.4	67.7
30~34岁	39.2	29.4	68.6
35~39岁	46.3	32.5	78.8
40~44岁	39.6	26.4	66
45~49岁	40.8	25.1	65.9
50~54岁	44	23.4	67.4
55~59岁	35.1	15.9	51
60~64岁	17.1	6.8	23.9
65~69岁	5.7	3	8.7
70~74岁	1.9	0.7	2.6
75岁及以上	0.9	0.5	0.4
毛里求斯公民	353.6	227.4	581
外国公民	19.3	9.3	28.6
总人数	372.9	236.7	609.6

资料来源：*Digest of Labour Statistics 2016*, Ministry of Finance and Economic Development, 2017, p.11。

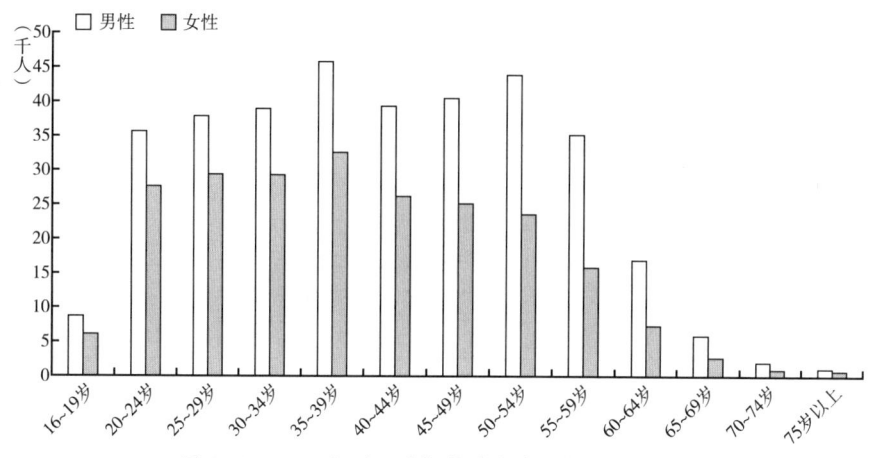

图 6-2 2016年毛里求斯劳动力市场年龄分布情况

资料来源：*Digest of Labour Statistics 2016*，Ministry of Finance and Economic Development，2017，p.11。

表 6-6 2016年毛里求斯各年龄段参与经济活动的人口比重

单位：%

年龄	男性	女性	总体情况
16~19 岁	22.3	16	19.2
20~24 岁	75.9	59.2	67.5
25~29 岁	93.6	72.6	83.2
30~34 岁	96.3	70.7	83.4
35~39 岁	95.1	67.3	81.2
40~44 岁	94.3	63.6	79
45~49 岁	94.9	58.6	76.8
50~54 岁	92.8	48.8	70.6
55~59 岁	86.7	37.7	61.7
60~64 岁	52	18.9	34.7
65~69 岁	23.8	10.6	16.7
70~74 岁	14.3	4	8.4
75 岁及以上	5.6	1.9	3.3
总体情况	74.3	45.5	59.6

资料来源：*Digest of Labour Statistics 2016*，Ministry of Finance and Economic Development，2017，p.11。

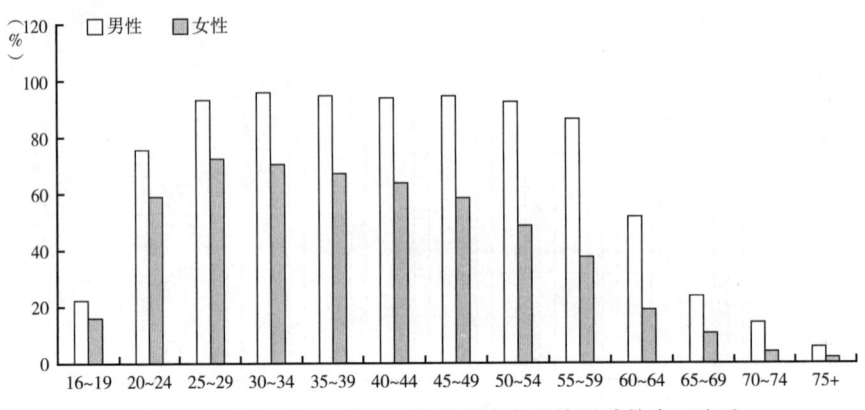

图6-3　2016年毛里求斯各年龄段参与经济活动的人口比重

资料来源：*Digest of Labour Statistics 2016*，Ministry of Finance and Economic Development，2017，p. 11。

从图6-2、图6-3和表6-6中可以看出，虽然根据毛里求斯的相关规定，年满16岁的居民即可合法就业。然而，由于此时大多数居民仍处于在校学习阶段，在这一年龄段中参与经济活动的人口比重仅为19.2%，总人数也仅有1.5万人。毛里求斯就业市场的主要力量是20~59岁的人口。其中，30~34岁这一年龄段参与经济活动的比重最高，达到83.4%。不过，35~39岁这一年龄段参与就业的人数最多，达到7.9万人。此外，值得注意的是，还有约2.8万名外国公民在毛里求斯工作，其中男性与女性人数分别为1.9万人和0.9万人。

从性别上看，毛里求斯的男性不论是在参与经济活动的比重，还是在就业人数方面均要高于女性。在参与经济活动的人口比例上，随着年龄的上升，女性与男性的差距不断拉大。在16~19岁年龄段，两者仅相差6.3个百分点；在35~39岁年龄段，两者相差27.8个百分点。随后这一差距迅速扩大，在55~59岁年龄段已达到49个百分点。总体而言，毛里求斯居民中参与经济活动的男性的比例要比女性高出28.8个百分点。在就业人数上，毛里求斯的男性与女性也呈现出类似特征。在16~19岁年龄段，男性就业人数仅比女性多2700人。在20~24岁、25~29岁、30~34岁年龄段，两者相差的人数保持在1万人左右。在

50~54岁年龄段达到2.1万人。总体而言,毛里求斯男性就业人数要比女性多出13.6万人。

(三) 就业的部门分布

2016年毛里求斯就业的部门分布如图6-4所示。

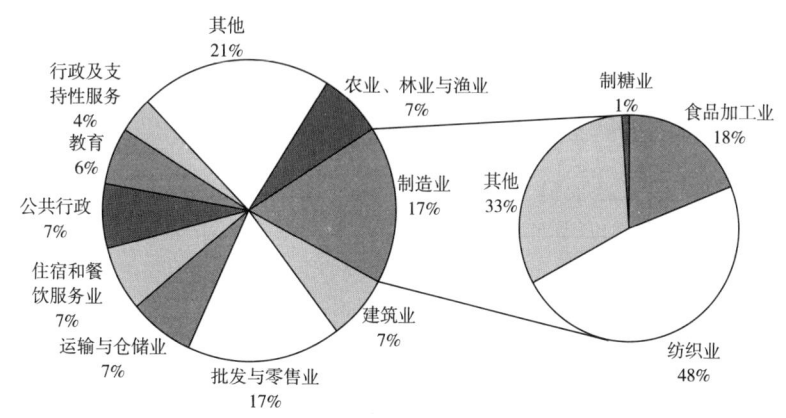

图6-4 2016年毛里求斯就业的部门分布情况

资料来源:*Digest of Labour Statistics 2016*,Ministry of Finance and Economic Development,2017,p.12。

制造业为毛里求斯第一大就业部门,制造业就业人数约为9.9万人,占就业总人数的17%。其中,男性与女性就业人数分别为5.4万人和4.5万人。在制造业,约有48%的人从事纺织业,总人数为4.8万人,其中男性与女性就业人数分别为2万人和2.8万人。食品加工业吸纳的就业人数为1.79万人,占制造业就业总人数的18%,其中男性与女性就业人数分别为1万人和7900人。相比之下,传统的经济支柱制糖业仅吸纳就业人数1400人,占制造业就业人数的1%。因对体力的要求较高,这一领域所有的雇员均为男性。此外,另有约3.2万人就业于其他领域的制造业部门,其中男性与女性就业人数分别为2.3万人和0.9万人。

第二大就业部门为批发与零售业,就业人数为9.4万人,其中男性与女性人数分别为6万人和3.4万人。

第三大就业部门为公共行政部门,就业人数约为4.1万人,其中男性

与女性人数分别为 3.1 万人和 1 万人。

第四大就业部门为农业、林业、渔业等,就业总人数为 4.1 万人,其中男性与女性就业人数分别为 1.4 万人和 2.7 万人。农业中,经济支柱甘蔗种植业的就业人数为 1.24 万人,其中男性与女性就业人数分别为 8900 人和 3500 人。

毛里求斯其他部门的就业情况如表 6-7 所示。

表 6-7 2016 年毛里求斯部分经济部门就业情况

单位:千人

部门	男性	女性	总人数
住宿和餐饮服务业	26.9	13.9	40.8
建筑业	35.4	4.2	39.6
交通运输与仓储业	31.2	7.3	38.5
教育	14.4	17.6	32
行政及支持性服务	15.9	9.3	25.2
健康与社会服务	9.6	9.8	19.4
电信业	9.9	7.5	17.4
金融与保险	6.6	6.9	13.5
艺术与娱乐	8.7	3.5	12.2
专业化与科研活动	7.6	4.5	12.1
供水、污水处理、废物管理	3.1	0.2	3.3
电力、燃气、蒸汽和空调保障	2.1	0.1	2.2
房地产	1.2	0.2	1.4
其他服务	8.8	23.2	32

资料来源:*Digest of Labour Statistics 2016*, Ministry of Finance and Economic Development, 2017, p. 12。

二 收入与消费

(一)收入

毛里求斯《2012 年家庭预算调查》(*Household Budget Survey 2012*)给出了 2006~2007 年家庭收入对比情况,从中可以较为直观地看到这一时期内毛里求斯居民收入的变化情况。2012 年,毛里求斯平均家庭总收入为每月 30489 毛里求斯卢比,相较于 2006 年的 19466 毛里求斯卢比增长了 56.6%。

其中，工资是毛里求斯居民最大收入来源。2012年，毛里求斯家庭月平均工资收入为21454毛里求斯卢比，约占家庭月平均总收入的70.4%，相比于2006~2007年的13463毛里求斯卢比增长了59.4%。业主收入（entrepreneurial income）是毛里求斯居民第二大收入来源。2012年，毛里求斯家庭业主月平均收入为4355毛里求斯卢比，占家庭月平均总收入的14.3%，相较于2006~2007年的2929毛里求斯卢比增长了48.7%。转移性收入（transfer income）则是毛里求斯居民的第三大收入来源。2012年，毛里求斯家庭月平均转移性收入为4215毛里求斯卢比，占总收入的13.8%，相较于2006~2007年的2630毛里求斯卢比增长了60.3%。相比之下，财产性收入（property income）与其他类别的收入在毛里求斯家庭总收入中所占的比例可以忽略不计（见表6-8）。

表6-8 2012年与2006~2007年毛里求斯家庭总收入对比情况

单位：毛里求斯卢比，%

收入来源	2006~2007年	比重	2012年	比重	变化
工资	13463	69.1	21454	70.4	59.4
业主收入	2929	15.1	4355	14.3	48.7
财产性收入	430	2.2	440	1.4	2.3
转移性收入	2630	13.5	4215	13.8	60.3
其他收入	14	0.1	25	0.1	78.6
家庭月平均总收入	19466	100	30489	100	56.6

资料来源：*Household Budget Survey 2012*：*Analytical Report*，Ministry of Finance and Economic Development，2015，p.14。

值得注意的是，毛里求斯家庭各类收入占总收入的比重也随着家庭收入等级的不同而变化。对于收入最少的20%的家庭来说，他们52%的收入来自转移性收入；而工资则成为其他家庭的主要收入，占比在第二收入等级的59%到第五收入等级的78%之间。此外，在第二、第三收入等级家庭中，业主收入所占的比重最高，达到18%（见图6-5）。

在可支配收入领域，2012年毛里求斯家庭月平均可支配收入达到29421毛里求斯卢比，相较于2006~2007年的19083毛里求斯卢比名义上

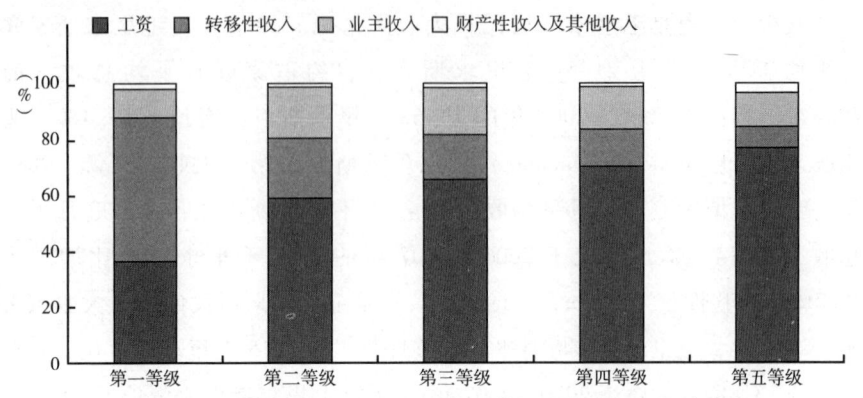

图 6-5　2012 年毛里求斯不同收入等级家庭收入来源情况

资料来源：*Household Budget Survey 2012*：*Analytical Report*，Ministry of Finance and Economic Development，2015，p.15。

增长了 54.2%。毛里求斯的人均可支配收入相较于 2006~2007 年增长了 59%，达到 9103 毛里求斯卢比。考虑到物价上涨情况（同一时期，居民消费价格指数上涨了 33%）与家庭规模的变化（同一时期，家庭规模缩小 5.4%），毛里求斯家庭可支配收入在这一时期实际增长了 22.5%。不过值得注意的是，同期毛里求斯居民月均强制性开销也由 383 毛里求斯卢比上升至 1068 毛里求斯卢比，增长了近两倍；占总收入的比重也由 2% 上升至 3.5%（见表 6-9）。

表 6-9　2012 年与 2006~2007 年毛里求斯家庭总收入对比情况

单位：毛里求斯卢比

类别	2006~2007 年	2012 年
家庭月平均总收入	19466	30489
强制性开销	383	1068
家庭月平均可支配收入	19083	29421
非规律性收入	1813	2460
家庭月平均收入	20896	31881

注：非规律性收入包括提取存款、他人偿还债务或现金礼物等。
资料来源：*Household Budget Survey 2012*：*Analytical Report*，Ministry of Finance and Economic Development，2015，p.15。

从收入分布的变化情况看,毛里求斯家庭整体上朝着更高的收入等级迈进。2012年,毛里求斯月可支配收入小于10000毛里求斯卢比的家庭比重由2006~2007年的26.6%下降至14.4%;月可支配收入在20000~40000毛里求斯卢比的家庭比例由23.8%上升至35.1%;月可支配收入高于40000毛里求斯卢比的家庭比例也由7.8%上升至20.6%(见表6-10)。

表6-10 2012年与2006~2007年毛里求斯家庭收入分布对比

单位:毛里求斯卢比,%

月可支配收入	2006~2007年	2012年
<5000	6.4	3.5
5000~10000	20.2	10.9
10000~12000	10.6	5.7
12000~14000	9.9	6.1
14000~16000	9.1	6.3
16000~18000	6.8	5.9
18000~20000	5.4	5.9
20000~25000	10.3	13.4
25000~30000	6.7	9.6
30000~35000	3.8	7.1
35000~40000	3	5
>40000	7.8	20.6

资料来源:*Household Budget Survey 2012*:*Analytical Report*, Ministry of Finance and Economic Development, 2015, p.17。

从贫富差距上看,毛里求斯的贫富差距呈进一步扩大的趋势。在2006~2007年的调查中,毛里求斯最富裕的20%家庭的收入占比为45.6%,而最贫困的20%家庭的收入占比为6.1%,两者收入占比相差39.5个百分点。不过,在2012年的调查中,毛里求斯最富裕的20%家庭的收入占比为47.5%,而最贫困的20%家庭的收入占比为5.3%,两者相差42.2个百分点(见图6-6)。毛里求斯的基尼系数(Gini coefficient)也由2006~2007年的0.388上升至2012年的0.414(见表6-11)。与之同步,

毛里求斯

毛里求斯富裕家庭收入的增幅要高于贫困家庭。虽然2012年与2006~2007年相比毛里求斯家庭总体可支配收入增长了54.2%，但最贫困家庭可支配收入仅增长了34.6%，最富裕家庭收入的增幅则达到60.6%（见表6-12）。排除家庭规模的影响后，最富裕家庭的收入增幅仍较最贫困家庭高出18.9个百分点。值得注意的是，最富裕与最贫困家庭的贫富差距要明显高于其他收入等级。

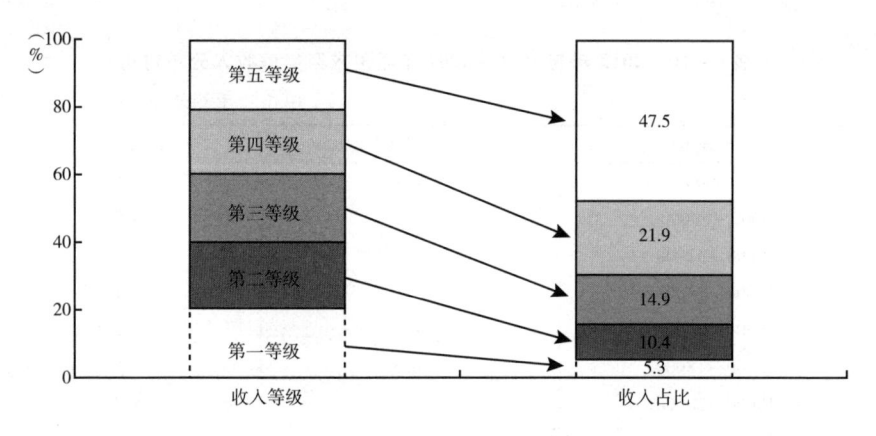

图6-6 2012年毛里求斯家庭收入分配情况

资料来源：*Household Budget Survey 2012：Analytical Report*，Ministry of Finance and Economic Development，2015，p.17。

表6-11 2012年与2006~2007年毛里求斯不同收入等级家庭基尼系数变化情况

收入等级	2006~2007年	2012年
第一等级	0.18	0.19
第二等级	0.055	0.068
第三等级	0.05	0.055
第四等级	0.067	0.072
第五等级	0.235	0.24
总体水平	0.388	0.414

资料来源：*Household Budget Survey 2012：Analytical Report*，Ministry of Finance and Economic Development，2015，p.20。

表6-12　2012年与2006~2007年毛里求斯不同收入等级家庭收入变化情况

单位：毛里求斯卢比，%

收入等级	家庭月平均可支配收入			个人月平均可支配收入		
	2006~2007年	2012年	变化	2006~2007年	2012年	变化
第一等级	5840	7862	34.6	2815	4155	47.6
第二等级	10549	15196	44	3487	5327	52.8
第三等级	14615	21999	50.5	4454	6827	53.3
第四等级	20851	32144	54.2	5963	9271	55.5
第五等级	43567	69969	60.6	11979	19951	66.5
总体水平	19083	29421	54.2	5739	9103	58.6
最高等级与最低等级之比	7.5	8.9		4.3	4.8	

资料来源：*Household Budget Survey 2012*：*Analytical Report*，Ministry of Finance and Economic Development，2015，p.18。

从收入的城乡分布来看，如表6-13所示，毛里求斯城市居民的可支配收入要明显高于乡村。2012年，毛里求斯城市家庭的月平均可支配收入为32518毛里求斯卢比，相较于乡村家庭高出19.4%，而人均可支配收入则要高出26.3%。不过，相较于2006~2007年，2012年毛里求斯城乡居民的收入差距有所减小。2007~2012年，毛里求斯乡村家庭收入增长了60%，相比之下城市家庭收入仅增长43%。这使毛里求斯城乡家庭可支配收入之比从2006~2007年的1.3∶1降至2012年的1.2∶1。

表6-13　2012年与2006~2007年毛里求斯城乡居民可支配收入变化

单位：毛里求斯卢比

	2006~2007年			2012年		
	城市	农村	总体	城市	农村	总体
家庭月可支配收入	22677	16977	19083	32518	27244	29421
个人月可支配收入	7027	4981	5739	10373	8210	9103

资料来源：*Household Budget Survey 2012*：*Analytical Report*，Ministry of Finance and Economic Development，2015，p.20。

（二）消费

从总体上看，毛里求斯2012年家庭月平均消费额为21231毛里求斯卢比，相较于 2006~2007 年的 14300 毛里求斯卢比上升了 48.5%。在考虑到物价变化等因素后，毛里求斯家庭月平均消费额在这段时间实际上增长了 18%。毛里求斯的统计人员对比了其他数据后认为，在调查中居民普遍少报了在酒水与香烟上的花费。经过修正，2012 年毛里求斯家庭月平均消费为 23708 毛里求斯卢比，较 2006~2007 修正后的 15238 毛里求斯卢比名义上增长 55.6%，实际增长 23.7%。

从消费的类别看，2012 年"食物与非酒精饮料"在家庭开支中所占比重最高，达到 27.4%；"交通"开支位列第二，占 15%；"住房、水、电力、燃气与其他燃料"开支位列第三，占 12%；"通信"开支所占比重最低，仅为 3.9%。与 2006~2007 年的统计数据相比，"食物与非酒精饮料"开支的降幅最大，相比之下，"住房、水、电力、燃气与其他燃料"开支的增幅最大（见表 6-14）。此外，值得注意的是，在针对其他问题的分析中，毛里求斯国家统计局仍以未修正的家庭开支数据为准。

表 6-14 2012 年与 2006~2007 年毛里求斯家庭各类开支变化情况

单位：毛里求斯卢比，%

消费类别	2006~2007 年		2012 年		变化
	开销	占比	开销	占比	
食物与非酒精饮料	4534	29.8	6494	27.4	43.2
酒精饮料与烟草	1450	9.5	2291	9.6	58
衣服与鞋类	807	5.3	1063	4.5	31.7
住房、水、电力、燃气与其他燃料	1498	9.8	2860	12	90.9
家具、家用设备及日常家居维修	1022	6.7	1449	6.1	41.8
健康	467	3.1	938	4	100.9
交通	2295	15.1	3549	15	54.6
通信	569	3.7	922	3.9	62
娱乐与文化活动	760	5	1048	4.4	37.9
教育	510	3.3	1067	4.5	109.2
餐馆与旅店消费	694	4.6	1060	4.5	52.7
杂项货品及服务	632	4.1	967	4.1	53
合计	15238	100	23708	100	55.6

资料来源：Household Budget Survey 2012：Analytical Report, Ministry of Finance and Economic Development, 2015, p.24。

从消费的阶层分布看,毛里求斯家庭的整体消费水平有所提高。2012年,毛里求斯月平均消费低于15000毛里求斯卢比的家庭比例由2006~2007年的68.9%下降至46.9%;月平均消费高于30000毛里求斯卢比的家庭比例则由2006~2007年的7.4%上升至16.8%。与此同时,毛里求斯月平均消费低于15000毛里求斯卢比的家庭消费额所占比重也由2006~2007年的42%降至21.4%;月平均消费高于30000毛里求斯卢比的家庭消费额所占比重则由2006~2007年的24.2%上升至42.6%(见表6-15)。

表6-15 2012年与2006~2007年毛里求斯家庭开支分布对比

单位:毛里求斯卢比,%

消费	家庭数量比重		家庭消费额比重	
	2006~2007年	2012年	2006~2007年	2012年
<5000	9.8	4.7	2.5	0.8
5000~7500	15.5	7.5	6.8	2.2
7500~10000	18.1	11.6	11	4.8
10000~12500	15.2	11.1	11.9	5.9
12500~15000	10.3	12	9.8	7.7
15000~20000	12.7	17.3	15.3	14.2
20000~30000	11	19	18.5	21.8
30000~40000	3.6	7.6	8.6	12.2
40000~50000	2	3.7	6.2	7.8
>50000	1.8	5.5	9.4	22.6

资料来源:*Household Budget Survey 2012*:*Analytical Report*,Ministry of Finance and Economic Development,2015,p.26。

与整体消费水平提高同步,毛里求斯各收入阶层的消费水平均呈上升趋势。不过,高收入家庭的开支增幅明显快于低收入家庭。其中,最富裕家庭在2012年的开支相较于2006~2007年增长了57.8%,比最贫穷家庭的35.5%要高出22.3个百分点(见表6-16)。在考虑家庭规模因素后,毛里求斯人均消费同期增幅为53.5%。

表6-16 2012年与2006~2007年毛里求斯不同收入等级家庭开支变化情况

单位：毛里求斯卢比，%

收入等级	家庭月平均开支			个人月平均开支		
	2006~2007年	2012年	变化	2006~2007年	2012年	变化
第一等级	6141	8320	35.5	2865	4322	50.8
第二等级	9497	13571	42.9	3089	4682	51.6
第三等级	12063	17265	43.1	3658	5304	45
第四等级	15983	23106	44.6	4575	6677	45.9
第五等级	27830	43926	57.8	7658	12542	63.8
总体水平	14300	21231	48.5	4369	6704	53.5
第五等级与第一等级之比	4.5:1	5.3:1		2.7:1	2.9:1	

资料来源：*Household Budget Survey 2012*：*Analytical Report*，Ministry of Finance and Economic Development，2015，p.27。

从不同收入阶层的消费类别分布上看，"食物与非酒精饮料"的消费随着收入的上升反而呈下降趋势，从最贫穷家庭的45.1%降至最富裕家庭的20.9%。"酒精饮料与烟草""住房、水、电力、燃气与其他燃料"等的消费也呈类似趋势。不过，在"衣服与鞋类"、"家具、家用设备及日常家居维修"、"交通"、"教育"与"餐馆与旅店消费"等方面的消费则随着收入的增加而上升。其中，"交通"上的消费差距最大。最富裕家庭的交通开支占总开支的24.9%，相比之下，最贫穷家庭仅为6.4%（见表6-17）。

表6-17 2012年毛里求斯不同收入等级家庭开支类别分布

单位：%

消费类别	第一等级	第二等级	第三等级	第四等级	第五等级
食物与非酒精饮料	45.1	40.8	37.7	32.3	20.9
酒精饮料与烟草	4.2	4.9	4.4	4.1	2.4
衣服与鞋类	3.2	4.7	5.1	5.6	5.1
住房、水、电力、燃气与其他燃料	14.7	12.2	11.1	9.7	7.5
家具、家用设备及日常家居维修	5.9	6	6.4	6.7	7.5

续表

消费类别	第一等级	第二等级	第三等级	第四等级	第五等级
健康	4.6	3.4	3.2	3.9	5.5
交通	6.4	8.6	11	13.8	24.9
通信	3.6	4.3	4.6	5	4
文化与娱乐活动	4	4.8	4.9	5.2	5
教育	1.8	3.2	3.5	4.9	6.9
餐馆与旅店消费	3	3.6	4	4.4	4.8
杂项货品及服务	3.5	3.5	4.1	4.4	5.4

资料来源：*Household Budget Survey 2012：Analytical Report*，Ministry of Finance and Economic Development，2015，p.28。

从开支的城乡分布上看，如图6-7所示，月平均开支高于20000毛里求斯卢比的家庭更多地分布在城市。其中，城市家庭每月在购买商品与服务领域的平均开销为22842毛里求斯卢比，比乡村家庭的20098毛里求斯卢比高出13.7%，在人均领域要高出22%。不过，同一时期乡村家庭开支增长幅度为53%，高于城市家庭的41%，这在一定程度上缩小了两者间的差距（见表6-18）。

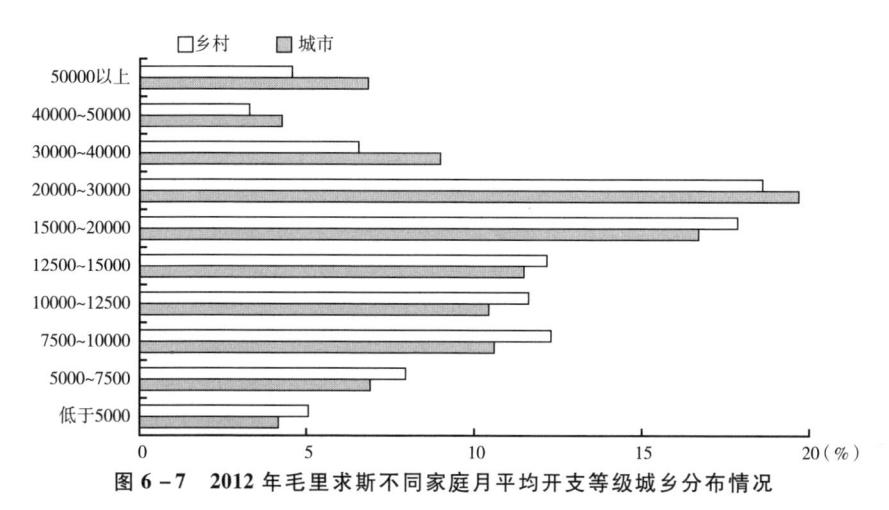

图6-7 2012年毛里求斯不同家庭月平均开支等级城乡分布情况

资料来源：*Household Budget Survey 2012：Analytical Report*，Ministry of Finance and Economic Development，2015，p.29。

表 6-18 2012 年与 2006~2007 年毛里求斯城乡家庭开支变化情况

单位：毛里求斯卢比

类别	2006~2007 年			2012 年		
	城市	乡村	所有地区	城市	乡村	所有地区
家庭月平均开支	16215	13174	14300	22842	20098	21231
个人月平均开支	5113	3931	4369	7499	6145	6704

资料来源：*Household Budget Survey 2012：Analytical Report*，Ministry of Finance and Economic Development，2015，p. 39。

从城乡家庭的消费构成上看，2012 年乡村居民"食物与非酒精饮料"开支占比为 32.2%，而城市居民为 28.6%。在调整了家庭规模的影响后，城市居民在"食物与非酒精饮料"上的月均开支为 2132 毛里求斯卢比，比乡村居民高出约 6%。在"酒精饮料与烟草""衣服与鞋类"等类别上的开支呈类似趋势（见表 6-19）。

表 6-19 2012 年毛里求斯城乡家庭开支构成情况

单位：毛里求斯卢比，%

消费类别	城市	比重	乡村	比重	总体情况
食物与非酒精饮料	6526	28.6	6472	32.2	6494
酒精饮料与烟草	708	3.1	794	4.0	759
衣服与鞋类	1027	4.5	1089	5.4	1063
住房、水、电力、燃气与其他燃料	2342	10.3	1872	9.3	2066
家具、家用设备及日常家居维修	1524	6.7	1397	6.9	1449
健康	1207	5.3	750	3.7	938
交通	3879	16.9	3317	16.5	3549
通信	1011	4.4	859	4.3	922
娱乐与文化活动	1171	5.1	961	4.8	1048
教育	1330	5.8	883	4.4	1067
餐馆与旅店消费	1028	4.5	823	4.1	908
杂项货品及服务	1090	4.8	881	4.4	967
合计	22843	100	20098	100	21230

资料来源：*Household Budget Survey 2012：Analytical Report*，Ministry of Finance and Economic Development，2015，p. 30。

三 物价

物价方面,全球最大城市数据库网站 NUMBEO 对毛里求斯的生活开支进行了问卷调查,对了解毛里求斯的商品与服务价格同样具有十分重要的参考价值(见表 6-20)。

表 6-20　2017 年 1 月～2018 年 4 月毛里求斯生活开支情况

单位:毛里求斯卢比

消费类别	平均价格	价格区间
餐馆		
单人用餐,廉价餐馆	200	150~300
双人用餐,中档餐厅,三道菜	1150	800~1500
麦当劳套餐(或同等快餐店)	200	150~250
本地啤酒(0.5 升,扎啤)	87.5	50~120
进口啤酒(0.33 升,瓶装)	100	50~150
卡布奇诺咖啡(普通版)	63.76	35~100
可口可乐、百事可乐(0.33 升,瓶装)	32.27	20~50
矿泉水(0.33 升,瓶装)	19.47	15~35
商场		
牛奶(普通,1 升)	44.2	35~57
新鲜白面包(500 克)	20.3	10~32
米(白米,1 千克)	56.2	45~100
鸡蛋(普通,12 个)	68.5	60~80
本地芝士(1 千克)	253.75	120~300
鸡胸肉(去骨去皮,1 千克)	228.5	100~350
牛肉(或同等价位的后腿红肉,1 千克)	370.83	180~600
苹果(1 千克)	58.75	40~100
香蕉(1 千克)	43.33	15~70
橙子(1 千克)	52.5	20~75
番茄(1 千克)	90.56	40~230
土豆(1 千克)	39.75	35~45
洋葱(1 千克)	46.75	40~60
莴苣(1 棵)	24.38	20~35
水(1.5 升,瓶装)	25.06	20~30

毛里求斯

续表

消费类别	平均价格	价格区间
商场		
红酒(中等,瓶装)	350	300~600
国产啤酒(0.5升瓶装)	68.33	50~85
进口啤酒(0.33升瓶装)	77.56	50~130
香烟(万宝路,一包)	200	165~220
交通		
单程票(本地交通)	35	30~37
月票(正常价)	1100	434.78~1500
出租车起步价(标准运价表)	125	100~200
每千米出租车价格(标准运价表)	100	50~100
出租车等待1小时价格(标准运价表)	500	200~500
汽油(1升)	43.66	38.95~48
大众(Golf 1.4 90 KW Trendline 或同等价位新车)	1270000	800000~1500000
丰田(Corolla 1.6l 97kW Comfort 或同等价位新车)	1227083.33	1000000~1600000
日常开销(每月)		
85平方米公寓基本开销(电费、取暖费、空调、水费、垃圾费)	2278.07	1000~4500
1分钟本地预付话费(无折扣、无计划)	1.76	1~3
网络费用(60 Mbps 以上,无限流量,Cable/ADSL)	1239	834~3000
运动、休闲		
健身俱乐部(1个月,成人)	1354.76	700~2000
网球场租金(周末时间,1小时)	418.75	200~600
电影票(国外电影,1张)	250	225~300
育儿		
学前班(或幼儿园)、私立、全天,1个孩子每月的费用	5150	3000~6200
国际小学1个孩子每年费用	166000	100000~240000
衣服、鞋子		
1条牛仔裤(Levis 501或同等价位品牌)	2368.69	1200~3000
连锁店1条夏天穿的裙子(Zara,H&M,……)	1707.14	900~3000
1双耐克跑鞋(中等)	3244.44	2500~4000
1双男士商务皮鞋	2900	2000~4500
月租金		
市中心1卧室公寓	11366.67	7000~20000
非市中心1卧室公寓	8535.71	5000~15000

续表

消费类别	平均价格	价格区间
月租金		
市中心 3 卧室公寓	25647.06	15000~40000
非市中心 3 卧室公寓	17000	10000~30000
房价（公寓）		
市中心每平方米公寓价格	40000	20000~60000
非市中心每平方米公寓价格	31977.44	25000~40000
工资及金融		
平均月工资（税后）	20676.47	
20 年抵押贷款利率百分比，每年固定利率	8.23	6~11

资料来源："Cost of Living in Mauritius"，NUMBEO，2018，https://www.numbeo.com/cost-of-living/country_result.jsp?country=Mauritius。

此外，毛里求斯国家统计局对本国居民消费价格指数等相关数据的测算，使我们从总体上了解了毛里求斯的物价水平。以 2016 年平均值为基准值（100），2016 年 12 月毛里求斯居民消费价格指数为 109.4。至 2017 年 12 月达到 114，上涨了 4.2%。2017 年毛里求斯居民消费价格指数月度变化情况如图 6-8 所示。

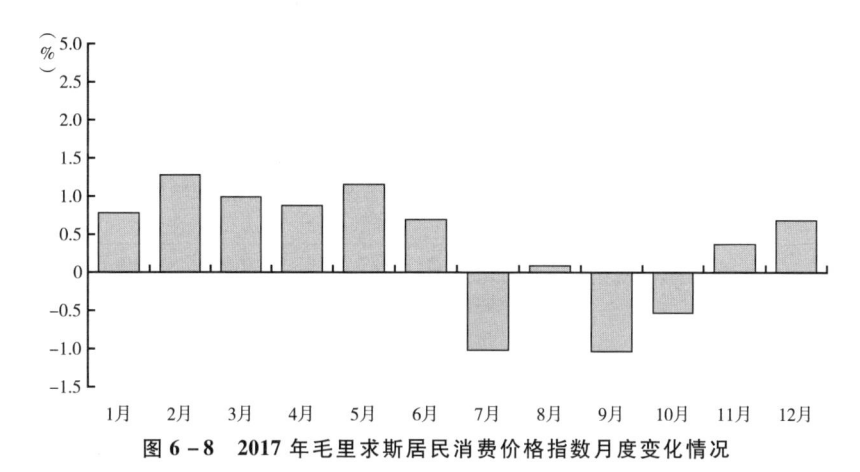

图 6-8 2017 年毛里求斯居民消费价格指数月度变化情况

说明：各项变化均以上一个月的数据为基准。

资料来源：*Consumer Price Index*，Ministry of Finance and Economic Development，2018，p.1。

总体而言，2017年毛里求斯居民消费价格指数上涨的主要原因包括：①蔬菜、大米、水果、肉类、鱼类、茶叶和其他食品的价格上涨；②香烟、朗姆酒和其他甘蔗酒、啤酒和烈性黑啤酒的价格上涨；③成衣价格提高；④家具价格上涨；⑤医生费用和诊所收费上涨；⑥汽油和柴油价格上涨；⑦机票价格上涨；⑧中学学费上调；⑨即食食品价格上涨；⑩其他部分商品和服务价格上涨。与此同时，以下两个因素则部分抵消了居民消费价格指数的上涨，即面包价格降低与住房贷款利率降低。

2017年毛里求斯商品与服务价格变动情况及主要原因如表6-21所示。

表6-21 2017年毛里求斯商品与服务价格变动情况及主要原因

类别	变化	主要原因
食物与非酒精饮料	+5.5%	蔬菜（+17.1%）、大米（+11.5%）、水果（+13.3%）、肉类（+2.7%）、鱼类（+3.4%）、茶叶（+24.3%）和牛奶（+1.2%）价格的上升，而面包（-3.3%）和豆类（-5.2%）价格的下降则部分抵消了升幅
酒精饮料与烟草	+10.6%	香烟（+17.6%）、朗姆酒和其他甘蔗酒（+3.2%）、啤酒和烈性黑啤酒（+3.5%）价格的上升
衣服与鞋类	+2.8%	成衣（+3.2%）与鞋类（+1.6%）价格的上升
住房、水、电力、燃气与其他燃料	-1.4%	住房贷款利率的下降（-7.4%），部分被工人工资的提高（+1.6%）抵消
家具、家用设备及日常家居维修	+2.3%	家具（+3.9%）、主要家用设备（+2%）以及家政服务（+3.7%）价格的上升
健康	+4.4%	诊所收费（+11%）与医生诊疗费用（+4.8%）的上升
交通	+5.7%	汽油（+17.8%）、柴油（+23.2%）、机票（+7.1%）、车用燃气（+33.4%）价格的上升，部分被摩托车价格的下降（-0.8%）抵消
通信	0%	互联网费用的上升（0.5%）被移动电话价格的下降（-1.4%）抵消
文化与娱乐活动	+2.3%	信息处理设备（+7.5%）、书籍（+2.8%）与娱乐和体育服务（+25%）价格的上升，部分被视听设备价格的下降（-5.8%）抵消

续表

类别	变化	主要原因
教育	+3.3%	中学学费(+4.9%)与大学学费(+2%)的上升
餐馆与旅店消费	+2.1%	即食食品(+2.2%)、酒吧及餐馆食物和酒水(+1%)、住宿服务(+0.8%)价格的上升
杂项货品及服务	+1.9%	个人护理用品(+1.3%)、家庭保险(+12.5%)价格的上升

资料来源：*Consumer Price Index*, Ministry of Finance and Economic Development, 2018, p.4。

从通货膨胀的角度看，2017年毛里求斯核心通货膨胀率（headline inflation rate）由2016年的1%上升至3.7%。2017年毛里求斯与世界主要国家及部分周边国家的通货膨胀率如表6-22所示。

表6-22　2017年毛里求斯与世界主要国家及部分周边国家的通货膨胀率对比

单位：%

国家	通货膨胀率	国家	通货膨胀率
法国	0.3	澳大利亚	1.3
英国	0.7	美国	1.3
中国	2	博茨瓦纳	2.8
印度	4.5	毛里求斯	3.7
日本	-0.1	塞舌尔	-1
新加坡	-0.5	南非	6.3

资料来源：*Consumer Price Index*, Ministry of Finance and Economic Development, 2018, p.4。

四　住房

(一) 居民楼

2011年，毛里求斯国家统计局对全国的建筑物进行了普查。根据调查，全国共有311417栋建筑物，具体类型分布如表6-23所示。

表6-23 2011年毛里求斯建筑种类与数量

单位：栋，%

建筑类型	数量	百分比
在建中建筑	13025	4.2
住宅	261541	84
半住宅建筑	17126	5.5
旅馆与机构	1351	0.4
非住宅建筑	18374	5.9
合计	311417	100

资料来源：*Housing and Population Census*，Ministry of Finance and Economic Development，Vol. X，2011，p.2。

1972~2011年，毛里求斯的建筑物数量由136823栋增加至311417栋，增长了约128%（见图6-9）。

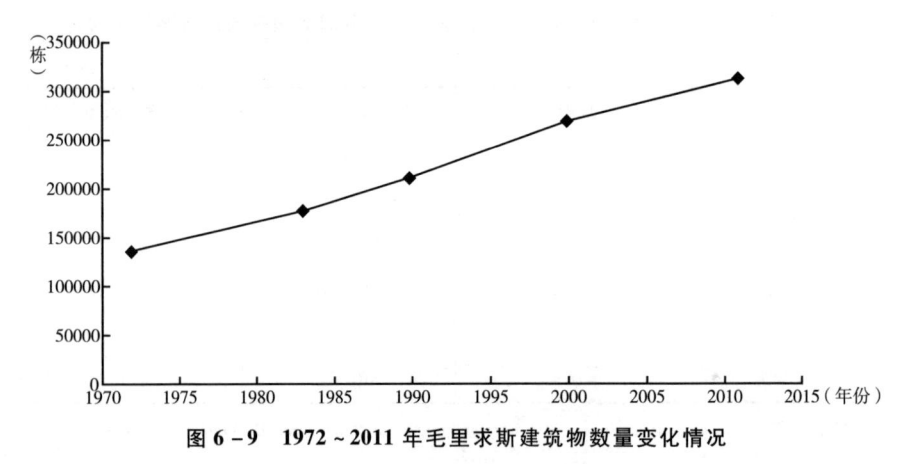

图6-9 1972~2011年毛里求斯建筑物数量变化情况

资料来源：*Housing and Population Census*，Ministry of Finance and Economic Development，Vol. X，2011，p.2。

目前，大多数毛里求斯人居住在独栋住宅中。据统计，2011年，77%的住宅建筑为独栋住宅，相较于1972年的75%有所上升，但低于最高值，即1990年的82.1%。与此同时，半独立住宅与公寓的占比由1972年的4.5%上升至2011年的16.2%（见表6-24）。同期，毛里求斯简易建筑与隔断房的数量持续下降。其中，隔断房的数量由1972年的17334栋下降至2011年的1562栋，而简易房屋的数量也由1972年的474栋下降至172栋。

表6-24 1972~2011年毛里求斯各类型居民楼所占比重变化

单位：%

年份	1972	1983	1990	2000	2011
独栋住宅	75	81.2	82.1	80.5	77
半独立住宅与公寓	4.5	6.5	7.5	11.4	16.2
半住宅建筑	3.5	3.2	3.7	4.7	6.2
其他建筑*	17	9.1	6.7	3.4	0.6

*包括简易建筑与隔断房。

资料来源：*Housing and Population Census*, Ministry of Finance and Economic Development, Vol. X, 2011, p.3。

从建筑的楼层上看，楼房逐渐成为居民楼的主要发展趋势。1972年，仅约2.5%的住宅与半住宅为楼房，2011年这一比例已上升至44%（见表6-25）。在楼房的层数分布上，两层楼是目前毛里求斯居民楼的主流。1972~2011年，两层楼在住宅与半住宅中所占比重由2.1%上升至41%。与此同时，两层以上居民楼所占比重也有所上升（见表6-26）。在楼房的城乡分布上，1990年59%的楼房位于城市。不过，近年来这一状况有了一定的改善。2011年，毛里求斯乡村地区楼房的比例已高达55%（见表6-27）。

表6-25 1972~2011年毛里求斯楼房与非楼房居民楼所占比重变化情况

单位：%

年份	1972	1983	1990	2000	2011
非楼房	97.5	93.5	88.1	69.5	56
楼房	2.5	6.5	11.9	30.5	44

资料来源：*Housing and Population Census*, Ministry of Finance and Economic Development, Vol. X, 2011, p.4。

表 6-26　1972~2011 年毛里求斯住宅与半住宅楼层数比重变化情况

单位：%

	一层	两层	两层以上
2011 年	56	41	3
2000 年	69.5	29	1.5
1990 年	84.5	11.5	4
1983 年	93.5	6.3	0.2
1972 年	97.5	2.1	0.4

资料来源：*Housing and Population Census*, Ministry of Finance and Economic Development, Vol. X, 2011, p. 5。

表 6-27　1990~2011 年毛里求斯两层以上住宅与半住宅城乡分布情况

单位：%

	乡村	城市
1990 年	41	59
2000 年	48	52
2011 年	55	45

资料来源：*Housing and Population Census*, Ministry of Finance and Economic Development, Vol. X, 2011, p. 5。

从所用材料上看，混凝土是毛里求斯居民楼的主要建筑材料。2011年，约92%的住宅或半住宅建筑拥有混凝土墙壁与屋顶；约95%的在建居民楼采用的是混凝土墙壁与屋顶。1983~2011 年，完全由混凝土作为建筑材料的建筑比例由 54.1% 上升至 92%。此外，其余建筑使用的材料主要有木材、砖瓦、铁与锡（见表 6-28）。

表 6-28　1983~2011 年毛里求斯住宅与半住宅所用建筑材料分布情况

单位：%

	混凝土墙壁与屋顶	混凝土墙壁与铁制或锡制屋顶	铁制或锡制墙壁与屋顶	木质墙壁与铁制、锡制或瓦制屋顶以及其他材料
2011 年	92	2.7	4.5	0.8
2000 年	86.3	3.9	8.1	1.7
1990 年	70.6	7.3	18.2	3.9
1983 年	54.1	10.8	28.6	6.5

资料来源：*Housing and Population Census*, Ministry of Finance and Economic Development, Vol. X, 2011, p. 6。

从建筑年龄上看，截至 2011 年，毛里求斯在 1970 年之前建成的居民楼所占比重仅为 11%。相比之下，建于 1970~1989 年与 1990~2009 年的居民楼所占比重分别为 28% 和 48%。2000 年统计在册的建筑中，约 79% 保留到了 2011 年；而 1990 年统计在册的建筑中，约 64% 保留到了 2011 年。

（二）住房单元

根据毛里求斯统计局的定义，"住房单元"（Housing Units）指的是一个单独和独立的，拟由一个家庭居住或一个不打算居住，但在人口普查时由一个家庭为生活目的而占用的住所。根据 2011 年的普查结果，毛里求斯共有 358930 个住房单元，相较于 1983 年的 198591 个单元增长了近一倍（见图 6-10）。

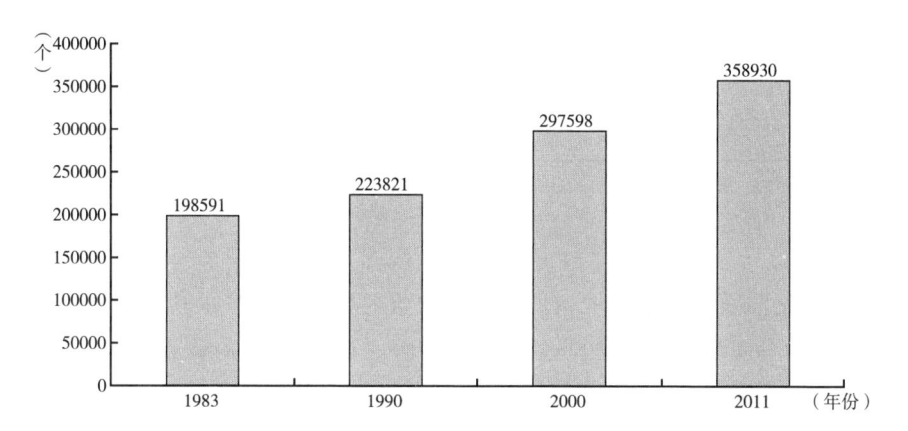

图 6-10　1983~2011 年毛里求斯住房单元数量变化情况

资料来源：*Housing and Population Census*, Ministry of Finance and Economic Development, Vol. X, 2011, p. 8。

在城乡分布上，毛里求斯的住房单元主要分布在乡村地区，且日益向乡村地区集中。2000 年，毛里求斯城市与乡村地区分别拥有住房单元 131889 个与 165709 个，占比分别为 44.3%、55.7%。至 2011 年，城乡的住房单元数量分别变为 149905 个与 209025 个，占比分别变为 41.8% 与 58.2%。2000~2011 年，路易港地区住房单元数量仅增长 4%；相比之下，黑河区则增长了 43%。

从产权上看，如表6-29所示，2011年毛里求斯高达99.1%的住房单元为私人所有，与2000年的调查结果持平。其中，2011年77.7%的住房单元为私人所有且非抵押状态，相较于2000年的79.9%有所下降；而为私人所有且被抵押的住房单元占比则由2000年的15.8%降至12.4%。

表6-29 2000~2011年毛里求斯住房单元产权分布情况

单位：个，%

产权	2000年		2011年	
	数量	占比	数量	占比
私有	294849	99.1	355521	99.1
抵押	47040	15.8	44265	12.4
非抵押	237666	79.9	278924	77.7
不明	10143	3.4	32332	9
公有	1192	0.4	1068	0.3
不明	1557	0.5	2341	0.6
合计	297598	100	358930	100

资料来源：*Housing and Population Census*, Ministry of Finance and Economic Development, Vol. X, 2011, p.9。

此外，值得注意的是，自1990年开始毛里求斯闲置的房屋与作为第二居所的房屋数量持续增长（见图6-11）。在2011年的普查中，毛里求斯有5271个住房单元被作为第二居所，且有27978个住房单元处于闲置状态。主要的第二居所与闲置的房屋位于两个海滨地区。其中，黑河区的弗拉克村委会区（Flac Village Council Area）拥有第二居所880处，用于出租或出售的闲置房屋有1578间。大湾村委会区（Grand Baie Village Council Area）拥有第二居所608处，用于出租或出售的闲置房屋有831间。

（三）居住面积

总体上看，毛里求斯居民的平均居住面积呈增加趋势。在2011年的普查中，每住房单元的平均家庭数量为1.05个，相较于1983年的1.08个有所下降。这意味着在2011年仅有5%的家庭与其他家庭共享住房单元。从每间房的平均居住人口数量上看，2011年毛里求斯每间房平均居住0.8人，相较于1983年的1.5人减少了近一半（见表6-30）。此外，整体而言，毛里求斯城

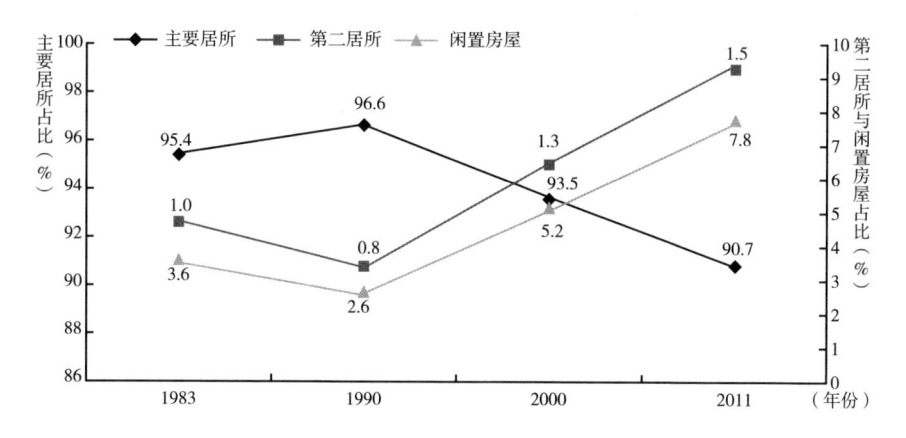

图 6-11　1983~2011 年毛里求斯住房单元所处状态变化情况

说明：左轴坐标原点不为 0。

资料来源：*Housing and Population Census*, Ministry of Finance and Economic Development, Vol. X, 2011, p.9。

市居民的居住面积要大一些。2011 年，城市地区每间房居住的平均人口数量为 0.74 人，相比之下，乡村地区则为 0.81 人。不过，与 2000 年的 0.87 人和 0.94 人相比，毛里求斯城乡居民的居住面积均呈增加趋势。

表 6-30　1983~2011 年毛里求斯居民居住面积部分统计

单位：个，人

	1983 年	1990 年	2000 年	2011 年
每住房单元的平均家庭数量	1.08	1.09	1.07	1.05
每住房单元的平均人口数量	5.2	4.9	4.2	3.7
每住房单元的平均房间数量	3.6	4	4.6	4.8
每间房的平均人口数量	1.5	1.2	0.9	0.8
家庭规模	4.9	4.4	3.9	3.5

资料来源：*Housing and Population Census*, Ministry of Finance and Economic Development, Vol. X, 2011, p.14。

从平均每间房居住的人口数量分布上看，2000 年 46.2% 的家庭每间房间的居住人数小于 1 人，这一比例在 2011 年上升至 59.3%。与此同时，每间房间居住人数大于 3 人的家庭比例也由 11% 下降至 1.8%（见表 6-31）。

表 6–31　2000～2011 年毛里求斯家庭的房间人口密度分布

单位：%

平均每间房的人口数量	总体		城市		乡村	
	2000 年	2011 年	2000 年	2011 年	2000 年	2011 年
少于 1 人	46.2	59.3	50.2	63.4	43	56.5
大于等于 1 人，小于 2 人	41.7	34	39.9	31.3	43.2	35.8
大于等于 2 人，小于 3 人	8.6	4.9	7.1	3.9	9.7	5.6
3 人及以上人	3.5	1.8	2.8	1.4	4.1	2.1

资料来源：*Housing and Population Census*, Ministry of Finance and Economic Development, Vol. X, 2011, p.15。

五　社会保障与福利

（一）总体情况

与非洲大多数国家相比，毛里求斯有着十分完善的社会保障与福利体系。1936 年，以保障底层居民利益为主要目标的毛里求斯工党成立。随后，工党持续向英国殖民当局施压，要求提升工人阶层的福利水平。1943 年，毛里求斯工人发动的大规模罢工最终迫使英国殖民当局在医疗与教育领域进行了程度有限的福利改革。1950 年，在工党的不懈努力下，毛里求斯建立了养老金制度。不过在这一时期，失业者仍无法享受到足够的社会保障。独立后，毛里求斯政府将提升居民福利定为重要的工作目标，并在 1976 年通过了《国家养老金法案》（*The National Pensions Act*），以便向居民提供最基本的生活保障。通过对《国家养老金法案》的多次修订，毛里求斯最终建立起较为完善的社会保障与福利体系。

根据毛里求斯统计局的数据，毛里求斯在社会保障与福利类别的开支被归为"社会保障"一类。该类别包含了毛里求斯政府的社会福利支出和转移支付，统计范围涵盖了社会保障部（Ministry of Social Security）、国家团结与环境、可持续发展部（National Solidarity and Environment and Sustainable Development）、两性平等、儿童发展与家庭福利部（Ministry of Gender Equality, Child Development & Family Welfare）以及中央、地方政府在社会福利领域的所有开支。

2015年7月至2016年6月,毛里求斯政府在社会保障与福利领域的开支为311.85亿毛里求斯卢比,占同期毛里求斯政府总开支的29%,占同期国内生产总值的7.4%(见表6-32)。其中,基本退休金所占比重最高,达到45.2%;公务员养老金位居第二,占比为19.4%(见图6-12)。

表6-32 2013~2016年毛里求斯政府社会保障与福利开支变化情况

	2013年1~12月	2014年1~12月	2015年1~6月	2015年7月~2016年6月
总额(百万毛里求斯卢比)	26028.3	28060.4	1221.1	31185
占政府开支比重(%)	26.7	28	24.2	29
占国内生产总值比重(%)	7.1	7.3	6.2	7.4

资料来源:*Social Security Statistics 2013-2017*, Ministry of Finance and Economic Development, 2017, p.12。

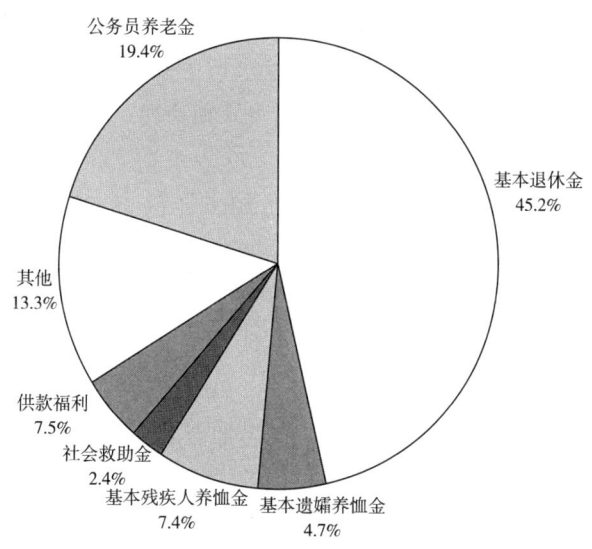

图6-12 2015年7月至2016年6月毛里求斯政府社会保障与福利开支组成情况

资料来源:*Social Security Statistics 2013-2017*, Ministry of Finance and Economic Development, 2017, p.2。

毛里求斯的社会福利可分为"非供款福利"（Non-contributory benefits）与"供款福利"（Contributory benefits）。其中，"非供款福利"是指由政府向所有符合条件的公民发放的福利，而"供款福利"则要求受益人必须先向国家养老基金（National Pensions Fund）交纳必要的资金。此外，毛里求斯在 1991 年还设立了国家团结基金（National Solidarity Fund），以便向有迫切需求的毛里求斯公民提供紧急的临时性援助。

(二) 非供款福利

1. 基本抚恤金

毛里求斯的基本抚恤金主要由基本退休金、基本遗孀养恤金（Basic Widow's Pension）、基本残疾人养恤金（Basic Invalid's Pension）、基本孤儿养恤金（Basic Orphan's Pension）与子女津贴（Child's Allowance）组成。

基本退休金是涵盖面最广的福利类别，由毛里求斯政府向满足一定居住条件的年满 60 岁及以上的毛里求斯公民发放。据统计，2016 年 6 月～2017 年 6 月，毛里求斯领取基本退休金的人口数量由 197037 人增至 206799 人，增长了约 5%。同期，毛里求斯的基本退休金总额较 2015～2016 财年增长了 9%，约为 153.6 亿毛里求斯卢比。

基本遗孀养恤金的发放范围为 15～59 岁失去丈夫的女性。2017 年，共有 19540 人领取基本遗孀养恤金，较 2016 年的 19890 人下降了 1.8%。由此毛里求斯政府的此项开支由 2015～2016 财年的 15.451 亿毛里求斯卢比降至 2016～2017 财年的 14.82 亿毛里求斯卢比，降幅为 4.1%。

基本残疾人养恤金主要向年龄低于 60 岁、经医委会认定至少 12 个月内丧失 60% 或更多劳动能力的居民发放。2016 年 6 月～2017 年 6 月，领取基本残疾人养恤金的人数由 29287 人增加至 32300 人，增幅达 10.3%。这主要是由于该项津贴的覆盖范围扩大到 15 岁以下的儿童。基本残疾人养恤金的总金额由 2015～2016 财年的 23.2 亿毛里求斯卢比增加至 2016～2017 财年的 25.6 亿毛里求斯卢比。

基本孤儿养恤金主要向年龄低于 15 岁或年龄低于 20 岁且仍处于全日制学习阶段的孤儿发放。领取此类津贴的人数由 2016 年 6 月的 370 人降低至 2017 年 6 月的 365 人。2016～2017 财年，此项开支为 3530 万毛里求斯卢比。此外，孤儿的照顾者还可以得到一笔监护津贴。

子女津贴主要向领取基本退休金、基本遗孀养恤金、基本残疾人养恤金的相关受益人的子女发放，一个限定条件是他们子女的年龄在15岁以下且仍处于全日制学习阶段。领取该项津贴的人数由2016年6月的15368人减少至2017年6月的14400人，下降了6.3%。其中，约59%为基本残疾人养恤金受益人的子女，36%为基本遗孀养恤金受益人的子女（见表6-33）。2013~2017年毛里求斯各项基本抚恤金总额变化情况见表6-34。

表6-33 2013~2017年毛里求斯领取各项基本抚恤金人数变化

单位：人

	2013年12月	2014年12月	2015年6月	2016年6月	2017年6月
基本退休金	177721	184487	188470	197037	206799
严重残疾者	16810	16812	16586	16010	16160
基本遗孀养恤金	20511	20302	20291	19890	19540
基本残疾人养恤金	30930	30715	30412	29287	32300
严重残疾者	6587	6485	6531	6244	6775
基本孤儿养恤金	374	372	376	370	365
监护津贴	323	321	329	322	314
子女津贴	18022	16311	16612	15368	14400
基本退休金受益人子女	268	255	241	224	201
基本遗孀养恤金受益人子女	6401	5809	5968	5542	5244
基本残疾人养恤金受益人子女	10851	9775	9927	9147	8538
其他	502	472	476	455	417

注：严重残疾者会得到额外的照看者津贴。

资料来源：Social Security Statistics 2013-2017, Ministry of Finance and Economic Development, 2017, p.13。

表 6-34 2013~2017 年毛里求斯各项基本抚恤金总金额变化情况

单位：百万毛里求斯卢比

	2013 年 1~12 月	2014 年 1~12 月	2015 年 1~6 月	2015 年 7 月~ 2016 年 6 月	2016 年 7 月~ 2017 年 6 月
基本退休金*	8736.6	9959.6	6178.5	14096.1	15359.6
基本遗孀养恤金**	952.6	1039.6	669.6	1454.1	1482
基本残疾人养恤金*	1517.4	1678.7	1065.6	2322	2558.6
基本孤儿养恤金***	26.5	27.7	15	35.5	35.3

注：* 包含照看者津贴与子女津贴，** 包含子女津贴；*** 包含监护津贴。

资料来源：Social Security Statistics 2013-2017，Ministry of Finance and Economic Development, 2017, p.1。

2. 其他非供款福利

除基本抚恤金外，毛里求斯其他非供款福利主要包括社会救助金（Social Aid）、大米和面粉补助（Income Support for Purchase of Rice and Flour）、院内救济（Indoor Relief）、入住者津贴（Inmate's Allowance）、失业困难救济（Unemployment Hardship Relief）与丧葬补助金（Funeral Grant）等。

社会救助金主要发放给无力维持基本生活、没有足够经济能力维持自己和受抚养人生活的户主。2016 年 6 月~2017 年 6 月，领取此项福利的家庭数量由 20319 户下降至 18493 户，降幅为 9%。同期，社会救助总金额减少至 6.4 亿毛里求斯卢比。

大米和面粉补助是在政府中断了对大米和面粉的补贴后对毛里求斯贫困人口的补偿。具体而言，这项补助分为食品援助计划（Food Aid scheme）及收入支持计划（Income Support Scheme）两个部分。截至 2017 年 6 月，此项福利的受益人共有 94200 人。2016 年 7 月~2017 年 6 月，此项支出为 3.5 亿毛里求斯卢比。

院内救济主要向收留生活困难者的慈善机构发放。2016 年 6 月~2017 年 6 月，院内救济的受益单位由 644 个增加至 674 个，增幅为 4.7%。2016 年 7 月~2017 年 6 月，此项开支约为 5860 万毛里求斯卢比。

入住者津贴主要向在由政府补贴的机构或者公立精神病院（即布朗·斯卡德医院，Brown Sequard Hospital）工作的人群发放。2017 年 6 月，约有 722

人领取了此项福利,相较于 2016 年 6 月的 734 人下降了 1.7%。而由于单笔津贴数额的增加,此项开支反而由 2015~2016 财年的 990 万毛里求斯卢比上升至 2016~2017 财年的 1030 万毛里求斯卢比(见表 6-35、表 6-36)。

失业困难救济主要向因失业而无法维持基本生活的家庭发放。2016 年 6 月~2017 年 6 月,领取此项福利的家庭数量由 902 个上升至 909 个,增幅为 0.8%。此项开支则由 2015~2016 财年的 2050 万毛里求斯卢比下降至 2016~2017 财年的 2030 万毛里求斯卢比。

丧葬补助金主要向低收入家庭发放,以帮助他们支付葬礼的相关费用。2016 年 7 月~2017 年 6 月,毛里求斯政府共发放了 3323 笔丧葬补助金,支出约为 3110 万毛里求斯卢比(见表 6-35、表 3-36)。

表 6-35 2013~2017 年毛里求斯其他非供款福利受益者的变化情况

	2013 年 12 月	2014 年 12 月	2015 年 6 月	2016 年 6 月	2017 年 6 月
社会救助金(户)	20570	21246	20369	20319	18493
大米和面粉补助(人)	96100	93150	95625	95835	94200
院内救济(人)	690	677	677	644	674
入住者津贴(人)	828	809	788	734	722
失业困难救济(个)	816	882	1020	902	909
丧葬补助金(笔)	3091	3218	1642	3468	3323

资料来源:*Social Security Statistics 2013-2017*,Ministry of Finance and Economic Development,2017,p.16。

表 6-36 2013~2017 年毛里求斯各项其他非供款福利总金额的变化情况

单位:百万毛里求斯卢比

	2013 年 1~12 月	2014 年 1~12 月	2015 年 1~6 月	2015 年 7 月~2016 年 6 月	2016 年 7 月~2017 年 6 月
社会救助金	736.8	864.2	326.4	733.2	638.5
大米和面粉补助	295.3	292.2	148.2	327.6	349
院内救济	54.6	63.2	29.5	60	58.6
入住者津贴	8.1	8.9	4.4	9.9	10.3
失业困难救济	22.5	26.5	12.3	20.5	20.3
丧葬补助金	13.9	14.6	8.3	17.5	31.1

资料来源:*Social Security Statistics 2013-2017*,Ministry of Finance and Economic Development,2017,p.16。

（三）供款福利

供款福利主要由缴费型退休金（Contributory Retirement Pension）、缴费型遗孀养恤金（Contributory Widow's Pension）、缴费型残疾人养恤金（Contributory Invalid's Pension）、缴费型孤儿养恤金（Contributory Orphan's Pension）与工伤补助（Industrial Injury Benefits）组成。2016 年 7 月 ~ 2017 年 6 月，缴费型退休金在供款福利中所占的比重最大，达到 76.3%；缴费型遗孀养恤金位列第二，占 19.6%（见图 6 - 13）。

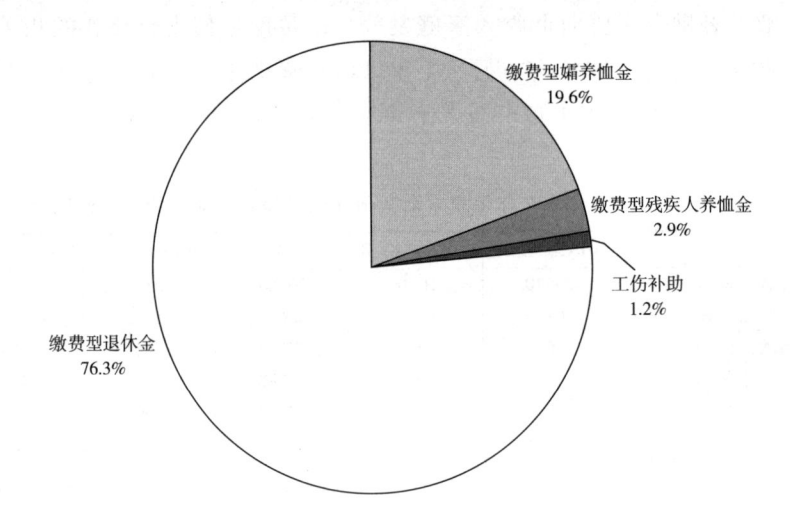

图 6 - 13 2016 年 7 月 ~ 2017 年 6 月毛里求斯各项供款福利开支所占比重

资料来源：*Social Security Statistics 2013 - 2017*, Ministry of Finance and Economic Development, 2017, p. 5。

缴费型退休金主要向参加国家养老基金的年满 60 岁的毛里求斯公民发放。2016 年 6 月 ~ 2017 年 6 月，享受此项福利的人数由 87721 人上升至 95598 人，增幅为 9%。与此同时，2016 ~ 2017 财年，此项开支也由 2015 ~ 2016 财年的 15.8 亿毛里求斯卢比增加至 17.9 亿毛里求斯卢比。

缴费型遗孀养恤金主要向最后一任丈夫曾经参加国家养老基金的遗孀发放。2016 年 6 月 ~ 2017 年 6 月，此项福利的受益人由 26348 人上升至27622人，增幅为4.8%。此项开支也由2015~2016财年的4.2亿毛里求斯卢比增加至2016~2017财年的4.6亿毛里求斯卢比，增幅为9.5%。

缴费型残疾人养恤金主要向参加国家养老基金且永久丧失60%或更多劳动能力的公民发放。2016年6月~2017年6月，此项福利的受益人由9634人上升至9846人，增幅为2.2%。与此同时，2016~2017财年，此项开支由2015~2016财年的6330万毛里求斯卢比上升至6770万毛里求斯卢比，增长了约7%。

缴费型孤儿养恤金主要向父母曾参加国家养老基金，且本人年龄低于15岁（若仍处于全日制学习阶段，年龄限制可放宽至18岁）的孤儿发放。2017年6月，此项福利的受益人共有197人，相较于2016年6月的188人增长了4.8%。2016年7月~2017年6月，毛里求斯在该领域的开支为40万毛里求斯卢比。

工伤补助主要向参加国家养老基金且在工作中因意外受伤的公民发放。2016年6月~2017年6月，此项福利的受益者由643人增加至648人，而该领域的总开支则由2015~2016财年的3090万毛里求斯卢比降至2016~2017财年的2810万毛里求斯卢比，降幅为9.1%（见表6-37、表6-38）。

表6-37　2013~2017年毛里求斯其他供款福利受益者变化情况

单位：人

	2013年12月	2014年12月	2015年6月	2016年6月	2017年6月
缴费型退休金	72221	78185	81104	87721	95598
缴费型遗孀养恤金	23263	24512	25239	26348	27622
缴费型残疾人养恤金	9469	9799	9721	9634	9846
缴费型孤儿养恤金	168	173	185	188	197
工伤补助	822	797	750	643	648

资料来源：*Social Security Statistics 2013-2017*, Ministry of Finance and Economic Development, 2017, p.18。

表 6-38　2013~2017 年毛里求斯各项其他供款福利总金额变化情况

单位：百万毛里求斯卢比

	2013 年 1~12 月	2014 年 1~12 月	2015 年 1~6 月	2015 年 7 月~ 2016 年 6 月	2016 年 7 月~ 2017 年 6 月
缴费型退休金	1176	1316.1	741.2	1575.1	1792.7
缴费型遗孀养恤金	322.1	358.4	201.1	417.4	461.3
缴费型残疾人养恤金	54.7	58.8	30.7	63.3	67.7
缴费型孤儿养恤金	0.4	0.3	0.2	0.4	0.4
工伤补助	39.4	38.2	20.4	30.9	28.1

资料来源：*Social Security Statistics 2013-2017*, Ministry of Finance and Economic Development, 2017, p.18。

（四）国家团结基金

1991 年 6 月 1 日，毛里求斯建立了国家团结基金。该基金的主要目的是向有着急切需求的本国公民提供临时性援助救济，包括两种情况：一是居住在毛里求斯但亟须前往国外接受外科手术；二是面临严重个人困难（如严重事故、自然灾害、求学困难、严重疾病）（见图 6-14）。

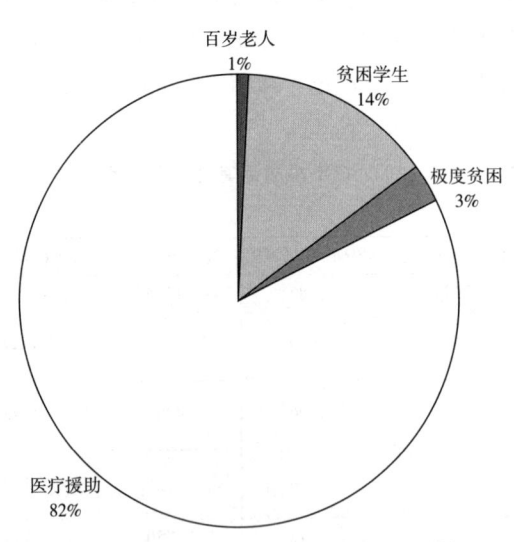

图 6-14　2016 年 7 月~2017 年 6 月毛里求斯各项供款福利开支分布情况

资料来源：*Social Security Statistics 2013-2017*, Ministry of Finance and Economic Development, 2017, p.6。

2016～2017财年,国家团结基金共发放了4796笔援助,相较于2015～2016财年的2974笔援助增长了61.3%(见表6-39)。同一时期,此项福利的开支也由5563.9万毛里求斯卢比增至8741.8万毛里求斯卢比(见表6-40)。

表6-39 2013～2017年毛里求斯团结基金受益者变化情况

单位:人

	2013年12月	2014年12月	2015年6月	2016年6月	2017年6月
国际医疗援助(仅机票)	—	—	—	—	—
个人困难	1775	2987	1311	2974	4796
多胎补助	—	1	—	—	—
火灾补贴	—	—	—	—	—
自然灾害补贴	115	18	—	—	—
事故补贴	13	10	—	5	—
特困生补贴	658	937	458	592	1056
遗体送返费	1	8	—	1	—
极度贫困补贴	499	965	254	307	444
医疗补助	444	1005	576	2023	3231
百岁老人补贴	45	43	23	46	62
征卖(Sale by levy)	—	—	—	—	3
其他	—	—	—	—	—

资料来源:*Social Security Statistics 2013–2017*, Ministry of Finance and Economic Development, 2017, p.19。

表6-40 2013～2017年毛里求斯团结基金开支变化情况

单位:千毛里求斯卢比

	2013年1~12月	2014年1~12月	2015年1~6月	2015年7月~2016年6月	2016年7月~2017年6月
国际医疗援助(仅机票)	—	—	—	—	—
个人困难	14730	34234	18592	55639	87418
多胎补助	30	30	—	—	—
火灾补贴	—	—	—	—	—
自然灾害补贴	314	101	—	—	—
事故补贴	325	350	—	125	—

续表

	2013年 1~12月	2014年 1~12月	2015年 1~6月	2015年7月~ 2016年6月	2016年7月~ 2017年6月
特困生补贴	5611	8837	4908	6593	11921
遗体送返费	50	333	—	50	—
极度贫困补贴	2510	6870	1666	1951	2712
医疗补助	5408	17263	11788	46454	71627
百岁老人补贴	450	430	230	460	620
征卖(Sale by levy)	32	20	—	6	538
其他	—	—	—	—	—

资料来源：*Social Security Statistics 2013-2017*, Ministry of Finance and Economic Development, 2017, p. 19。

六 移民

根据2011年住房与人口普查的数据，毛里求斯国家统计局在2014年8月发布了针对毛里求斯移民情况的分析报告。在报告中，毛里求斯政府主要将本国移民分为国内移民与国际移民两大部分。

（一）国内移民

根据毛里求斯国家统计局的定义，国内移民是指在由一个市辖区或村委会区向另一个市辖区或村委会区的迁徙人口。2006~2011年，毛里求斯的国内移民约为9.2万人，约占毛里求斯总人口的8%（见表6-41）。

表6-41 2006~2011年毛里求斯国内移民情况

单位：人

类别	人数
从罗德里格斯岛迁往毛里求斯岛	1116
从毛里求斯岛迁往罗德里格斯岛	1062
在毛里求斯岛内迁徙	89808
合计	91986

资料来源：*2011 Housing And Population Census*, Ministry of Finance and Economic Development, Vol. IV, 2014, p. 3。

其中，威廉平原区是国内移民最为活跃的地区。一方面，该地区从路易港、黑河区、莫卡区与大港区吸引了大量移民；另一方面，该地区也有大量人口迁徙到黑河区、莫卡区与大港区（见表6-41）。

表6-42 2006~2011年毛里求斯跨区域国内移民情况

单位：人

2011年到达	2006年出发										
	路易港	庞波慕斯区	朗帕河区	弗拉克区	大港区	萨凡纳区	威廉平原区	莫卡区	黑河区	罗德里格斯岛	合计
路易港	—	980	153	140	81	75	808	388	430	175	3230
庞波慕斯区	1918	—	1153	498	168	97	873	269	276	159	5411
朗帕河区	264	971	—	414	124	54	535	162	112	52	2688
弗拉克区	236	467	462	—	350	128	596	587	125	38	2989
大港区	146	161	105	250	—	540	1139	163	79	47	2630
萨凡纳区	84	76	64	68	549	—	566	98	121	45	1671
威廉平原区	1397	843	498	694	1040	772	—	1111	1200	365	7920
莫卡区	755	212	141	553	211	143	1289	—	229	105	3638
黑河区	1204	412	119	117	162	186	2591	295	—	130	5216
罗德里格斯岛	186	159	57	60	62	48	326	79	85	—	1062
合计	6190	4281	2752	2794	2747	2043	8723	3152	2657	1116	36455

资料来源：*2011 Housing And Population Census*, Ministry of Finance and Economic Development, Vol. IV, 2014, p. 4。

从国内移民的路线上看，毛里求斯岛的人口迁徙主要发生在相毗邻的地区。其中，约1/3移民的迁徙路线为从岛屿四周到中心地区（即威廉平原区和莫卡区）。相比之下，很少有人选择从北至南或从东至西横贯毛里求斯岛的迁徙路线（见表6-43）。

表6–43　2006～2011年毛里求斯跨区域国内移民分布情况

单位：%

2011年到达地区	2006年出发地区									
	路易港	庞波慕斯区	朗帕河区	弗拉克区	大港区	萨凡纳区	威廉平原区	莫卡区	黑河区	罗德里格斯岛	合计
路易港	—	23	6	5	3	4	9	12	16	16	9
庞波慕斯区	31	—	42	18	6	5	10	9	10	14	15
朗帕河区	4	23	—	15	5	3	6	5	4	5	7
弗拉克区	4	11	17	—	13	6	7	19	5	3	8
大港区	2	4	4	9	—	26	13	5	3	4	7
萨凡纳区	1	2	2	2	20	—	6	3	5	4	5
威廉平原区	23	20	18	25	38	38	—	35	45	33	22
莫卡区	12	5	5	20	8	7	15	—	9	9	10
黑河区	19	10	4	4	6	9	30	9	—	12	14
罗德里格斯岛	3	4	2	2	2	2	4	3	3	—	3
合计	100	100	100	100	100	100	100	100	100	100	100

资料来源：*2011 Housing And Population Census*，Ministry of Finance and Economic Development，Vol. IV，2014，p. 4。

从行政区划上看，黑河区是毛里求斯接收国内移民最多的地区，而路易港则是人口迁出最多的地区。其中，前往黑河区的大量移民主要是受到了黎塞留（Richelieu）村委会区和阿尔比恩（Albion）村委会区新房地产开发项目的吸引，而路易港居民的大量迁出则主要是源于商业开发对居民住宅的不断挤占。据统计，路易港在2006～2011年共颁发了350份非住宅建筑的建设许可；与此同时，该地区的住宅建筑减少了850栋。在更低一级的层面上，毛里求斯共有105个市辖区或村委会区成为国内移民的净接收区，38个为国内移民的净流失区。其中，黎塞留和阿尔比恩接收了最多的国内移民。这两个地区的移民净增接收人数为2803人、1202人，净移民率（2006～2011年国内净移民增加量/该地区2006年总人口）分别为59.9%、33.3%。相比之下，圣休伯特（St Hubert）、布里扬尼亚（Britannia）和佩蒂·里维埃（Petite Riviere）则因对糖业工人住房的拆除与重新安置成为国内移民净流失最严重的地区。三个地区国内移民分别净减少254人、97人与274人，净移民率分别为7.9%、7.5%和6%（见图6-15）。

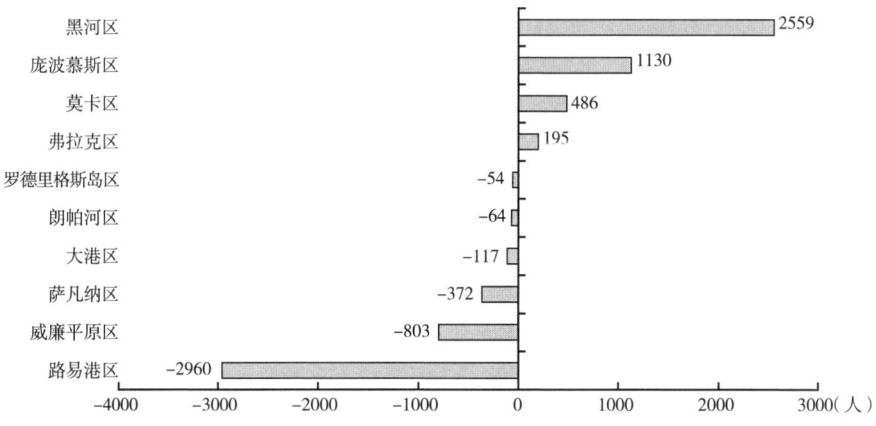

图6-15 2006~2011年毛里求斯区级行政单位国内移民净接收人数

地区	人数
黑河区	2559
庞波慕斯区	1130
莫卡区	486
弗拉克区	195
罗德里格斯岛区	-54
朗帕河区	-64
大港区	-117
萨凡纳区	-372
威廉平原区	-803
路易港区	-2960

资料来源：*2011 Housing And Population Census*, Ministry of Finance and Economic Development, Vol. Ⅳ, 2014, p. 5。

（二）国际移民

2011年的人口普查显示，毛里求斯共有居民1236817人，其中毛里求斯籍居民1210789人（其中5657人生活在国外），其他国籍的居民26028人。2011年生活在毛里求斯的居民中，有24799人在2006年仍居住在国外，其中毛里求斯公民5290人，外国公民19509人。其具体分布情况如表6-44所示。

表6-44 2011年毛里求斯迁入居民在2006年的分布

单位：人

2006年前居住地	毛里求斯人	外国人	合计
亚洲	315	15971	16286
印度	198	6518	6716
孟加拉国	—	6467	6467
中国	36	2318	2354
斯里兰卡	—	526	526

续表

2006年前居住地	毛里求斯人	外国人	合计
非洲	655	2079	2734
马达加斯加	146	1427	1573
南非	204	333	537
欧洲	3058	897	3955
法国	691	559	1250
英国	1631	194	1825
其他地区	1262	562	1824
合计	5290	19509	24799

资料来源：*2011 Housing And Population Census*，Ministry of Finance and Economic Development，Vol. IV，2014，p. 10。

在外籍居民中，16～44岁的男性占大多数，工作是他们来到毛里求斯的主要目的。其中，来自欧洲的移民主要为白领工人，多从事第三产业，如教育、科研、贸易、信息通信和行政事务等。相比之下，来自亚洲和非洲的年轻移民则多为蓝领工人，主要在制造业和建筑业等第二产业就业（见表6-45）。

表6-45 2011年毛里求斯外籍居民部分数据

单位：人，%

	人数			占比		
	欧洲	亚洲	非洲	欧洲	亚洲	非洲
性别						
男性	237	8550	751	68	58	53
女性	109	6316	654	32	42	47
年龄						
16～44岁	246	14431	1313	71	97	93
45～64岁	94	429	89	27	3	6
65岁及以上	6	6	3	2	0	0

续表

	人数			占比		
	欧洲	亚洲	非洲	欧洲	亚洲	非洲
职业类型						
白领	327	1094	225	95	7	16
蓝领	19	13772	1180	5	93	84
产业部门						
第一产业	3	27	2	1	0	0
第二产业	70	13812	1233	20	93	88
第三产业	273	1027	170	79	7	12
合计	346	14866	1405	100	100	100

资料来源：*2011 Housing And Population Census*，Ministry of Finance and Economic Development，Vol.Ⅳ，2014，p.11。

总体而言，毛里求斯在2000~2011年因国际移民流失了2万名居民。其中共有2.9万名毛里求斯公民移居国外，另有9000名外国居民来到毛里求斯。

第二节 医疗卫生

一 医疗卫生体系发展历程

毛里求斯医疗体系的建立可追溯至法国殖民时期。当时，法国东印度公司在毛里求斯先后建立了三家医院用以治疗生病的士兵。1804年，总督德康（Decaen）在毛里求斯成立了卫生委员会（Board of Health）。该委员会的职责主要是核查医生、卫生官员、药剂师、助产士等的资质。它可以被视作毛里求斯最早的公共卫生管理机构。1817年，英国殖民政府建立了由一名首席医务官（Chief Medical Officer）领导的医疗部（Medical Department），以加强对医务人员的管理。这一时期，毛里求斯的医疗服务主要由英国殖民者的私人医生提供，公共医疗资源十分匮乏。

毛里求斯

随着奴隶制的废除与大量印度裔劳工的引入，为无力负担私人医生的底层居民提供医疗服务便显得十分必要。1866年，殖民地议会通过法律，允许毛里求斯的各级卫生委员会设立医院与免费医疗点。1868年，这些服务职能被移交至贫困居民法律委员会（Poor Law Commission）。

受制于当时的医疗条件与有限的投入，初期的医疗体系无力应对疟疾、霍乱、鼠疫和天花等流行病在毛里求斯的大规模爆发。为了预防传染病，殖民政府颁布了《检疫与卫生条例》（*Quarantine and Sanitation Ordinances*），并尽可能控制老鼠与蚊子等传染源的数量。总体而言，英国殖民政府在毛里求斯建立的卫生体系并不是为了预防或治愈大多数人的疾病，而仅是为穷人提供最低限度的医疗服务。①

这种情况在毛里求斯独立后得到了扭转。从1972年开始，毛里求斯政府开始加大在医疗卫生领域的投入，医疗卫生机构的数量迅速增加。在路易港等几座主要城市，医院数量、规模均有所增加、扩大，乡村地区也开办了许多小诊所。1972～1987年，全国每10万人中医生人数从27人增加到80人。受此影响，1970～1974年，毛里求斯的肺结核发病人数从436人减少到267人。1975年，世界卫生组织宣布毛里求斯为无疟疾国家。80年代以来，毛里求斯进一步加大在医疗卫生领域的投入，在全国建立了40多家社会福利中心和30多家乡村医疗保健中心。据统计，1991～1992财年，毛里求斯政府在医疗卫生领域的开支为5790万美元，占政府总开支的7.7%。到1998年，毛里求斯全国共有公立医院11所、综合医院3所、医生1033名，平均每1150人有一名医生。目前，毛里求斯是非洲唯一100%居民能享受到卫生保健、95%居民能享有卫生饮用水的国家。②

目前，毛里求斯的医疗卫生系统由卫生和生活质量部负责管理。该部的职责主要包括：①提供综合性的卫生服务；②调查自然环境和

---

① Kade A. Parahoo, "Early Colonial Health Developments in Mauritius", *Original Articles on Underdevelopment and Health*, Vol. 16, No. 3, 1986, pp. 419–422.

② 刘金源：《印度洋英联邦国家》，四川人民出版社，2003，第281～283页。

社会心理、家庭因素对人类疾病和残疾发病率的影响；③规划和实施健康促进措施，制定和维持疾病预防措施，包括对重要传染病的监测；④通过维持医院和药房服务，为包括精神疾病在内的各类疾病提供治疗设施；⑤为残疾人的康复提供帮助；⑥对医疗、牙科和药房的活动进行管理；⑦为培训护理人员、助产士、附属医院和实验室工作人员以及卫生检查员提供设施；⑧就医疗服务相关事宜为地方政府当局提供咨询意见，并对这些服务进行检查；⑨编写和公布与健康有关的报告和统计数据及其他信息；⑩实施计划生育、孕产妇和儿童保健方案；⑪开展生物医学健康研究。

二 医疗卫生现状

毛里求斯政府2015年发布了针对毛里求斯岛与罗德里格斯岛医疗卫生情况的统计报告。根据此份报告，我们可以较为全面地了解毛里求斯的医疗卫生状况。

（一）毛里求斯岛

1. 人口与寿命统计

2015年，毛里求斯岛总人口为1220530人，相较于2014年的1219659人增长了0.1%。2015年，毛里求斯岛登记的活产婴儿总数为12057人，人口粗出生率为9.9‰，相较于2000年的16.9‰有所下降。2015年，毛里求斯岛登记的死亡人数为9496人，人口粗死亡率为7.8‰，相较于2014年的7.7‰与2000年的6.8‰有所上升。其中，婴儿死亡数（即1岁以下人口死亡数）为165人，婴儿死亡率为13.7‰，低于2014年的14.1‰。与此同时，死产率由2000年的13.4‰下降至2010年的6.6‰，随后在8.7‰~10.1‰徘徊。2015年，登记孕妇的死亡数为4人，相较于2014年的7人有所下降，活产孕妇死亡率也由0.55‰降至0.33‰。2010~2015年，产妇死亡人数处于波动状态，年平均死亡人数为6人。从总体上看，毛里求斯岛的平均预期寿命为男性71.0岁、女性77.8岁，相较于2000年的男性68.1岁、女性75.3岁有所上升。

2. 医疗卫生机构与人员

截至2015年底，毛里求斯岛共有五所地区医院，分别为A.G.吉托医院（A.G. Jeetoo Hospital）、西沃萨古尔·拉姆古兰爵士医院（Sir Seewoosagur Ramgoolam Hospital）、弗拉克医院（Flacq Hospital）、潘迪特·J.尼赫鲁医院（Pandit J. Nehru Hospital）、维多利亚医院（Victoria Hospital）。有两所区级医院，即苏亚克医院（Souillac Hospital）与马可邦医院（Mahebourg Hospital）。此外，还拥有5所专科医院，即1所精神病院、1所肺病医院、1所眼病医院、1所耳鼻喉病医院与1家心脏病治疗中心。各类公立医疗机构的床位数量为3648个。在私立医疗机构方面，2015年毛里求斯岛的私立医疗机构共有17家，床位总数为647个。总体上看，毛里求斯岛平均每284名居民拥有1个医院床位。

毛里求斯岛所有的地区医院、区级医院和5家专科医院中的4家均设有门诊部。此外，这些医院还为2所社区医院、5家医疗中心、18家地区健康中心及116家社区健康中心提供门诊服务。其中，社区健康中心提供的基本服务包括常见疾病及伤害的治疗、母婴护理及计划生育。地区健康中心与部分社区健康中心在此基础上进一步提供牙科护理服务。此外，5家印度诊所与私人医疗机构也提供基本的门诊服务。与此同时，毛里求斯岛还有1家胸腔诊所和4家提供免疫接种服务的日托中心。

2015年，毛里求斯全国共有注册医生2550名，平均每万人拥有20.2名医生。其中，1111名（占比43.6%）医生就职于公立医疗部门。毛里求斯牙医人数为380人，其中58人就职于公立医疗机构。药剂师人数为497人，其中27人就职于公立医疗机构。公立与私立医疗机构的护士和助产士共4261人。

3. 公立医疗机构运行情况

疾病诊疗方面，2015年，毛里求斯岛公立医疗机构的住院人数为208241人次，相较于2014年的207223人次有所增加。公立医疗机构的床位占有率为77%。同年，毛里求斯岛公立医疗机构的医生在门诊中共诊疗了520万人次的患者。其中，综合与专科医院门诊占58%，基础医疗中心占42%。与此同时，2015年毛里求斯岛因普通疾病和伤害就诊的人数为468万人次，相较于2014年的447万人次增长了4.7%。

母婴健康方面，2015年首次在公立医疗机构进行产检的人数为8381人。公立医疗机构进行的产前、产后检查与对五岁之前儿童诊疗次数共为256728次。这两个数字均较2014年有所下降。2015年，在公立医疗机构出生的活产儿中，出生体重偏低（小于2500克）的活产儿比例为19.2%。剖宫产在总分娩数中所占比重为47.3%。

学校卫生方面，毛里求斯岛的护士在2015年走访了525所学前学校，并对其中15732名儿童进行了健康筛查。其中，6%的儿童被发现长有虱子。与此同时，他们也走访了312所小学，并对47500名学生进行了健康筛查。另有12129名新入学的学生接受了白喉等疫苗接种。

口腔卫生方面，2015年公立口腔诊所共接诊312612人次，其中为12岁以下儿童诊治57624人次（占18.4%）。治疗牙周疾病患者31815人次，而下颌外科手术为4143例。

4. 私立医疗机构运行情况

2015年，毛里求斯岛全部的17所私立医院和诊所接受治疗的病例总数（包括住院病例）为238279例。其中，共有24565人接受了外科手术。私立医疗机构的胎儿（包括死胎）出生数为3270个，占全岛登记出生总数的26.9%，而这一比例在2001年仅为14.1%。活产婴儿中，出生体重偏低者所占比重为13.1%。剖宫产在总分娩数中所占比重为54.9%。

5. 艾滋病统计

毛里求斯第一例艾滋病确诊病例出现于1987年10月。截至2015年末，毛里求斯确诊的艾滋病人共有6583人，其中6352人（男性4871人、女性1481人）为毛里求斯居民。毛里求斯本土居民感染者中，73.4%属于25～49岁年龄段，17.7%属于15～24岁年龄段。从传染方式上看，因注射吸毒造成的血液传播是最重要的传播方式，占比为67.5%；同性或异性性行为传播约占23.8%；母婴传播仅占0.7%。

6. 居民死亡原因

2015年，心脏病与糖尿病是毛里求斯岛居民最主要的死亡原因，这两种疾病的致死人数分别为1891人和2285人，占比分别为19.9%和24.1%；癌症与其他肿瘤疾病的致死人数为1263人，占比13.3%，列第三位；脑血管疾病与高血压的致死人数分别为813人和443人，占比分别为8.6%与4.7%（见表6-46）。

表6-46　2015年毛里求斯岛居民死亡原因

单位：人，%

致死原因	男性	女性	合计	占比
糖尿病	1189	1096	2285	24.1
心脏病	1037	854	1891	19.9
癌症与其他肿瘤	636	627	1263	13.3
呼吸系统疾病	525	347	872	9.2
脑血管疾病	456	357	813	8.6
受伤与中毒	385	119	504	5.3
高血压	205	238	443	4.7
传染病	149	65	214	2.3
肝硬化、肝衰竭、慢性肝病及其后遗症	133	35	168	1.8
肾衰竭	42	30	72	0.8

资料来源：*Health Statistics Report 2015*，Ministry of Health and Quality of Life，2015，p.18。

（二）罗德里格斯岛

1. 人口与寿命统计

2015年，罗德里格斯岛居民人数为42058人，相较于2014年的

41788 人增长了 0.6%。同年，罗德里格斯岛登记的活产总数为 681 例，人口粗出生率为 16.2‰，相较于 2014 年的 16.5‰有所下降。2015 年，罗德里格斯岛登记死亡人数为 251 人，粗死亡率为 5.9‰，与 2014 年基本持平。其中，婴儿死亡数为 8 人，死亡率为 11.7‰，较 2014 年的 21.8‰大幅下降；同时，死产率也由 11.5‰下降至 10.2‰。总体上看，罗德里格斯岛居民的平均预期寿命为男性 73.6 岁、女性 78.5 岁。

2. 医疗卫生机构与人员

截至 2015 年底，罗德里格斯岛共建有一所拥有 138 个床位的医院、两所共拥有 56 个床位的医疗中心。同时，岛上还有 14 家可以提供基本卫生服务（包括常见疾病和伤害的治疗、妇幼保健和计划生育）的社区医疗中心、3 家牙医诊所。此外，在马特琳港还设有一个卫生处。需要接受三级卫生服务的居民可在必要时前往毛里求斯岛。

在医疗人员的配给上，罗德里格斯岛在 2015 年末共有 26 名医生（平均每 1518 名居民享有 1 名）、2 名牙医（平均每 21029 名居民享有 1 名）。具有资质的护士与助产士的人数为 185 人，平均每 227 名居民拥有 1 名护士与助产士。

3. 医疗机构运行情况

疾病诊疗方面，罗德里格斯岛的一所医院与两所医疗中心在 2015 年共接收住院患者 11382 人，相较于 2014 年的 11814 人下降了 3.8%。上述部门的医生在门诊过程中共诊疗患者 195441 人次。同年，前往社区医疗中心对常见病与伤害进行治疗的居民为 57348 人次，与 2014 年的 51047 人次相比增长了 12.3%。

在母婴健康方面，2015 年罗德里格斯岛 653 次活产由受过培训的医护人员接生，其中 86 名活产儿体重过轻，约占总数的 13.2%。此外，罗德里格斯岛的医护人员还为 655 名婴儿提供了肺结核疫苗接种服务，为 662 名婴儿提供了白喉、乙型流感嗜血杆菌、乙型肝炎及口服脊髓灰质炎疫苗接种服务，为 626 名婴儿提供了麻疹、腮腺炎、风疹疫苗接种服务。2015 年 3 月，罗德里格斯岛还引进了轮状病毒疫苗，并进行了

969 次注射。

口腔卫生方面，2015 年罗德里格斯岛三家牙医诊所共接诊 16387 人次，相较于 2005 年的 13097 人次增长了 25.1%。

4. 居民死亡原因

2015 年，罗德里格斯岛注册死亡人数为 251 人。其中，心脏病与其他循环系统疾病是当地居民的最主要致死因素，致死人数所占比重为 35.5%；糖尿病和其他内分泌、营养和代谢紊乱为第二大死因，致死人数所占比重为 14.3%；癌症与肿瘤疾病位列第三，致死人数所占比重为 14.3%；消化系统疾病和呼吸系统疾病的致死人数所占比重分别为 6.8% 与 6.4%。2000~2015 年，罗德里格斯岛登记的死亡孕产妇共有 7 人。

三 医学科学研究

自独立至 20 世纪 80 年代末，毛里求斯的医学科学研究主要由卫生部负责，目的是为毛里求斯医疗卫生规划的制定提供必要的资料。在这一时期，毛里求斯的医学科学研究较为落后，其中在传染病和生育控制方面的研究极为匮乏。研究所需要的投资也主要来自海外资助。

1988 年，在世界卫生组织的帮助下，毛里求斯卫生部建立了卫生系统研究机构（Health Systems Research Unit）。1989 年，毛里求斯政府又在卫生部设立了毛里求斯卫生研究所（Mauritius Institute of Health）。在建立之初，考虑到缺乏相关的研究基础，建立一支合格的研究队伍便成为该研究所的主要工作。

成立之初，毛里求斯卫生研究所由 1 名主任、1 名协调员和 3 名研究助理人员组成。1992 年，研究所又征聘了 3 名研究人员以加强研究能力。不过，由于人员流失，截至 2013 年该研究所仅剩 2 名研究人员，另有 1 名来自法国的流行病学家作为"援助工作者"提供技术支持。

毛里求斯卫生研究所主要从事卫生系统研究、评估和流行病学研究以改善毛里求斯社区居民的健康状况。总体而言，研究所的研究主题可分为居民健康和疾病模式、医疗卫生领域的决定因素和风险因素、卫生服务的

第六章 社会

运作和利用、卫生保健质量等领域。

毛里求斯卫生研究所还在地区卫生能力建设方面发挥了重要作用。自1995年以来，该研究所在法国波尔多大学（Bordeaux University）的支持下开设了区域公共卫生课程。这是一项针对印度洋地区和非洲大陆医务人员的培训项目，以研究为导向，并提供流行病学、生物统计学和研究方法等方面的培训。同时，该项目也为各国医务工作者的研究及交流研究成果提供了平台。1999年，该项目被一项国际流行病学课程取代。一些当地的卫生人员也在参加卫生系统研究时通过边做边学的方式接受了培训。

除此之外，毛里求斯卫生研究所也为医学领域的研究者提供技术支持，以鼓励临床领域的研究活动，其中包括书目检索、关于研究方法的咨询解答和对研究工作的支持。

在毛里求斯卫生研究所之外，毛里求斯大学也在1989年成立了医学研究中心。其目标主要是就相关的医学与生物医学问题开展研究，围绕研究成果的推广与工业界及其他相关单位开展合作。截至2013年，医学研究中心共有5名学者与6名技术人员，主要研究内容包括毛里求斯人面临的四大健康问题，即心血管疾病、糖尿病、哮喘和血红蛋白病。

卫生部中央卫生实验室（Central Health Laboratory of the Ministry of Health）的不同科室也是毛里求斯医学科学研究的重要组成部分。例如，该实验室的生化科从事糖尿病和高血压等方面的研究；微生物科负责收集关于细菌性脑膜炎的流行病学数据；病毒学实验室自1987年尤其是艾滋病出现后为毛里求斯相关的医学研究提供了大量宝贵的研究资料。

毛里求斯计划生育组织（Mauritius Family Planning Organization）将组织5%的预算用于性健康和生殖健康领域的研究。共有3名研究人员，研究领域主要为青少年性行为、堕胎以及医疗卫生服务质量。

毛里求斯大学医学与健康科学系拥有一名研究人员，主要开展乙型肝炎的流行病学、温和酯酶的药代动力学、环境污染及其对健康和生活质量的影响等方面的研究。

此外,毛里求斯研究理事会(Mauritius Research Council)是毛里求斯医学科学研究重要的资金提供方。成立于 1992 年,主要负责促进、协调和资助国家各级科学、技术、社会和经济活动的研究工作。2009~2013年,接受了 15 个医学研究项目申请,并批准了其中的 6 个,总拨款为 460 万毛里求斯卢比。

第三节 环境保护

一 环境保护现状

毛里求斯国家统计局对毛里求斯的环境保护情况进行了详细的数据收集工作。根据该部门在 2016 年发布的调查报告,毛里求斯环境保护的相关情况如下。

(一)森林覆盖情况

2016 年,毛里求斯森林总面积减少了 3 公顷,从 2015 年的 47069 公顷下降到 47066 公顷。其中,约有 22066 公顷(占比为 46.9%)为国有森林,其余 25000 公顷(占比为 53.1%)为私人所有。

22066 公顷的国有森林中,有 11798 公顷(占比为 53.5%)属于种植面积。此外,黑河峡谷国家公园(Black River Gorges National Park)和自然保护区的森林面积分别为 6574 公顷(占比为 29.8%)和 799 公顷(占比为 3.6%),其他自然公园与林地的森林面积分别为 906 公顷(占比为 4.1%)和 1366 公顷(占比为 6.2%)。

在 25000 公顷的私有森林中,18447 公顷(占比为 73.8%)为种植园、林地、灌丛和牧场,6553 公顷(占比为 26.2%)为山地、河流和自然保护区。

(二)温室气体排放

2016 年,毛里求斯温室气体排放总量(不包括林业和其他种植物)为 5370.9 千吨二氧化碳当量(见表 6-47),相较于 2015 年的 5318.6 千吨二氧化碳当量增长了1%。其中，能源、工业生产以及废物处理部门的排放量有所增加，而农业领域的排放量略有减少。总体上看，毛里求斯温室气体排放量约占全球总量的0.01%。

表6-47　2015~2016年毛里求斯主要环保数据变化情况

类别	2015年	2016年
陆地保护区面积(公顷)	14914.5	14914.5
海洋保护区面积(公顷)	13953	13953
温室气体排放量(千吨二氧化碳当量)	5318.6	5370.9
二氧化碳排放量(千吨)	4054.1	4074.5
人均二氧化碳排放量(吨)	3.2	3.2
总发电量(千瓦时)	2996	3042
可再生能源发电量(%)	22.7	21.8
总一次能源消费量(千吨油当量)	1534.4	1550.4
可再生一次能源消费量(%)	16.4	14.6
人均一次能源消费量(吨油当量)	1.22	1.23
人均最终能源消费量(吨油当量)	0.72	0.75
能量密度(吨油当量/10万GDP)	0.48	0.47

资料来源：*Environment Statistics - 2016*，Ministry of Finance and Economic Development, 2017, p.9。

从排放部门上看，能源部门是最大的温室气体排放源，占毛里求斯总排放量的76.4%（4105千吨二氧化碳当量）；废物处理部门占20.4%（1096.8千吨二氧化碳当量）；农业部门占2.4%（127.8千吨二氧化碳当量）；工业部门占0.8%（41.3千吨二氧化碳当量）。

从排放种类上看，二氧化碳是毛里求斯排放的最主要温室气体，占比为75.9%；甲烷、一氧化二氮、氢氟碳化合物所占比重分别为20.7%、3.3%和0.1%。

（三）废物处理

毛里求斯在马尔希科斯（Mare Chicose）建有一个垃圾填埋场。

2016年，该垃圾填埋场共处理固体垃圾444695吨，相较于2015年的448476吨下降了0.8%。其中，生活垃圾约占2016年固体垃圾总量的96%。

（四）环境污染投诉情况

在2016年，毛里求斯的社会保障、民族团结、环境和可持续发展等部门共收到701次关于环境问题的投诉，相较于2015年的628次增长了11.6%。其中，噪声污染投诉比重最高，占14%；对空气污染、水资源污染与固体废物污染投诉比重分别为24%、9%、7%。

（五）环保审批情况

2016年，毛里求斯的环保部门共颁发了23个环境影响评估许可证（Environmental Impact Assessment Licence），其中9个授予了土地份额活动，1个授予了海岸酒店及相关工程的建设活动，1个授予了石料粉碎厂。同年，相关部门还撰写了20份初步的环境报告，其中7份针对家禽饲养活动，3份针对工业开发活动。

二 环境保护机制

毛里求斯十分重视环境保护，政府已建立起较为完善的环境保护制度。早在1991年，毛里求斯政府就颁布了《环境保护法案》（Environment Protection Act）。《环境保护法案》是毛里求斯环境保护领域最全面的法律，强调通过各部门的相互协调共同解决环境问题。2002年，毛里求斯还对该法案进行了修订，以便适应新时期的环保工作。

1992年，在《环境保护法案》的指导下，毛里求斯成立了环境部。在环境部中，环境影响评估委员会（EIA Committee）由环境部常任秘书长和负责环境保护的其他部委常任秘书组成，在环境署长的监督下负责颁发环境影响评估许可证。环境协调委员会（Environment Coordination Committee）负责就任何与环境保护及管理有关的事宜向环境部长提供意见（见表6-48）。除了环境部外，毛里求斯其他部门也承担相关领域的环境保护工作（见表6-49、表6-50）。

表6-48　毛里求斯环境部下辖各部门职责

部门	职能
国家环境委员会（National Environment Commission）	由总理主持的高级别部际委员会，负责环境政策的制定
环境署（Department of Environment）	为环境部提供技术支持
环境警察（Police de l'Environnement）	协助环境署署长执行环境法
国家可持续发展网络（National Network for Sustainable Development）	由包括非政府组织和公民代表组成的环境论坛，由环境部长主持
沿海综合管理委员会（Integrated Coastal Zone Management Committee）	由环境署署长、各部门与组织代表组成，职责为就海岸带管理和保护问题向环境部长提出建议
各技术委员会和技术咨询委员会	需要时设立，解决与环境保护和管理有关的科学和技术问题

资料来源："National Vision for Environmental Protection in Mauritius"，2018，http：//saiea.com/dbsa_ handbook_ update09/pdf/9Mauritius09. pdf。

表6-49　毛里求斯负责污染控制的部门及其职责划分

污染问题	管理部门
噪声、饮用水水质和异味问题	卫生部和生活质量部
内陆水域和废水管理	公共事业部（Ministry of Public Utilities）
固体与有毒废物	地方政府和固体废物管理部（Ministry of Local Government and Solid Waste Management）
农药残留	工农业和渔业部（Ministry of Agro-Industry and Fisheries）
港口以外水域的污染	工农业和渔业部
港口水域污染	港长（Port Master）
上述所有问题及空气污染	环境部

资料来源："National Vision for Environmental Protection in Mauritius"，2018，http：//saiea.com/dbsa_ handbook_ update09/pdf/9Mauritius09. pdf。

表6-50　毛里求斯负责环境管理的部门及其职责划分

	管理部门
土地管理	农业、食品技术和自然资源部（Ministry of Agriculture, Food Technology & Natural Resources）
水源质量管理	公共事业部
空气质量管理	环境部

续表

	管理部门
海岸综合管理	环境部
生物多样性	生物多样性国家公园和保护服务中心(National Parks and Conservation Service Centre)
固体废物综合管理	地方政府和固体废物管理部
工业管理	工业、金融服务和公司企业管理部(Ministry of Industry, Financial Services&Corporate Affairs)
旅游业管理	旅游休闲部(Ministry of Tourism and Leisure)
农业管理	农业、食品技术和自然资源部
交通管理	公共基础设施、土地和运输部(Ministry of Public Infrastructure, Land & Transport)

资料来源:"National Vision for Environmental Protection in Mauritius",2018,http://saiea.com/dbsa_ handbook_ update09/pdf/9Mauritius09.pdf。

第七章

文　化

第一节　教育、科研

一　教育简史

私营部门在毛里求斯教育体系中长期占据绝对主导地位，政府在该领域的投入一度十分有限。这种现象不可避免地加剧了社会的不平等。在此情况下，英国殖民政府于 20 世纪 40 年代免除了接受初级教育所需的费用，以便提高毛里求斯居民的受教育程度。1957 年，英国殖民政府颁布了《教育条例》(Education Regulations)，以加强对毛里求斯教育机构的管理。

1968 年独立后，毛里求斯政府意识到要实现国家社会和经济的可持续发展，必须加大在人力资源培育领域的投资。基于这一考虑，政府迅速着手扩大国内小学规模，以使所有儿童都能接受免费的初级教育。在世界银行的资助下，毛里求斯中学教育的发展也非常迅速。在高等教育方面，教育学院、毛里求斯传播学院、圣雄甘地学院等一批新的大学陆续建立。同时，毛里求斯的职业教育也开始起步，一些培养农业人才、医疗卫生人才的培训机构在政府的资助下开办起来。毛里求斯的教育系统也逐渐由以小规模私立学校为主体转变为以大规模公立教育为主体。20 世纪 60～70 年代，毛里求斯经济的快速发展为政府进一步加大在教育领域的投入创造了条件，经济的快速发展同时也催生了社会对人才的巨大需求，毛里求斯

毛里求斯

教育系统由私立向公立的转型进程明显加速。

尽管教育事业在独立后取得快速发展,但毛里求斯教育领域的问题仍十分突出。1974年联合国教科文组织的报告明确指出,毛里求斯最基本的问题是:"在确立与国家需要相关的教育体制方面,缺乏明确的目标,……课程的设置方面也有很多问题。"建议毛里求斯政府在教育管理、决策和教育为国家服务等方面加大投入。在这种情况下,毛里求斯政府成立了若干调查委员会为教育体系的变革与发展提供建议,以提升教育系统的整体质量。这一举措最终促成毛里求斯教育里程碑式的发展,即1977年中小学免费教育制度的实施。

进入20世纪80年代,教育事业依然是毛里求斯政府关注的焦点,教育投入占政府预算的17%左右。在1980年制定的新发展规划中,毛里求斯政府明确表示将通过提高各层次教育的质量确保教育制度的有效性,具体措施包括:提升各级学校的办学效率;强化与国家经济社会和文化发展相关的各类技能和素质教育;加强校舍基础设施建设,从而保障农村和城市的儿童都能平等地接受教育。教育结构方面,对象是4~6岁儿童的学前教育在全国范围内开展起来。值得一提的是,为了筹集高等教育发展的必要资金,毛里求斯引进了一种联合办学模式,由国家、家长和社会共同出资办学、联合管理。不过,这一措施在大学的管理权上引发了一些问题。[1]

90年代是毛里求斯教育事业发展的黄金时期。经历了长时间的稳步发展后,毛里求斯教育体系不仅能够满足社会发展的需要,而且开始力争在区域与国际层面处于领先水平。毛里求斯政府先后制定了千年发展目标(Millennium Development Goals)、全民教育目标(Education for All Goals)以及英联邦教育目标(Commonwealth Education Goals)。此外,毛里求斯政府还为达成联合国可持续教育与环境十年目标(UN Decade for Sustainable Education and Environment)制定了相关规划。而在1990年世界全民教育大会(Education for All World Conference)召开后,毛里求斯

---

[1] 刘金源:《印度洋英联邦国家》,四川人民出版社,2003,第278~280页。

第七章 文　化

教育部在1991年制定了《教育总规划》(Master Plan on Education)。该规划不仅被用来指导毛里求斯教育体系的发展，还被看作可供面临类似情况的发展中国家参考的范本。不过，直至1998年毛里求斯才制定出具有可操作性的《教育行动计划》(Action Plan for Education)。与此同时，毛里求斯经济由农业向工业与多元化的发展方向转型为毛里求斯教育体系的变革与发展提出了新的要求。

在此情况下，毛里求斯政府在90年代末对本国的教育系统进行了改革。改革的主要内容涉及六个方面：(1) 增加对教育基础设施的投入以扩大教育的覆盖范围；(2) 提升教师能力；(3) 将小学教育规定为义务教育的同时，免除所有教育阶段的费用；(4) 对中小学教育进行课程改革并对高等教育课程进行审定；(5) 建立高等教育委员会(Tertiary Education Commission)；(6) 引入现代化信息技术。在学前与中小学教育方面，毛里求斯政府的改革措施主要包括：在初级教育证书(Certificate of Primary Education)考试中废除排名的做法，同时减少初级教育阶段的竞争；引入九年制义务教育与基础教育周期制度；加大教学中科技手段的应用等。[①] 同时，为了保障教育事业的顺利发展，即便在财政极为紧张的时期，政府对教育的投入依然不减。1993年，毛里求斯的教育经费占政府财政预算的16%，在发展中国家中居于较高水平。

随着毛里求斯教育体系的迅速发展，毛里求斯人口的文化素质迅速提高，全国30岁以下人口受教育率高达95%，使毛里求斯成为发展中国家中文盲率最低的国家之一。在高等教育领域，1991年毛里求斯大学的在校生达到1190人。大学设农业、工程、法律与管理、科学和社会人文学五个系。毛里求斯其他的高等教育机构包括：毛里求斯教育学院，负责全国的中小学师资培训；甘地学院，主要教授印地语、泰米尔语和乌尔都语以及印度的音乐和舞蹈等，还编印中文教材；毛里求斯传播学院，主要培

---

① "Implementation of Education Reforms in Mauritius", World Bank, http://siteresources.worldbank.org/INTAFRREGTOPEDUCATION/Resources/444659 - 1232743000972/Implementation_ Education_ Reform_ Mauritius. pdf.

养传媒发展所需的技术和专业人才；几家职业学校和培训中心。此外，毛里求斯每年还有数百名学生赴海外留学，留学的目的地主要集中在英国、法国和印度等国。①

21世纪初，毛里求斯继续深化在教育领域的改革。为了提升成绩较差学校的教学质量，政府先后出台了"示范学校"（Project School）与"特别支持学校"（Special Support School）等扶持计划。在这两个计划中，改进学校的基础设施与鼓励教师的教学创新是重点所在。为了解决上述两个计划涉及范围较小的问题，毛里求斯政府还进一步提出了"教学优先区"（Zones d'Education Prioritatires）的发展计划。在过去五年中，初级教育证书考试通过率低于40%或属于"特别支持学校"且初级教育证书考试通过率为40%~45%的学校均被纳入该发展计划。2002年，参与"教学优先区"计划的小学数量为28所。"教学优先区"计划的核心思想是通过正面强化的手段来为落后地区的儿童创造更好的学习环境，从而有效缩小学校之间的教学差距。在该计划中，毛里求斯政府决定调动学校所在地区的全部资源来提升学校的教学水平，具体措施包括：扩大骨干教师及其团队在教学中的自由权；制定共同发展目标；与有关各方（包括家长、社区组织、非政府组织与商业组织）共同制订学校发展计划。

目前，毛里求斯已经建立起十分完善的教育体系。毛里求斯的初等、中等教育均实现了免费。在2005年之前，毛里求斯的义务教育仅限于小学阶段。自2005年1月起，义务教育年限延长至11年，实现了在大学以前的11年义务教育。

二 现行教育制度

（一）法律法规基础

毛里求斯宪法规定国家有向居民提供教育的义务，个人有权开办学校，且不能因种族、宗教或性别的原因而拒绝入学申请。

《教育法案》颁布于1996年，是毛里求斯所有层次教育的核心指导

---

① 刘金源：《印度洋英联邦国家》，四川人民出版社，2003，第278~280页。

文件之一。根据该法案，毛里求斯所有儿童都必须参加小学教育。该法案颁布以来经过了多次修订。其中，2005年对教育管理部门的权限进行了拆分：毛里求斯学历管理局（Mauritius Qualifications Authority）负责管理本国的技术职业教育与培训，而高等教育的管辖权则被划拨给高等教育委员会。

（二）相关机构

1. 教育和人力资源部、高等教育和科学研究部

毛里求斯政府负责教育政策的制定与执行。其中，教育和人力资源部、高等教育和科学研究部（Ministry of Education and Human Resources, Tertiary Education and Scientific Research）除负责监督所有与教育有关的资助与支持活动外，还提供免费的学前教育并使所有儿童均能接受中小学教育。

2. 毛里求斯学历管理局

毛里求斯学历管理局的主要工作目标是保障毛里求斯学历学习的有效开展，确保2001年《毛里求斯学历管理局法案》的正常实施，确保毛里求斯在学历认定标准等领域与国际标准保持一致。根据2005年修订后的《教育法案》，毛里求斯学历管理局负责管理本国的技术职业教育。为保障尽可能多的居民得到良好的技术职业教育，该部门具有认定学历的权力，即将申请人之前的学习与实践经验转化为被国家认证的资质。这一权限被认为是保持毛里求斯教育体系开放性的关键与终身学习政策的基石。

3. 高等教育委员会

根据2005年修订后的《教育法案》，毛里求斯高等教育委员会负责管理毛里求斯的高等教育活动。毛里求斯高等教育委员会的主要工作是促进、计划与协调毛里求斯的高等教育，并对相关活动进行监督，以保障毛里求斯高等教育居于世界领先水平。此外，高等教育委员会还负责向高等教育机构划拨资金，并保障各种资源的有效利用。与此同时，高等教育委员会也被授权对私立大学以及其他从事高等教育的机构进行注册登记与发放执照，同时对它们的教学课程体系进行认定。

4. 幼儿保育和教育局

学前信托基金（Pre-School Trust Fund）曾负责毛里求斯的学前教育的所有工作。2008年，为了提升跨部门服务的有效性，政府设立了幼儿保育和教育局（Early Childhood Care and Education Authority），行使学前信托基金的相关职能。幼儿保育和教育局主要的工作包括：开展幼儿保育和教育的相关工作；设定教育机构管理与发行的游戏设施、玩具与儿童读物的相关标准；对教育机构及其负责人、教师和其他人员进行注册与监管；对幼儿保育和教育相关人员的培训工作提供建议。

5. 性别平等、儿童发展和家庭福利部

性别平等、儿童发展和家庭福利部的主要工作是关照儿童的成长，并对儿童早期发育给予特别关注。下设专门的婴儿（0~3岁）护理机构。

6. 毛里求斯教育所

根据1973年颁布的《毛里求斯教育所法案》（Mauritius Institute of Education Act），政府设立了毛里求斯教育所（Mauritius Institute of Education），旨在为学前至中学阶段的教师提供培训。它的主要职责是参与促进毛里求斯的教育研究、课程设置、教师培训等活动。目前，毛里求斯教育所是毛里求斯所有中小学课程设置与运行监督的唯一主管机构。

7. 私立中学管理局

私立中学管理局（Private Secondary School Authority）被授权向私立中学等教育机构提供资助。

8. 人力资源开发委员会

毛里求斯在2003年成立了人力资源开发委员会（Human Resource Development Council），主要工作目标是促进人力资源的开发，促进终身学习文化氛围的形成，以提高就业能力和生产力，为国家向知识型经济转型提供必要的人力资源。

9. 毛里求斯培训与发展所

2009年，毛里求斯成立了培训与发展所（Mauritius Institute of Training and Development）以替代原有的工业与职业培训委员会

(Industrial and Vocational Training Board)。职责主要是促进职业技术教育与培训事业的开展，促进相关领域的研究，建立职业教育与培训中心，与其他培训机构建立交换项目。

10. 毛里求斯考试组织

毛里求斯考试组织（Mauritius Examination Syndicate）全权负责毛里求斯的大规模考试活动，并负责开展与考试相关的研究活动。

11. 毛里求斯研究理事会与毛里求斯教育发展公司

毛里求斯研究理事会主要负责审议、确定国家层面的研究活动，毛里求斯教育发展公司（Mauritius Education Development Company）负责管理国内的六所公立中学。

12. 非政府组织

非政府组织在毛里求斯的成人教育领域十分活跃。他们资助了很多教育机构并向学生提供奖学金。此外，非政府组织还积极建立学前教育中心。

（三）教育体系

毛里求斯的教育体系大体上包括学前教育、初等教育、中等教育与高等教育四个阶段。此外，毛里求斯还有着相对独立的职业教育体系。毛里求斯一学年共有39个教学周，被分为三个学期。第一学期通常始于1月12日，至4月6日结束；第二学期为4月23日~7月20日；第三学期为8月20日~11月9日。每堂课的时间在30~40分钟。

1. 学前教育

学前教育覆盖的年龄段为0~5岁。0~3岁时，幼儿的学前教育主要由性别平等、儿童发展和家庭福利部负责；3~5岁时，幼儿的学前教育被称为幼儿保育和教育，主要由幼儿保育和教育局管理的学前学校负责。

2. 初等教育

毛里求斯的小学为六年制。根据2008年颁布的课程条例，小学教育分为由两年组成的三个阶段。通常情况下，毛里求斯的儿童在5岁开始小学阶段的学习，在六年级毕业后需要参加初等教育证书考试。在考试中，五门课程为必考科目，分别为英语、法语、数学、科学、历史；而地理

与其他语言（包括阿拉伯语、比哈尔语、印地语、汉语、马拉地语、梵语、泰米尔语、泰卢固语、乌尔都语、意大利语、西班牙语）为选考科目，具体语言课程安排因学校而异。成功获得初等教育证书的学生可进入地区中学学习，而成绩优秀者将会被公立中学录取。值得注意的是，在目前的教育改革中，毛里求斯计划逐步取消初等教育证书考试。

3. 中等教育

毛里求斯的中等教育分为两个阶段。第一阶段为期五年。在一年级至三年级中，学生将学习一些基础课程，包括语言（英语、法语、印地语和其他语言）、数学、科学（生物、化学、物理）、技术（信息和通信技术、设计、家政、服装和纺织品）、健康（食物和营养、体育）、社会科学（历史、地理、社会学）和艺术（视觉艺术、音乐和戏剧）。所有三年级学生将参加全国性的三年级国家评估考试（National Assessment at Form Ⅲ）。到了四年级、五年级，学生将学习至少五门主要课程，为接下来的剑桥学校证书（Cambridge School Certificate）即 O 级普通教育证书（General Certificate of Education）考试做准备。

第二阶段为期两年，其间学生要为剑桥高级学校证书（Cambridge Higher School Certificate）即 A 级普通教育证书考试做准备。其中，学生需选择三门主要科目与两门次要科目。若能取得高级学校证书，就可以进一步接受高等教育。

值得注意的是，O 级与 A 级普通教育证书考试均由英国剑桥大学命题，而考试的组织、试卷印刷与阅卷则由毛里求斯考试组织负责。

4. 高等教育

毛里求斯最早的高等教育机构为 1924 年建立的农业学院（College of Agriculture）。毛里求斯目前的高等教育体系主要包括专科学校或本科院校，其中最主要的两所大学为毛里求斯大学和毛里求斯理工大学。专科学校可提供为期两年的信息系统或商业管理课程或为期三年的技术人员培训课程。此外，毛里求斯部分私立高等教育机构也提供信息技术、法律、管理、会计和财务方面的课程。毛里求斯居民还可通过远程教育或留学的方式接受海外学校所提供的高等教育。

毛里求斯的全日制学士学位课程通常为三年，硕士学位课程为两年，博士学位课程为三年。

5. 职业前教育

若参加两次初等教育证书考试后仍未通过或年龄已逾 12 岁但仍无法通过此项考试，学生就将进入职业前教育学习阶段。首先，这些学生将在普通中学参加为期 3~4 年的技能培训，主要包括交流技巧、算术和问题解决能力、生活技能、生计与贸易技能等课程（见表 7-1）。

表 7-1 毛里求斯职业前教育的主要课程

类别	课程
交流技巧	艺术
	克里奥尔语
	英语
	法语
算术和问题解决能力	数学
	科学
	信息与通信技术
生活技能	价值观与公民教育
	健康与体育教育
生计与贸易技能	设计与技术
	家庭经济
	创业技能

资料来源："Pre-vocational Certificate", Wikipedia, 2016, https://en.wikipedia.org/wiki/Pre-vocational_Certificate。

随后，这些学生将在职业学校接受一年的培训并参加国家贸易基础证书（National Trade Certificate Foundation）考试。如果能够通过考试，学生将进入职业学校进行长期学习，并通过考试取得二级和三级国家贸易证书。如果在中学阶段未能取得高级学校证书，同样可接受职业教育。在获得二级国家贸易证书后，可参加国家高级学校证书考试的学习项目。该项目包含了本科第二年的学习课程,使学生能够前往大学进行学习并最终取得学士学位。在职业前教育阶段,学生可以在任何阶段选择退出并就业(见表7-2)。

除了招收应届生,毛里求斯的职业教育机构也为其他有需要的居民提供技能培训,以增强与增加就业能力和职业技能。

表7-2 毛里求斯教育体系

单位:岁

年龄	年级	教育类别与关键证书	
……	……	高等教育	
18	Form Ⅵ Upper	剑桥高级学校证书	二级、三级国家贸易证书
17	Form Ⅵ Lower	高中	职业培训
16	Form Ⅴ	剑桥学校证书	
15	Form Ⅳ	初中	职前培训
14	Form Ⅲ		
13	Form Ⅱ		
12	Form Ⅰ		
11	Std Ⅵ	初等教育证书	
10	Std Ⅴ	初等教育	
9	Std Ⅳ		
8	Std Ⅲ		
7	Std Ⅱ		
5~6	Std Ⅰ		
5	Pre-primary	学前教育	
4			
3			

资料来源:"Mauritius",*World Data on Education 2010/2011*,UNESCO-IBE,p.7。

三 教育概况

(一)教育预算开支

2016~2017财年,毛里求斯政府总预算开支为1321.64亿毛里求斯卢比，其中教育预算开支为153.6亿毛里求斯卢比，约占11.6%。教育预算开支中，中等教育获得的拨款最多，占52%；初等教育获得26%的资金，位列第二；高等教育、技术与职业教育、学前教育获得的资金比重分别为7%、3%和2%；另有10%的资金用于其他开支。

2017~2018财年，毛里求斯政府总预算开支为1472.32亿毛里求斯卢比，其中教育预算开支为166亿毛里求斯卢比，占比为11.3%。教育预算开支中，中等与初等教育获得的拨款最多，占比分别为50%和26%；相比之下，高等教育、技术与职业教育、学前教育获得的资金比重与2016~2017财年相比保持不变；另有12%的资金用于其他开支（见表7-3）。

表7-3 2013~2017财年毛里求斯教育预算开支情况

单位：亿毛里求斯卢比，%

时间 类别	2013	2014	2015~2016	2016~2017	2017~2018
政府总预算开支	102924	107048	124745	132164	147232
教育预算开支	12012	12720	14472	15360	16600
教育预算开支占GDP比重	3.3	3.3	3.5	3.4	3.5
教育预算开支占政府预算开支比重	11.7	11.9	11.6	11.6	11.3

资料来源：*Education Statistics - 2017*, Ministry of Education and Human Resources, Tertiary Education and Scientific Research, 2017, p. 10。

（二）学前教育

截至2017年3月，毛里求斯共有883家学前教育机构，其中850家位于毛里求斯岛，33家位于罗德里格斯岛。在这些教育机构中，630家（占比为71%）为私营机构；190家（占比为22%）为公立机构，它们利用小学开展活动，并由幼儿保育和教育局管理；63家（占比为7%）则由罗马天主教会、印度教教育机构或市/村议会管理。

入学人数方面，2017年毛里求斯学前教育入学人数下降了6%，从2016年3月的28866人降至27276人。其中，女生约占学前教育入学人数的49%。毛里求斯学前教育毛入学率（学前教育入学人数占4岁和5岁总人口的比重）为 96%，在 2016 年为 100%。

教学人员数量方面，2017 年 3 月毛里求斯学前教育的总就业人数为 3223 人，与 2016 年相比下降了 0.9%。其中，教师 2219 人，其他人员 1004 人。在师生比上，平均每名教师服务 12 名学生，相较于五年前的 13 名略有下降（见表 7-4）。

信息技术方面，883 家学前教育机构中，54% 配备了电脑，15% 开通了互联网服务。

表 7-4　2013~2017 年毛里求斯学前教育主要数据

年份	2013	2014	2015	2016	2017
学校数量（所）	978	957	939	911	883
入学人数（人）	31419	30142	29832	28866	27276
教师人数（人）	2425	2404	2284	2256	2219
毛入学率(3~4岁)(%)	102	102	103	102	100
毛入学率(4~5岁)(%)	98	98	101	100	96
师生比	13	13	13	13	12

资料来源：Education Statistics - 2017, Ministry of Education and Human Resources, Tertiary Education and Scientific Research, 2017, p. 9。

（三）初等教育

截至 2017 年 3 月，毛里求斯初等教育机构共有 318 家，与 2016 年 3 月持平。毛里求斯岛有 303 家，罗德里格斯岛有 15 家。其中 221 家由政府管理，占 69.5%；51 家由罗马天主教会管理，占 16%；2 家由印度教教育机构管理，占 0.6%；44 家是不接受政府资助的私立学校，占 13.8%。

入学人数方面，2017 年毛里求斯初等教育机构的学生人数为 92989 人，其中男生约占 51%。在所有学生中，约 67% 就读于公立学校。从年级分布上看，六年级学生人数最多，其中包括 607 名留级生。毛里求斯初等教育的毛入学率（初等教育入学人数占 6~11 岁总人口的比重）为 97%，与 2016 年相同。

教学人员数量方面，毛里求斯小学就业人数从 2016 年 3 月的 7994 人减少到 2017 年 3 月的 7778 人。其中，教师共有 5184 人，包括普通教师 3923 人、东方语言教师 1261 人。另有班主任、副班主任 913 人、行政和其他工作人员 1433 人。毛里求斯初等教育阶段的师生比为 24，与 2016 年相同。

在信息技术方面，所有初等教育机构均配备了电脑，其中 35% 开通了互联网服务。

在初等教育证书考试方面，2016 年的参考人数为 19798 人。在不包括补考的情况下，初等教育证书考试通过率为 69.8%，而在 2015 年这一数字为 70.3%。若包含留级生，2016 年通过率则为 74.7%。从总体上看，女生的成绩要好于男生，两者的通过率（包括补考）分别为 80.3% 和 69.4%。

表 7-5 2013~2017 年毛里求斯初等教育主要数据

年份	2013	2014	2015	2016	2017
学校数量(所)	320	320	320	318	318
入学人数(人)	108853	105300	101422	97300	92989
教师人数(人)	5512	5629	5400	5468	5184
入学率(5~10 岁)(%)	100	101	101	101	100
入学率(6~11 岁)(%)	98	97	97	97	97
师生比	26	25	25	24	24
升学率(%)	90	96	96	99	—
初等教育证书考试通过率(%)	75	73	74	75	—

注："初等教育证书考试通过率"包括补考的数据。

资料来源：*Education Statistics - 2017*, Ministry of Education and Human Resources, Tertiary Education and Scientific Research, 2017, p.9。

（四）中等教育与职业教育

在中等教育领域，毛里求斯在 2017 年共有 175 所学校提供中等教育，其中 168 所位于毛里求斯岛，7 所位于罗德里格斯岛。在学校性质上，公立学校有 68 所，私立学校有 107 所。

毛里求斯中等教育入学人数由 2016 年的 111863 人减少至 2017 年的 110582 人，其中 57775 人是女生（占比为 52%）。在所有学生中，约有 44% 就读于公立学校，其余 56% 就读于私立学校。中等教育的毛入学率（中级教育机构入学人数占 12～19 岁人口的比重）为 72%，与 2016 年相同。

2017 年，毛里求斯中等教育学生人数为 8222 人，其中男生 3202 人、女生 5020 人，相较于 2016 年下降了 1.6%，师生比为 13。

在职前教育领域，截至 2017 年 3 月，毛里求斯共有 110 所学校提供职前教育，其中毛里求斯岛 103 所，罗德里格斯岛有 7 所；在学校性质上，37 所为公立职前教育学校，73 所为私立职前教育学校。

截至 2017 年 3 月，毛里求斯就读于职前教育学校的学生总人数为 9047 人，其中男生 5911 人，占比约为 65%。在职前教育学校，一年级至三年级的学生约有 25% 就读于公立学校。值得注意的是，从 2016 年 1 月起共有学生 1765 人（男生 1212 人、女生 533 人）在毛里求斯 11 所培训和发展中心开始了第四年的职前培训。

职前教育机构的就业人数共为 959 人，其中女性 594 人，师生比为 9。

在信息技术方面，所有中等与职前教育机构均配备了电脑，其中 94% 开通了互联网服务。

在职业技术教育领域，2016 年共有学生 7290 人（79% 为男生）就读于公立职业技术教育学校，相较于 2015 年的 6884 人有所上升。其中，35% 的学生为全日制学习，46% 为业余学习，19% 为学徒课程。

在全国性考试方面，2016 年共有 15455 名学生参加了剑桥学校证书考试，其中男生 7097 名、女生 8358 名。共有 11129 名考生通过了考试，通过率为 72.5%。2016 年，共有 9285 名学生参加了剑桥高级学校证书考试，其中女生占 58%；通过率为 75.5%，相较于 2015 年的 75.3% 有所上升。

（五）特殊教育

截至 2017 年 3 月，毛里求斯共注册 71 所特殊教育学校，其中 22 所学校由政府管理，49所学校由非政府组织和罗马天主教会管理。

截至2017年3月，毛里求斯就读于特殊教育学校的学生人数为2594人，其中男生占65%，相较于2016年3月增加了79人。这些学生中，约33%患有智力障碍。

毛里求斯特殊教育学校的就业人数为733人，相较于2016年3月的698人增长了5%。其中，教职工411人，医务人员64人，行政与辅助人员258人。

（六）高等教育

截至2016年12月，毛里求斯高等教育机构（包括远程教育）的总就读学生（包括全日制与业余学习）人数为48089人，相较于2015年12月的48970人下降了1.8%。80%的学生就读于毛里求斯本地学校，其中44%就读于公立学校、36%就读于私立学校；20%就读于海外学校。毛里求斯高等教育毛入学率（高等教育机构入学人数占20~24岁人口的比例）为46.6%，相较于2015年的47.4%有所下降（见表7-6）。

表7-6 2013~2016年毛里求斯高等教育主要数据

年份	2013	2014	2015	2016
学校数量（所）	59	55	55	46
入学人数（人）	50579	50608	48970	48089
毛入学率（%）	50	49	47.4	46.6

资料来源：*Education Statistics - 2017*, Ministry of Education and Human Resources, Tertiary Education and Scientific Research, 2017, p. 10。

四　科学研究

毛里求斯科学研究的主管机构是教育和人力资源部、高等教育和科学研究部，不过科研活动主要由毛里求斯研究理事会给予直接指导。毛里求斯研究理事会成立于1992年5月，是促进和协调国家在科学研究领域投资的最高机构。该机构的主要工作目标是促进和协调各个领域的研究和发展,为政府的科学与技术政策提供建议,制定国家研究与发展政策的指导方针,鼓励有利于国家利益的商业研究和开发活动。在组织架构上,毛里求斯研究理事会设有正副理事长各一名,负责对部门的运作进行指导;正副常任秘书各一名,负责处理理事会运行中的日常事务;同时,各有一名理事负责工业、环境、渔业、健康领域的科研指导活动。

目前,毛里求斯研究理事会下辖两个办公室和一个中心。其中,技术转让办公室旨在加强毛里求斯科研机构与工业界的合作,并为双方的知识产权转让活动提供便利。罗德里格斯办公室负责充当毛里求斯岛与罗德里格斯岛之间技术转让的平台,以便缩小两岛间科研能力的差距。此外,罗德里格斯办公室还为针对两岛的社会研究、市场调研提供咨询服务。应用社会研究中心则是研究理事会从事社会科学研究的部门。多年来,该中心利用各种相关的研究方法,在全国范围内开展了大量社会调查和研究项目,同时做了大量的数据收集工作。该中心的许多研究成果对政府的政策制定起到了有益的参考作用。

毛里求斯研究理事会还制订了许多行动计划,其中创新和商业化计划(Innovation and Commercialisation Schemes)共有七项:①合作研究及创新资助计划(Collaborative Research and Innovation Grant Scheme),鼓励不同规模的公司与科研机构共同开展具有商业潜力的创新与科研项目;②知识产权推广计划(Intellectual Property Promotion Scheme),鼓励个人、企业与研发机构利用毛里求斯政府所建立的创新保护机制,通过支持授予专利和工业设计注册的申请促进创新能力的提升;③社会创新研究资助计划(Social Innovation Research Grant Scheme),主要通过促进非政府组织、公共资助机构与科研机构间的合作开展社会发展研究;④国家中小企业孵化器计划(National SME Incubator Scheme),旨在通过提供指导与资金的方式促进创新企业的建立;⑤概念验证计划(Proof of Concept Scheme);⑥创新及资助计划(Pole of Innovation Grant Scheme);⑦研究与创新桥计划(Research and Innovation Bridges)。后三项计划旨在通过设定课题,加强在可再生能源、海洋技术、海洋资源和服务、电信、生命科学、制造业、交通管理、社会问题、农业工业等领域的科研创新。

据世界银行统计,毛里求斯从事科研工作的人员共有约250人,2012年毛里求斯科研与开发经费占国内生产总值的比重约为0.2%。毛里求斯主要的科研机构包括毛里求斯研究理事会、拉吉夫·甘地科学中心、食品和农业研究理事会(Food and Agricultural Research Council)、毛里求斯糖业研究所、毛里求斯大学、卫生医学院(Medical Institute of Health)、毛里求斯海洋学研究所(Mauritius Oceanography Institute)等。

第二节 文学艺术

一 文学

毛里求斯是一个多元的移民社会,法语、英语、克里奥尔语以及印地语均广泛出现在毛里求斯的文学作品中。尽管克里奥尔语是毛里求斯最常用的语言,以英语、比哈尔语等语言创作的文学作品亦较为常见,但大多数文学作品均以法语创作。异国风情、各族群间的和谐与冲突、印度本土主义思潮一直是毛里求斯文学作品的主题。近年来,后现代主义和后结构主义思潮也对毛里求斯的文学作品产生了影响。为了促进毛里求斯文学事业的发展,毛里求斯设立了"莫里斯王子奖"(Le Prince Maurice Prize)来表彰"心灵作家"(writers of the heart)。该奖项主要奖励各种类型的爱情故事,但不局限于纯粹的浪漫小说。每年该奖项都轮流颁发给英语和法语作家。

毛里求斯较为有名的作家有博纳丁·德·圣皮埃尔(Bernardin de St Pierre)、马尔科姆·德·沙扎尔(Malcolm de Chazal)、阿南达·德维(Ananda Devi)、雷蒙德·查塞尔(Raymond Chasle)、爱德华·穆尼克(Edouard Maunick)以及让-马里·古斯塔夫·勒克莱齐奥(Jean-Marie Gustare Le Clézio)。以毛里求斯多元的社会为背景,林赛·科伦(Lindsey Collen)进行了富有想象力的创作。其他的年轻作家,如谢娜·帕特尔(Shenaz Patel)、娜塔莎·阿帕那(Natacha Appanah)、沙巴·卡丽(Sabah Carrim)、阿兰·戈登-詹蒂尔(Alain Gordon-Gentil)以及卡尔·

索萨（Carl de Souza）更多地在作品中探讨族群、迷信和政治等问题。

诗人与艺术评论家卡尔·特拉布里（Khal Torabully）将印度与毛里求斯的文化相融合，创造了"库里图德"（Coolitude）这种独具特色的诗歌形式。毛里求斯其他的著名诗人有哈萨姆·瓦吉尔（Hassam Wachill）、塞德利·阿索尼（Sedley Assone）、优素福·阿德尔（Yusuf Kadel）、奥马尔·蒂莫（Umar Timol）以及德文·维拉索米。

毛里求斯部分著名作家及其代表作如下。

1. 博纳丁·德·圣皮埃尔

博纳丁·德·圣皮埃尔生于1737年1月19日，卒于1814年1月21日，是法国著名的文学家与植物学家。12岁时，由于受到《鲁滨逊漂流记》的影响，圣皮埃尔和他的船长叔叔一起去了西印度群岛。这次旅行归来后，他接受了工程领域的教育。随后圣皮埃尔加入法国军队，参加了"七年战争"。1768年，他来到毛里求斯（当时被称作"法兰西岛"）开展植物研究。1788年，他以毛里求斯为背景出版了《保罗和维珍妮》（Paul et Virginie）——一部讲述浪漫爱情故事的小说。《保罗和维珍妮》被认为是圣皮埃尔最优秀的作品，在19世纪是十分流行的儿童读物。

1744年，一场暴风雨在格兰高伯东南方的安布尔岛袭击了"圣热然"（Saint-Géran）号，导致约200人死亡。在乘客中，有两名女子不愿意脱掉衣服游上岸，最终被海浪吞噬。以该事件为灵感，圣皮埃尔开始了《保罗和维珍妮》的创作。在小说中，保罗和维珍妮是由两个寡妇以兄妹的身份抚养长大的。长大后，两人产生了恋情。为了拆散两人，维珍妮的姑姑提议将她送往法国。虽然十分不愿离开保罗，但维珍妮还是屈服了。两年后，维珍妮乘船返回毛里求斯时，船只因暴风雨不幸触礁。由于拒绝在水手面前脱下衣服逃生，维珍妮最终溺水而亡。岸上的保罗随后不久便因过度悲伤而去世。

在这部小说中，圣皮埃尔批评了18世纪法国的社会分化，并将毛里求斯描绘为公平社会的典范。在他的笔下，毛里求斯人共享财产、拥有同样多的土地资源并共同劳动，所有居民和谐相处。圣皮埃尔还主张解放奴隶。在小说中，虽然保罗和维珍妮拥有奴隶，但他们十分感谢后者付出的劳动,在其他奴隶受到虐待时,会挺身而出对奴隶给予保护。此外,圣皮埃尔也在《保罗和维珍妮》中体现出了一种宗教启蒙观。在小说中,上帝创造了一个和谐的世界,主人公的生活并不需要复杂的技术以及大量人为干扰的介入。例如,保罗和维吉尼通过观察树的影子来辨别时间。

《保罗和维珍妮》出版后引起了巨大反响,并产生了一系列衍生作品。在1794年与1876年,让-弗朗索瓦·勒·叙厄尔(Jean-François Le Sueur)和维克多·马塞(Victor Massé)分别以《保罗和维珍妮》为故事背景创作了两部歌剧,均获得了巨大成功。1857年,在《保罗和维珍妮》的启发下,阿米拉·庞奇利(Amilcare Ponchielli)创作了一首小提琴钢琴二重奏。1878年,英国人威廉·赫雷尔·马洛克(William Hurrell Mallock)将他的讽刺小说命名为《新保罗和维珍妮》(The New Paul and Virginia)。1908年出版的小说《青青珊瑚岛》(The Blue Lagoon)同样受到了《保罗和维珍妮》的启发。1910年,该小说还在美国被改编为静默电影。

2. 马尔科姆·德·沙扎尔

马尔科姆·德·沙扎尔生于1902年9月12日,卒于1981年10月1日,是毛里求斯著名的作家与画家。他因对人类社会与自然界敏锐的洞察力与独到的阐释力而闻名,并在法语文坛赢得了"自由思想者"的美誉。[①] 沙扎尔出生于毛里求斯瓦科阿的一个法国家庭。除了赴路易斯安那州立大学(Louisiana State University)求学的六年外,他绝大多数时间均在毛里求斯度过。起初,沙扎尔在甘蔗种植园担任农学家,随后又在毛里求斯电信局工作。

1940年,沙扎尔在毛里求斯以《思想》(Pensées)为名出版了一部格言集,由此开始了他的写作生涯。1945年,《思想》第七卷出版,同时问世的还有名为《造型意义》(Sens-Plastique)的格言集。两年后,《造型意义》第二卷出版。此卷取得了巨大成功,在法语文坛产生了巨

---

① 观笔:《天堂原乡:毛里求斯》,世界知识出版社,2014,第42页。

毛里求斯

大影响。安德烈·布雷顿（André Breton）称沙扎尔为超现实主义者。除此之外，沙扎尔的作品还包括 1949 年出版的《过滤后的生活》（*La Vie Filtrée*）。这是一部散文和格言诗集，主要是对《思想》《造型意义》等作品中的思想加以阐释或使之戏剧化。2008 年，《造型意义》被欧文·韦斯（Irving Weiss）翻译为英语并出版，至今仍是英语文学界的畅销书之一。

3. 阿南达·德维

阿南达·德维生于 1957 年。在 15 岁时，她就在写作上表现出了过人天赋并在法国国际广播电台（Radio France Internationale）举办的短故事比赛中获奖。随后，她前往伦敦的亚非学院（School of Oriental and African Studies）学习并获得社会人类学博士学位。1977 年，阿南达·德维出版了短篇故事集《至日》（*Solstices*）。在布拉柴维尔生活了很多年后，她在 1989 年前往费内-伏尔泰（Ferney-Voltaire）。同年，阿南达·德维发表了第一部小说《街上的火药桶》（*Rue la poudrière*）。此后，阿南达·德维出版了一系列小说，包括 1993 年的《他们的面纱》（*Le Voile de Draupadi*）、1997 年的《搅拌轴》（*L'Arbre fouet*）以及 2000 年的《我被禁止》（*Moi, l'interdite*）。其中，《我被禁止》获得了印度洋法国电台奖（Prix Radio France du Livre de l'Océan Indien）。

阿南达·德维还先后获得了其他一系列奖项。2006 年，她的小说《瓦砾中的夏娃》（*Eve de ses décombres*）获得了法语国家五大洲文学奖（Prix des cinq continents de la Francophonie）等奖项。随后，这部作品被改编成了电影。之后，阿南达·德维又获得了法国学院法语和文学奖（Prix du Rayonnement de la langue et de la littérature française of the Académie Française）。2010 年，她获得了法国政府颁发的艺术与文学勋章（Chevalier des Arts et des Lettres）。

4. 让-马里·古斯塔夫·勒克莱齐奥

让-马里·古斯塔夫·勒克莱齐奥（Jean-Marie Gustave Le Clézio）是一名拥有法国和毛里求斯双重国籍的作家与学者。他于 1940 年 4 月出生于法国尼斯。幼年时期，他一直生活在罗魁比利埃（Roquebillière）。1948

第七章 文　化

年，他与弟弟随母亲前往尼日利亚与他的父亲共同生活。这些经历部分反映在他的半自传体小说《奥尼查》（Onitsha）中。1958~1959年，勒克莱齐奥前往英国的布里斯托大学（University of Bristol）学习，并随后在尼斯的文学研究所（Institut d'études littéraires）取得了学士学位。1964年，勒克莱齐奥又在普罗旺斯大学（University of Provence）取得了硕士学位。

在伦敦和布里斯托生活数年后，勒克莱齐奥前往美国任教。1967年，他又作为一名援助工作者前往泰国，但很快因抗议儿童卖淫行为而被驱逐出境。1983年，他为佩皮尼昂大学（University of Perpignan）撰写了一篇关于墨西哥殖民历史的论文。这篇论文在一本法国杂志上刊载，并于1985年以西班牙文出版。此后，他还在世界多所大学参与教学活动。例如，2007年勒克莱齐奥在首尔的梨花女子大学（Ewha Womans University）教授法语和文学。

勒克莱齐奥早在七岁时就开始了写作生涯。他最初的作品是一本关于大海的书。23岁时，勒克莱齐奥的第一部小说《诉讼笔录》（Le Procès-Verbal）出版并获得巨大成功。这部小说入围了勒诺多文学奖（Prix Renaudot）以及龚古尔文学奖（Prix Goncourt）。此后，勒克莱齐奥又出版了超过36部作品，包括短故事、小说、散文、儿童读物以及两本美洲土著神话的译著。

1963~1975年，勒克莱齐奥在作品中探讨了非理性、语言、自然和写作等主题。他将自己定位为文学界的创新者和叛逆者，并因此受到了米歇尔·福柯（Michel Foucault）和吉勒·德勒兹（Gille Deleuze）等人的赞扬。

在20世纪70年代，勒克莱齐奥的写作风格发生了明显的变化。他放弃了较为前卫的写作方法，小说的气氛也由苦闷变得更加平和，主题也变为童年、青春期与旅行。这使得勒克莱齐奥的人气进一步上升。1980年，勒克莱齐奥凭借小说《沙漠》（Désert）成为保罗·莫朗奖（Grand Prix Paul Morand）的首届得主。1994年，在法国文学杂志《阅读》（Lire）举办的评选中，13%的读者认为他是在世的最伟大的法语

作家。

2008年，勒克莱齐奥因其作品充满了"诗意的冒险和感官上的狂喜"以及对环境问题（尤其是沙漠）的关注获得了诺贝尔文学奖。在颁奖词中，勒克莱齐奥被称赞是"一位标志文学新开端的作家，一位书写诗歌历险、感官迷醉的作者，是在主导文明之外和之下探索人性的探索者"。与此同时，勒克莱齐奥则利用获奖感言的机会以"悖论的森林"（Dans la forêt des paradoxes）为题呼吁人们关注"信息贫困"问题。

5. 卡尔·特拉布里

卡尔·特拉布里1956年出生于毛里求斯首都路易港。他的父亲是一名特立尼达的水手，母亲则是印度和马来亚移民的后裔。在毛里求斯多元化移民社会的背景下，卡尔·特拉布里很快就对各族群的语言产生了浓厚的兴趣，包括克里奥尔语、英语、法语、乌尔都语、阿拉伯语和汉语。同时，毛里求斯社会的这种特性也激发了他对文化多样性以及身份认同问题的讨论。凭借在写作上的天赋，卡尔·特拉布里很早就开始了诗歌创作，并在文化、历史和幻想之间游走。

1976年，卡尔·特拉布里前往里昂第二大学（University of Lyon II）学习。在学习了比较文学后，他与米歇尔·库辛（Michel Cusin）共同撰写了一篇关于诗学符号学的论文。在针对互文性（intertextuality）的研究中，卡尔·特拉布里又对T. S. 埃利奥特（T. S. Eliot）、雅克·拉康（Jacques Lacan）、翁贝托·艾柯（Umberto Eco）、罗兰·巴特（Roland Barthes）与朱丽娅·克里斯蒂娃（Julia Kristeva）等人的作品产生了浓厚兴趣。

在写作中，通过将法语与印地语、克里奥尔语以及斯堪的纳维亚语相混合，卡尔·特拉布里创造了"库里图德"的诗歌形式。从恢复"苦力"这个贬义词的生命开始，特拉布里将关注点扩展到世界各地的地理与文化移民。他的诗歌表达了在被解放的奴隶后裔与契约工人间建立联系的必要性，并突出文化间的相互作用，从而构建了一种远离本质主义或一种排他性的"对起源的怀旧"。

第七章　文　化

"库里图德"填补了后现代和后殖民理论中的空白。这种诗歌形式使人类学家、美学家、历史学家、文学学者和跨文化分析人士可以更好地理解现代世界中文化内部和各文化之间交流的复杂性。

6. 德文·维拉索米

德文·维拉索米于1942年出生于毛里求斯的军营村，是毛里求斯的政治家、剧作家、诗人。童年时期，维拉索米长期生活在古德兰兹（Goodlands）。不过，在母亲去世后，他前往博巴森与祖父母共同生活。中学毕业后，维拉索米前往苏格兰的爱丁堡大学（Edinburgh University）学习语言学、文学。1966~1987年，维拉索米积极投身政治，并成为毛里求斯战斗党的三名主要领导人之一。

脱离政坛后，维拉索米将主要的精力放到了文学创作上。虽然能够自如地运用法语与英语，但维拉索米仍坚持用克里奥尔语进行创作。此外，他还致力于将英语和法语作品翻译为克里奥尔语，是克里奥尔语复兴的主要推动者。

二　音乐与美术

"赛加"（Sega）是毛里求斯最富有本地特色的艺术形式。它是音乐与舞蹈的强有力结合，风格上相当于拉美萨尔萨（salsa）、加勒比海卡利普索（calypso）和非洲本土舞蹈的混合体。相传，当非洲奴隶结束了在甘蔗地一整天的辛苦劳作后便在海滩围着篝火跟着鼓点欢快起舞，最终演变成这种特殊的舞蹈形式，因此这种舞蹈带有很强的即兴色彩。赛加舞曲则杂糅了非洲大陆、马达加斯加岛与欧洲音乐的风格。

由于受沙滩的影响（也有人说是因为奴隶都戴着脚铐），赛加的舞步较为简单，规定脚步不能离开地面。然而，身体其他部分的花哨动作则弥补了舞步的不足。传统的赛加舞是由摇铃、手鼓、三角铁、乐弓以及拉瓦纳（ravanne，一种简易的山羊皮鼓）伴奏。现在，电吉他与键盘乐器也经常出现在赛加舞曲中。鼓声从慢速开始，渐渐转为脉动般的节奏。不过赛加在罗德里格斯岛的发展略有不同。在那里，一种被称为"赛加鼓"

(sega tambour)的打击乐器扮演着更重要的角色。在罗德里格斯岛，赛加舞通常以情侣为表演单位，即一男一女随音乐同时起舞，而赛加鼓则一般由女性演奏。

由于赛加源于奴隶阶层，起初并不被重视。作为毛里求斯传统的舞蹈形式，赛加在20世纪初一度销声匿迹。然而，在20世纪50年代早期，由于克里奥尔歌手提－弗雷雷德（Ti-Frered）的歌曲《阿尼塔》（*Anuta*）的流行，赛加得以恢复生机。随着1964年10月30日他在莫纳山"赛加之夜"的表演大获成功，毛里求斯人对赛加的态度出现了巨大转变。如今，赛加已被毛里求斯人当作国粹加以传承。

20世纪80年代以来，赛加也逐渐与其他现代艺术形式融合。其中，在克里奥尔音乐家卡亚的引领下，传统的赛加舞曲开始与牙买加风格的雷鬼音乐融合，发展出一种名为"赛盖"（Seggae）的音乐，进而迸发出新的生命力。

除了具有本土特色的赛加，印度与中国风格的音乐和舞蹈也在毛里求斯占有一席之地。在印度舞蹈中，舞者身着色彩鲜艳的纱丽，伴随着西塔琴和塔布拉的伴奏翩翩起舞。舞者的动作具有强烈的象征意味，每个姿势都有特殊的含义。而中国的舞龙和舞狮则在毛里求斯最为流行，舞者凭借敏捷的身手将这些传说中生物的神态表现得淋漓尽致。

西方的音乐，不论是较为新潮的说唱、嘻哈、摇滚、爵士，还是较为传统的华尔兹与各类古典舞曲，均融入了毛里求斯的文化。①

在美术方面，毛里求斯同样深受法国影响，以至于在早期的绘画作品中，几乎无法分辨其中描绘的景色是在欧洲还是毛里求斯。直至20世纪，超现实主义画家马尔科姆·德·沙扎尔才在创作中注入了本土色彩。受毛里求斯美丽景色的影响，他的作品线条饱满，色彩鲜艳，代表作为《太阳下的渡渡鸟》（*Dodo Solaire*）（见图7-1）。

---

① "Folklore and Music", Government of Mauritius, 2016, http://www.govmu.org/English/ExploreMauritius/Culture/Pages/Culture/Folklore – and – Music. aspx.

第七章　文　化

图 7 – 1　太阳下的渡渡鸟

资料来源："Malcolm De Chazal", Art Archives-South Africa, 2016, http://www.art – archives – southafrica.ch/deCHAZAL.htm。

三　文化设施

(一) 博物馆

1. 弗雷德里克·亨德里克博物馆

弗雷德里克·亨德里克博物馆（Frederik Hendrik Museum）位于毛里求斯岛东南部，坐落在旧大港历史遗址（Vieux Grand Port Historic Site）。该地区曾是毛里求斯第一个人类定居点。1715 年法国人占领毛里求斯后，也将该地区作为毛里求斯的行政中心。随着法国殖民者将行政中心迁移至路易港并将位于此处的军事据点转移到马可邦，该地区在 1806 年遭到废弃。

1998 年，为纪念荷兰人登陆毛里求斯 400 周年，该地区的历史遗迹得到修缮。1999 年 5 月，位于该遗址的弗雷德里克·亨德里克博物馆投入运营。初期，该博物馆仅是在荷兰政府的资助下以荷兰人在印度洋活动为主体举办临时性展览。随着展览品日益增多，该博物馆逐渐成为展示毛里求斯早期历史的永久展览馆。

目前，弗雷德里克·亨德里克博物馆拥有一个永久展厅，展品包括荷兰殖民者遗留在此地的建筑材料、军事物资以及日常生活用品。同时，永久展厅也设有展板用以描述荷兰人在毛里求斯和印度洋的活动。

2. 毛里求斯邮政博物馆

毛里求斯邮政博物馆位于路易港邮政办公室大楼（Post Office Building）旁，在18世纪曾是毛里求斯的地方医院所在地，1995年3月10日被改作现用。

毛里求斯邮政博物馆拥有三个永久展厅。其中，第一展厅主要用来展示1847~1995年毛里求斯发行的各种邮票，同时也通过照片与绘画的方式展示了毛里求斯邮局与邮车的历史变迁，此外还设有礼品商店，向游客出售邮票相册、书籍等纪念品。第二展厅主要用来展出19世纪中叶以来邮电部门使用的各类工具，包括磅秤、钟表、邮筒、信箱、自动盖印机、电报设备、旧办公室家具和邮票售卖机。第三展厅主要用于展示外国邮票。此外，在博物馆的门口还立着两个制造于1861年的邮筒。

3. 印度裔移民博物馆

印度裔移民博物馆（Museum of Indian Immigration）位于莫卡的圣雄甘地研究所（Mahatma Gandhi Institute），于1991年3月投入运营，主要用于收集、保护和传播毛里求斯印度裔移民的文化遗产。2006年，该博物馆对展品进行了重新布置。

印度裔移民博物馆的永久展厅包括两层：第一层主要用于描述契约劳工时期印度裔移民的生活状况，共分为入境、农业劳作以及社会和文化三个版块；第二层主要用来展示印度传统节日风俗、服饰、乐器以及珠宝。

除了上述展品，印度裔移民博物馆还收藏有2000余份相关档案材料，包括45万名印度移民的名册、22.5万张印度裔劳工的护照照片、结婚证明、劳工契约等。

4. 国家历史博物馆

毛里求斯国家历史博物馆（National History Museum）位于马可邦的一座建于1772年法国殖民时期的乡村建筑中，前身是毛里求斯海军文物

第七章 文　化

博物馆（Naval Relics Museum）和历史纪念品博物馆（Museum of Historical Souvenirs）。该博物馆于2000年投入运营，主要用于展示各类历史文物，包括文件、版画、绘画、地图以及沉船中的各类考古发现。

该博物馆的永久展厅为两层：第一层分三个版块展示了荷兰、法国殖民时期毛里求斯的历史，如荷兰殖民者在印度洋的活动、法国对毛里求斯的殖民统治以及英法两国为争夺印度洋控制权而爆发的冲突；第二层主要用于展示英国对毛里求斯的殖民统治，描述了该地区由海港经济逐步转变为陆基农业经济的历程，同时也关注了毛里求斯历史上的奴隶贸易、契约劳工等问题。

5. 国家自然历史博物馆

国家自然历史博物馆（Natural History Museum）位于毛里求斯首都路易港市中心，是毛里求斯历史最为悠久的博物馆。早在1826年，两位博物学家朱利安·德斯贾丁（Julien Desjardins）和路易斯·布顿（Louis Bouton）就向时任总督劳里·科尔（Lowry Cole）提出在毛里求斯兴建一座博物馆的建议并得到采纳。1842年10月，德斯贾丁博物馆（Desjardins Museum）建成并对外开放。1880年，毛里求斯学院（Mauritius Institute）成立。五年后，德斯贾丁博物馆的展品被移至毛里求斯学院，并成为国家自然历史博物馆的前身。2000年，毛里求斯学院自然历史博物馆（Natural History Museum of the Mauritius Institute）改建为国家自然历史博物馆。

国家自然历史博物馆拥有三个永久展厅，主要对外展示毛里求斯近半个世纪以来的自然历史变迁。第一展厅主要展示哺乳动物、爬行动物和鸟类，作为镇馆之宝的渡渡鸟骨架便位于该展厅，此外还展示了荷兰鸽、毛里求斯巨蜥、毛里求斯红秧鸡、毛里求斯岛蚺等；第二展厅主要展示海洋生物，包括鱼类、蟹类、棘皮动物、软体动物和海洋哺乳动物；第三展厅主要展示各种地质学、气象学模型以及各种昆虫、木材标本。

6. 西沃萨古尔·拉姆古兰纪念中心

西沃萨古尔·拉姆古兰纪念中心（Sir Seewoosagur Ramgoolam

Memorial Centre）位于路易港的西沃萨古尔·拉姆古兰大街（Sir Seewoosagur Ramgoolam Street）的一座木质房屋内。1935~1965年，毛里求斯首任总理西沃萨古尔·拉姆古兰曾居住在这里。1987年，毛里求斯政府取得了该房屋的所有权，并将其改造为以纪念西沃萨古尔·拉姆古兰为主题的博物馆，于9月18日西沃萨古尔·拉姆古兰生日这一天正式开放。该博物馆的主要展品为西沃萨古尔·拉姆古兰使用过的家具、医疗设备以及各种文件。

该博物馆主要由三个房间组成。第一个房间展出了西沃萨古尔·拉姆古兰曾使用过的木制沙发、办公桌和椅子，以及有关西沃萨古尔·拉姆古兰的英语、法语和印地语新闻报道。第二个房间通过几块嵌板简要地回顾了他的传记，并记录了他的生平及名言。这个房间也用作视听室，定期向参观者放映有关西沃萨古尔·拉姆古兰的纪录片。第三个房间陈列了西沃萨古尔·拉姆古兰睡过的床、使用过的餐桌和橱柜以及一些个人物品，此外还展示了他从其他国家收到的礼物。第四个房间原是西沃萨古尔·拉姆古兰的医疗室，目前用来展示他曾使用或获得的医疗用品、家具以及获得的各类证书。博物馆的前庭院中还建有一座西沃萨古尔·拉姆古兰的铜像。

7. 苏克迪奥·比索多耶纪念馆

苏克迪奥·比索多耶是毛里求斯著名的政治家与毛里求斯独立运动的主要领导者。1958年，他建立主张独立的政党——"独立前进集团"。1965年，苏克迪奥·比索多耶作为代表参加了毛里求斯制宪会议。在毛里求斯独立后，苏克迪奥·比索多耶被任命为合作社部长。然而，在1969年，他由于与总理西沃萨古尔·拉姆古兰政见不和而辞职并成为反对党领袖。曾参加1976年大选，但最终落败。1977年8月18日逝世，享年68岁。

苏克迪奥·比索多耶纪念馆（Sookdeo Bissoondoyal Memorial Museum）坐落于苏克迪奥·比索多耶的出生地奈阿克村（Village of Tyack）的一座石制建筑中，于1987年4月3日对外开放，主要目的是让公众了解苏克迪奥·比索多耶的一生，尤其是他在毛里求斯独立时期以及提升印度裔毛里求斯居民教育水平方面所做的贡献。该博物馆拥有四个展厅。第一展厅的墙上展示了苏克迪奥·比索多耶的政治活动和他的肖像画与半身像。在房间的中央，陈列着一个天平、一个烛台、一个白色大理石的小型泰姬陵和玻璃器皿。房间的一角还陈放着一张旧梳妆台和一把椅子。第二展厅主要展示他的个人收藏和各种期刊、书籍。自1991以来，该展厅便被作为一个阅览室，游客由此可以访问各类图书馆资料。第三展厅主要陈列他使用过的各类用品，包括钢笔、信件、书籍、烟灰缸、烟嘴、眼镜、邮票和皮包。此外，玻璃展柜中也陈列了他的部分手稿。第四展厅展示了他穿过的各种衣服。该纪念馆的门前还立有苏克迪奥·比索多耶的半身铜像。

此外，每年的12月25日，当地的社会文化组织还会在该纪念馆举行仪式庆祝苏克迪奥·比索多耶的诞辰。

8. 罗伯特·爱德华·哈特纪念馆

罗伯特·爱德华·哈特纪念馆（Robert Edward Hart Memorial Museum）位于毛里求斯南海岸的苏亚克。这位毛里求斯的著名诗人曾在此处度过了生命的最后时光。1954年罗伯特·爱德华·哈特逝世后，毛里求斯政府于1963年收购了该房屋，并将其建成了一座纪念馆。1967年11月6日，罗伯特·爱德华·哈特纪念馆向公众开放。在2003年8月17日罗伯特·爱德华·哈特诞辰纪念日，毛里求斯政府对纪念馆进行了翻新。

纪念馆展出了这位诗人的大部分遗物，包括各类家具、个人物品和他作品的手稿。纪念馆由四间房间组成，包括一间卧室、一间客房、一间客厅和一间浴室。其中，客厅是纪念馆最大的展览空间，展品包括哈特的书桌、木椅、墨水笔、钢笔、墨水壶、个人书籍和绘画。罗伯特·爱德华·哈特的卧室位于纪念馆入口的左边，其中包括一张床和床头柜。橱窗里陈列着他的个人物品，包括身份证、证书、照片、眼镜与奖章。卧室对面是他的客房，里面有一张床、照片和美术手稿以及一些个人物品。毗邻这间客房的是浴室，里边陈列有淋浴设备和几件家具。在纪念馆的入口还设有接待处，主要用于售卖各类相关出版物和明信片。纪念馆还拥有一间附属放映厅,向参观者播放有关罗伯特·爱德华·哈特的纪录片。①

(二) 毛里求斯档案馆

毛里求斯档案馆的历史可追溯至法国殖民时期。最初,档案馆位于路易港老议会街 (Rue du Vieux Conseil)。不过,在1731年的一场飓风中,档案馆遭到严重损毁,导致大量资料遗失。1736年,殖民政府建立了新的档案馆,毛里求斯的档案收集工作得以继续稳步开展。在英国占领了该地区后,毛里求斯的档案管理工作一度陷入混乱,大量被认为是"毫无价值"的档案资料被销毁。直至1893年档案部 (Archives Department) 成立后,毛里求斯的档案管理工作才逐渐步入正轨。

目前,毛里求斯国家档案馆位于科罗曼德尔 (Coromandel),占地约26500平方英尺。其主要馆藏包括1721~1810年法国殖民政府的文件,1810~1968年英国殖民政府的文件,1721年至今的公证契据,1502年至今的各种地图副本,各类邮票与货币的标本,区议会与村议会的会议记录,关于石刻、照片及印章的特别收藏资料以及稀有的书籍和私人文件。此外,2005年毛里求斯国家档案馆还增设了口述史收藏。根据规定,对毛里求斯历史感兴趣的各界人士、从事研究项目的毛里求斯中学和高等教育部门的学生、本土与国际学者、寻找行政与法律相关资料的政府官员、寻找家族相关信息的旅游者、各类非政府组织均可申请使用档案馆中的资料。②

(三) 毛里求斯国家图书馆

毛里求斯国家图书馆位于路易港的伊迪丝卡维尔大街 (Edith Cavell Street)。其根据毛里求斯于1996年通过的《国家图书馆法案》(*National Library Act*) 动工建设,并于2000年1月对外开放。毛里求斯国家图书馆

---

① "Directory", Mauritius Museums Council, 2018, http://www.mauritiusmuseums.mu/English/Directory/Pages/default.aspx.

② "About Us", National Archives, 2018, http://nationalarchives.govmu.org/National Archives Services/aboutus.do.

建设的主要目的是促进和鼓励图书馆材料的使用；图书资料的收集与整理，特别是与毛里求斯相关的资料；收集、接收和保存所有需要存放在图书馆中的材料；向其他图书馆提供文献传递服务；向公众提供资料服务；参加毛里求斯图书馆服务规划的制定，并促进图书情报相关领域的研究，同时在信息处理技术方面提供援助；作为国家书目中心，组织国家书目和其他书目的编制工作；作为国家和国际借阅与交换图书馆材料的组织机构；促进国内外图书馆之间的合作。此外，毛里求斯国家图书馆还参加了由中国上海图书馆发起的"上海之窗"活动。通过接受来自上海图书馆的大量赠书，毛里求斯国家图书馆也成为毛里求斯民众了解中国的一个重要窗口。

经过多年发展，毛里求斯国家图书馆馆藏量有了较大的增加。图书馆所藏书目涵盖农业、传记、植物学、计算机科学、经济、昆虫学、地理、历史、文学、政治、宗教和科学等学科。与此同时，毛里求斯国家图书馆还是联合国、世界银行、国际货币基金组织、欧盟出版物的收藏库。毛里求斯国家图书馆的馆藏主要包括专著、各类期刊、报告、政府出版物、1777年至今的报纸、地图、海报、手稿、邮票、论文、各类影音资料、私人收藏品、世界银行与欧盟等国际组织的出版物等（见表7-7）。①

表7-7 2014年毛里求斯国家图书馆馆藏情况

单位：份

材料类型	法定送存	捐助	购买	联合国	国际货币基金组织	欧盟	上海之窗	世界知识产权组织	合计
图书	2448	264	22	77	20	102	162	8	3103
报纸	18431	—	—	—	—	—	—	—	18431
杂志	4587	311	—	21	8	64	—	12	5003
报告	495	29	—	5	7	10	—	—	546
光盘	259	27	—	—	9	44	—	—	339

---

① "About Us", National Library, 2018, http://national-library.govmu.org/English/AboutUs/Pages/About-Us.aspx.

续表

材料类型	法定送存	捐助	购买	联合国	国际货币基金组织	欧盟	上海之窗	世界知识产权组织	合计
邮票	—	8	—	—	—	—	—	—	8
手册	335	10	—	—	—	—	—	—	345
手稿	—	37	—	—	—	—	—	—	37
合计	26555	686	22	103	44	220	162	20	27812

注:"法定送存"指的是为完整地收集和保存出版文化遗产通过立法强制出版者或者其他义务人向国家图书馆缴存一定份数的最新出版物副本。

资料来源: Annual Report 2014, National Library, 2014, p.26。

第三节 体育

一 体育发展概况与主要体育组织

由于长时间缺乏资金投入,加之重视学业而轻视体育活动的本地文化,毛里求斯在体育领域的发展较为滞后。毛里求斯在1971年成立了国家奥运委员会,并在1984年首次参加奥运会。虽然近年来英式橄榄球与足球在毛里求斯得到了一定发展,但这种形势并未得到根本扭转。毛里求斯国家运动队在世界性比赛中取得的成绩十分有限。直至2008年,毛里求斯拳击运动员布鲁诺·朱莉(Bruno Julie)才为毛里求斯赢得了第一枚奥运会奖牌。

不过,从印度洋地区的角度看,毛里求斯仍在体育领域有着相当的竞争力。毛里求斯曾在印度洋岛屿运动会(Jeux des Iles de l'Océan Indien)中赢得了大量奖项。同时,毛里求斯在1985年与2003年举办了第二届与第五届印度洋岛屿运动会。

在毛里求斯本土,最受欢迎的运动是赛马。1812年,火星赛马场(Champ de Mars Racecourse)投入使用,拉开了毛里求斯赛马运动的序幕，同时也使毛里求斯成为南半球第一个拥有赛马场的国家。现在，毛里求斯的赛马比赛仍能吸引大量观众。此外，越野跑、山地自行车和水上运动也成为毛里求斯居民重要的放松与娱乐方式。

毛里求斯主要的运动组织如下。

1. 毛里求斯体育理事会

1984 年，毛里求斯议会通过了《体育教育与运动法案》（Physical Education and Sports Act）。在该法案的指导下，毛里求斯于 1986 年 3 月成立了毛里求斯体育理事会（Mauritius Sports Council）。首届毛里求斯体育理事会包含 12 名成员，主席为青年与体育部长（Minister of Youth and Sports）皮埃尔·菲洛根（Pierre Philogene）。理事会每两月举行一次两小时的会议，并在结束后发表会议声明。

在理事会的推动下，毛里求斯的体育事业得到了长足发展。1986 年 12 月，毛里求斯首次举办体育颁奖晚会，以表彰当年在体育界取得突出成绩的运动员。1987 年第一学期，毛里求斯还组织了一次体育教学竞赛。1992 年，毛里求斯出版了第一份"体育指南"，即一份标注有主要体育事件的日历。1992 年 12 月，毛里求斯在居尔皮普举办了一次"体育沙龙"，以吸引更多的居民参与体育运动。

1996 年 3 月，毛里求斯体育理事会进行了改组。新一届理事会致力于向运动员提供资金支持，为各体育组织提供活动场所，并建造了体育图书馆。1998 年 1 月，毛里求斯体育理事会再次改组。本届理事会创设了本月最佳运动员奖、体育记者奖，并建议为毛里求斯体育理事会修建新的总部。

1999 年 1 月，以吉安捷夫·莫特亚（Giandev Moteea）为主席的新一届理事会成立。吉安捷夫·莫特亚认为，毛里求斯体育理事会应该成为一个为所有人服务且具有创新精神的机构，应该有能力对体育设施进行专业化保养。在本届理事会上任之初，他便推动对体育基础设施进行翻新与美化。此外，他还大力推动体育文献中心的建设。

2000 年 11 月，以拉杰·加亚为首的新一届理事会成立。本届理事会的首要任务是提高毛里求斯体育运动的专业化水平。在他的努力下，毛里求斯为15岁以下的运动员设立了"米洛青年运动员奖"（Milo Young Athlete Award）、"最佳男运动员奖"、"最佳女运动员奖"。2001年，理事会在毛里求斯举办了"假日体育"（Fêtes des Sports）活动，向广大学生与运动员提供了接触陌生运动项目的机会，同时也为毛里求斯的业余体育爱好者和体育从业者搭建了交流的平台。2003年，毛里求斯体育理事会在各市区议会举办了体育展览，通过图片、奖牌和有关毛里求斯体育发展历史的文件向公众展示了毛里求斯在体育领域取得的成就。

毛里求斯目前的运动理事会于2005年12月成立，主席为希拉杰·辛格（Dhiraj Singh）。[①]

2. 毛里求斯国家足球队

毛里求斯国家足球队（绰号"M俱乐部"或"渡渡鸟队"）是毛里求斯级别最高的足球队，主要代表毛里求斯参加各类国际赛事，接受毛里求斯足球协会（Mauritius Football Association）的监督。目前，毛里求斯是国际足球联盟（FIFA）、非洲足球联合会（Confederation of African Football）和南部非洲足球协会联合会（Council of Southern Africa Football Associations）的成员，球队现任主教练为来自巴西的弗朗西斯科·菲罗（Francisco Filho）。毛里求斯国家足球队的大部分比赛均在乔治五世体育场（Stade George V）进行，而少数重大比赛则会在更大的施塔德·安贾莱（Stade Anjalay）体育场举办。2011年5月，毛里求斯国家足球队还成立了官方球迷俱乐部。

1947年，毛里求斯国家足球队在国际赛事中首次登场，迎战留尼汪岛代表队，并以2∶1的比分取得了胜利。在接下来的20年中，毛里求斯国家足球队登场的次数十分有限，基本仅与来自留尼汪和马达加斯加的足球代表队比赛。1947~1963年，毛里求斯国家足球队在由毛里求斯、留尼汪和马达加斯加三国举办的"印度洋三角杯"（Indian Ocean Games

---

[①] "History of MSC", Mauritius Sports Council, 2018, http://www.mauritiussportscouncil.com/English/About%20MSC/Pages/History-of-MSC.aspx.

Triangulaire）比赛中获得了十次冠军、两次亚军与一次季军。

从1967年开始，毛里求斯国家足球队开始扩大参赛范围，先后参加了非洲杯与世界杯的预选赛，不过成绩均不理想，从未进入世界杯的决赛圈，在非洲杯中仅有的一次亮相也在小组赛阶段惨遭淘汰。不过，毛里求斯国家足球队在1985年赢得了一次"印度洋杯"（Indian Ocean Games）的冠军。1999年，毛里求斯球迷在"童子军俱乐部"（Scouts Club）和"消防队体育俱乐部"（Fire Brigade Sports Club）的比赛中因争议性判罚而发生了大规模冲突，事后毛里求斯除国家队外的所有足球队均被禁赛18个月。此次事件后，毛里求斯足球运动的发展陷入低潮。

21世纪以来，毛里求斯足球运动仍未出现复苏迹象。毛里求斯国家足球队的国际排名由2000年的116名下降至2011年的195名。在此期间，毛里求斯国家足球队取得的最好成绩是在2004年南部非洲足球协会联合会杯（COSAFA Cup）上进入了四分之一决赛，在2003年第二次赢得了"印度洋杯"的冠军。除此之外，毛里求斯国家足球队输掉了大多数比赛，并遭遇了三次7∶0的大比分落败。

为了振兴毛里求斯的足球运动，政府采取了一系列措施，包括建立真正意义上的专业国内联赛和固定的国家队训练团队。2011年8月，毛里求斯国家足球队参加了"印度洋岛国运动会"（Indian Ocean Island Games）并获得银牌。

3. 毛里求斯英式橄榄球联盟

受英国的影响，毛里求斯居民在20世纪初开始接触英式橄榄球。1928年，毛里求斯成立了渡渡鸟橄榄球俱乐部（Dodo Club），并开始举办橄榄球比赛。1928~1975年，毛里求斯的渡渡鸟、水牛（Buffalos）、蓝鸭（Blue Ducks）、雄鹿（Stags）等橄榄球俱乐部进行了一系列高水平的比赛。不过到了1982年，渡渡鸟成为毛里求斯唯一仍在运营的橄榄球俱乐部。

1995年，毛里求斯电视台转播了南非举办的第三届橄榄球世界杯，获得了极高的收视率。以此为契机，橄榄球运动在毛里求斯复

兴。1996年，毛里求斯创办了由四支队伍组成的七人制橄榄球联赛。1996~1997年，毛里求斯的代表队还参加了在肯尼亚举办的"萨法里斯"七人制橄榄球比赛（Safaris Sevens）。1998年，在毛里求斯曾具有很大影响力的雄鹿橄榄球俱乐部得以重建。在随后的三年里，毛里求斯与周边国家和地区进行了一系列俱乐部级别的比赛。2001年，毛里求斯又成立了三个新的俱乐部。毛里求斯政府也逐渐加大了对橄榄球运动上的投入。至2003年，毛里求斯陆续建成三个训练中心。

目前，毛里求斯英式橄榄球联盟共有10支球队（其中A区4支，B区6支）、3个训练中心、6名裁判、18名教练以及650名注册球员。毛里求斯是国际英式橄榄球委员会（International Rugby Board）的成员，但被划归为实力较弱的第三层次。此外，毛里求斯英式橄榄球联盟还是非洲橄榄球联合会（Confederation Africaine de Rugby）、印度洋橄榄球协会（Association de Rugby Ocean Indien）等组织的成员。

毛里求斯国家英式橄榄球队是毛里求斯级别最高的英式橄榄球运动队，主要代表毛里求斯参加各类国际赛事。该队首次亮相于2005年8月非洲橄榄球联合会杯的比赛中，并以20∶10的比分战胜了坦桑尼亚队。不过，目前毛里求斯国家英式橄榄球队尚未参加过橄榄球非洲杯或橄榄球世界杯。

二 体育参与

毛里求斯青年与运动部（Ministry of Youth and Sports）在2015年对毛里求斯体育事业的发展情况进行了一次普查。根据调查结果，毛里求斯约39%的七岁以上居民每周至少参加一项体育运动，其中约83%的居民（210005名男性、156371名女性）每周至少参加两次体育运动；17%的居民（43522名男性、30570名女性）每周只参加一次体育运动（见图7-2）。

从性别分布上看，男性对待体育运动的态度更为积极，男性运动人数占参与运动人数的58%。从年龄分布上看，20~29岁是参与体育运动最为活跃的年龄段（见图7-3）。

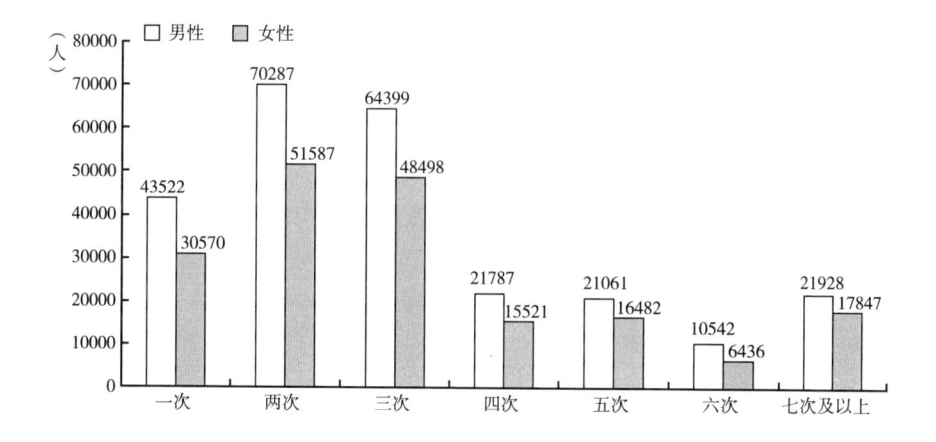

图 7-2 毛里求斯居民参加体育运动的频率分布

资料来源：*Participation in Sport Report 2015*, Port Louis：Ministry of Youth and Sports, 2017, p.3。

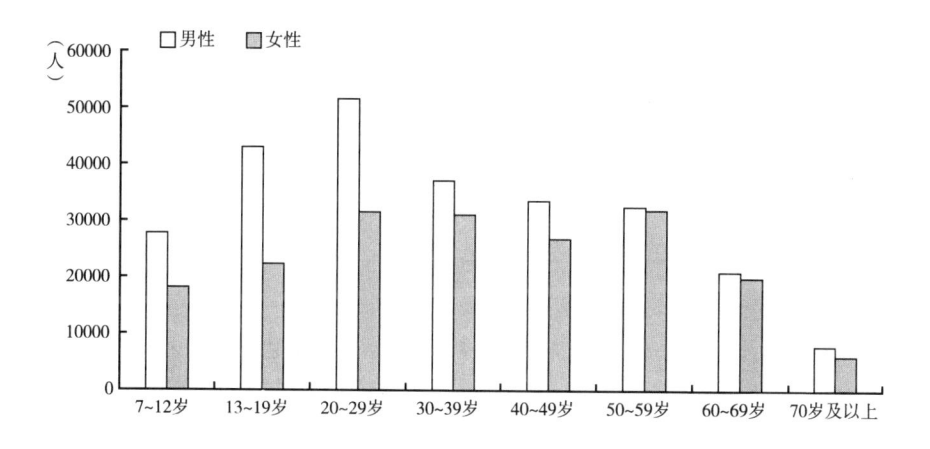

图 7-3 毛里求斯居民参加体育运动的年龄分布

资料来源：*Participation in Sport Report 2015*, Port Louis：Ministry of Youth and Sports, 2017, p.3。

从原因上看，锻炼身体是驱使约75%的居民参与体育运动的主要原因，21%的居民进行体育运动主要是为了娱乐和放松，只有约4%的居民是为了参加体育比赛。

从体育类型上看,慢跑是毛里求斯居民选择的主要体育运动形式,参与人数比例为20%;选择足球与散步的居民比例则分别为17%和14%。不过,性别不同,对体育项目的偏好也有所不同:足球是男性居民最喜欢的体育运动,参与人数比例高达27%;男性参与慢跑与散步的人数比例则分别为19%和11%;相比之下,慢跑是女性最喜爱的运动,参与人数比例为20%;散步、有氧运动以及瑜伽参与人数比例分别为19%、14%、12%。

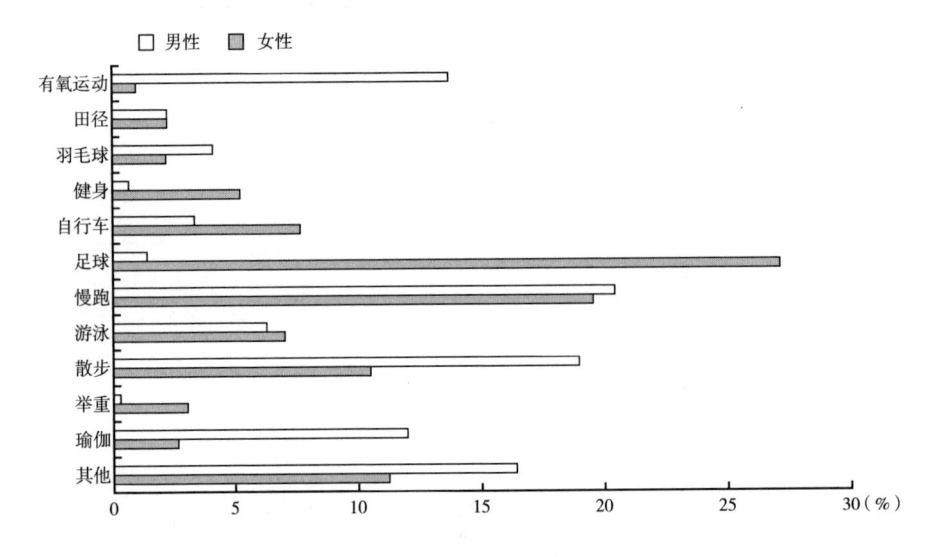

图7-4 毛里求斯居民参加体育运动的类型分布

资料来源:*Participation in Sport Report 2015*,Port Louis:Ministry of Youth and Sports,2017,p. 5。

从运动的场所来看,2015年约57%的居民选择利用公共体育设施进行锻炼。另有19%选择私营体育设施,18%选择在家,6%选择利用青年与运动部的体育设施进行锻炼。

在该次普查中,666600名居民(占59%)并不参与体育锻炼,其中53%的居民表示主要原因是工作或学业繁忙,没有时间参与体育活动,17%的居民表示对体育活动缺乏兴趣,24%的居民是因为年龄过大、疾病或受伤,4%的居民表示因缺乏必要的体育设施而没有进行体育运动。

三 体育设施

根据毛里求斯体育理事会的统计,毛里求斯的主要体育设施如下。

1. 体育中心

根据不同体育项目的特殊需要,毛里求斯目前在全国建有8个体育中心(见表7-8)。

表7-8 毛里求斯体育中心基本情况

单位:个

名称	位置	座位数量
国家羽毛球中心	罗斯希尔	300
国家拳击中心	瓦科阿	500
国家柔道中心	博巴森	300
国家乒乓球中心	博巴森	300
国家举重中心	瓦科阿	165
国家摔跤中心	瓦科阿	150
潘迪特·萨哈迪奥体育馆(Pandit Sahadeo Gymnasium)	瓦科阿	800
篮球和手球体育馆	菲尼克斯(Phoenix)	600

资料来源:"Gymnasium", Mauritius Sports Council, 2018, http://www.mauritiussportscouncil.com/English/Facilities/Gymnasium/Pages/default.aspx。

2. 综合体育场

为了承办综合性体育赛事,毛里求斯还建有3个综合性体育场,分别是位于瓦科阿的格伦公园综合体育场(Glen Park Multi Sports Complex)、位于罗斯希尔的多功能体育训练场以及位于邦阿奎尔(Bon Acceuil)的综合体育场(见表7-9)。

表7-9 毛里求斯综合性体育场基本情况

名称	位置	体育项目
格伦公园综合体育场	瓦科阿	羽毛球、乒乓球、跆拳道、空手道、篮球、手球、足球、滚球
多功能体育训练场	罗斯希尔	排球、手球、网球、篮球、足球
综合体育场	邦阿奎尔	羽毛球、排球、柔术、空手道

资料来源:"Sport Complex",Mauritius Sports Council,2018,http://www.mauritiussportscouncil.com/English/Facilities/SportComplex/Pages/default.aspx。

3. 体育场

毛里求斯建有12个体育场,主要用以举办各类足球比赛(见表7-10)。其中,新乔治五世体育场(New George V Stadium)仅供国家或国际级别的足球比赛使用。

表7-10 毛里求斯体育场基本情况

单位:个

名称	位置	座位数量
古尔布伦体育场(Sir. R. Ghurburrun Stadium)	特里奥莱	300
安贾莱体育场	贝尔维(Belle Vue)	15000
奥古斯特·沃莱尔体育场(Auguste Vollaire Stadium)	弗拉克	3000
热尔曼·科马尔蒙德体育场(Germain Comarmond Stadium)	巴姆布斯	5000
哈里·拉图尔体育场(Harry Latour Stadium)	马可邦	—
新乔治五世体育场	福里斯特赛德(Forest Side)	6500
军营村体育场(Quartier Militaire Stadium)	军营村	3000
罗希特·鲍拉基体育场(Rohit Boolakee Stadium)	朗帕河	—
罗斯贝勒体育场(Rose Belle Stadium)	罗斯贝勒(Rose Belle)	—
圣沙勿略体育场(St François Xavier Stadium)	路易港	—
圣安德烈足球场(Morcellement St Andre Football Ground)	圣安德烈(Morcellement St Andre)	—
阿森纳足球场(Arsenal Football Ground)	阿森纳(Arsenal)	—

资料来源:"Stadium",Mauritius Sports Council,2018,http://www.mauritiussportscouncil.com/English/Facilities/Stadium/Pages/default.aspx。

4. 游泳馆

目前，毛里求斯共建有5个游泳馆以举办各类游泳比赛或进行游泳训练（见表7-11）。

表7-11　毛里求斯游泳馆基本情况

单位：个

名称	位置	泳道数量	座位数量
塞尔日·阿尔弗雷德游泳馆（Serge Alfred Swimming Pool）	博巴森	8	250
帕维隆游泳馆（Pavillon Swimming Pool）	卡特勒博尔纳（Quatre Bornes）	4	400
朗帕河游泳馆（Rivière du Rempart Swimming Pool）	朗帕河	6	300
苏沃涅尔游泳馆（Souvenir Swimming Pool）	卡里巴斯（Calebasses）	6	100~150
马德阿尔伯特游泳馆（Mare D'Albert Swimming Pool）	马德阿尔伯特（Mare D'albert）	6	—

资料来源："Swimming Pools", Mauritius Sports Council, 2018, http://www.mauritiussportscouncil.com/English/Facilities/SwimmingPools/Pages/default.aspx。

第五节　新闻出版

一　纸质媒体

1767年，时任殖民地总督皮埃尔·普瓦夫尔（Pierre Poivre）将印刷出版物首次引入岛内。1768年，官方《皇家出版物》（*Imprimerie Royale*）开始出版，由此毛里求斯成为非洲最早拥有印刷品的殖民地之一。

1773年1月，尼古拉斯·兰伯特（Nicolas Lambert）在毛里求斯创办了第一份报纸《法兰西和波旁岛公告、海报及杂项通告》（*Annonces, Affiches et Avis Divers Pour Les Colonies des Isles de France et Bourbon*）。此份

毛里求斯

报纸由政府官员担任编辑，同时由政府通讯社负责印刷。

毛里求斯的第二份报纸创办于1786年，名为《法兰西与波旁岛日报》（Journal des Isles de France et de Bourbon），属于文学类报纸。相比之下，于1791年开始发行的《殖民地周报》（Journal Hebdomadaire de la Colonie）则带有政治色彩。

政府的官方媒体也有所发展。在1792年1月，殖民地议会出版了两份周报，一份主要用来刊登会议记录，即《汇编杂志》（Journal des Assemblées）；另一份为《法兰西岛公报》，主要刊载公告、广告和其他公共利益事项。毛里求斯在法国殖民时期涌现出了近1000种报纸和杂志，不过其中绝大部分存在时间都十分短暂。

法国大革命爆发后，毛里求斯对出版物的管制日渐宽松，并逐渐放弃了原有的出版物审查制度。随着控制权由法国转至英国手中，毛里求斯进一步放宽了对新闻出版的限制。1816年，毛里求斯出现第一份完全以政治为主题的报纸《观察者》（l'Observateur）。1832年，阿德里安·伊皮奈（Adrien D'Epinay）创办了著名的《塞尔内人报》（Le Cérnéen）。该报持续发行了近150年，直至1982年才宣布停刊。毛里求斯出版业史上的另一个重要事件是1843年《哨兵报》（La Sentinelle）的创办。其创办者雷米·奥利耶（Rémy Ollier）是一名黑人，该报纸不仅为黑人的权利发声，而且致力于保障有色人种的合法权益，影响深远。

非法语的媒体也逐渐得到发展。1883年3月，由米尔扎·阿蒙德（Mirza Ahmode）创办的《毛里求斯伊斯兰集会报》（Anjuman Islam Maurice）出版。该报用印地语与古吉拉特语印刷，是毛里求斯首份使用印地语言出版、发行的报纸。1909～1914年，使用法语、古吉拉特语、乌尔都语印刷的《伊斯兰报》（L'Islamisme）大量发行。此外，印度律师马尼拉·玛加纳勒（Manilall Maganlal）在1909年3月创办了以英语和古吉拉特语印刷的《印度斯坦》。这一时期，比较著名的非法语报纸包括1924～1940年以英语和印地语发行的《毛里求斯阿里亚普雷卡》（Mauritius Arya Pratika）、1929～1973年以英语、印地语、法语和泰米尔语发行的《阿里亚·维尔》（Arya Vir）和《扎马纳》（Zamana）、1932年8月创办的首份中文报纸《中国日报》(Chinese Daily) 以及 1953 年创办的《中国时报》(China Times)。20 世纪 60 年代，毛里求斯的纸质媒体日趋现代化并与国际标准接轨，以《行动报》(Action)、《快报》(L'Express) 为代表的新型报纸得以创办。

独立以来，毛里求斯的新闻出版业得到了进一步发展。至 2002 年，毛里求斯拥有十余家私营报社，其中有一家位于罗德里格斯岛。此外，在英国伦敦发行的月刊《毛里求斯新闻》(Mauritius News) 在毛里求斯以及英国的毛里求斯人社区广泛发行。毛里求斯政府奉行新闻自由政策，虽然媒体经常对政府进行批评，但政府一直对其保持容忍态度。不过，《快报》在 2011 年曾因发表支持毛里求斯最大反对党战斗党的言论而被政府起诉。同年，《周六+》(Samedi Plus) 的编辑也因报道政府腐败案件而被判处监禁三个月，该报还被罚款 10300 美元。这是毛里求斯独立以来首起记者被判入狱的案件。这两起事件引起了民众对政府以不正当手段干预新闻出版业自由发展的担忧。

目前，毛里求斯有报纸杂志数十种。从发行量上看，毛里求斯最具影响力的日报是《快报》、《毛里求斯人报》(le Mauricien) 和《太阳报》(The Sun)，最具影响力的周报有《周末报》(Week-End) 和《五+》(5-Plus) 等。另外还有《华侨时报》三种中文报纸。目前，除了中文报纸外，毛里求斯的报纸均以法语、英语双语出版。虽然毛里求斯纸质媒体的发展受到人口规模的限制，但其整体质量在非洲仍处于领先水平。值得注意的是，毛里求斯并没有设立官方通讯社，新闻部门主要通过电传的方式向报界转发西方各大通讯社发布的新闻。①

二 广播电视媒体

毛里求斯首家广播电台毛里求斯广播电台由查尔斯·乔利维特 (Charles Jollivet) 创办于 1927 年 8 月。该电台最初建于博巴森，随后迁往罗斯希尔的广场剧院 (Plaza Theatre)。毛里求斯广播电台每天仅广播两

---

① 陈力丹、徐志伟：《毛里求斯新闻传播业的平稳发展历程》，《新闻界》2014 年第 23 期。

毛里求斯

小时，内容主要为音乐和新闻。1937年，亚当（P. Adam）以菲尔斯无线电公司（Société des Radio Philles）的名义建立了毛里求斯第二座广播电台（Société des Radiophilles）。最初，该电台设于亚当位于福里斯特赛德的家中，不久后迁至居尔皮普的市政厅内。随着第二次世界大战的爆发，这两家电台均被英国国防部接管。由于毛里求斯法裔居民较多，在第二次世界大战末期"自由法国"组织还在居尔皮普的市政厅建立了海外"自由法国"电台（Radio France Libre D'Outremers）。1944年7月1日，菲尔斯无线电公司与海外自由法国电台合并成立毛里求斯广播服务公司（Mauritius Broadcasting Service）。起初，该电台设立在罗斯希尔的广场剧院，后于1946年迁至福里斯特赛德的巴斯德街（Pasteur Street）。1946年6月，毛里求斯广播服务公司还进行了首次试验性质的电视广播。

1964年，在毛里求斯广播服务公司的基础上，成立了毛里求斯广播电视公司。1965年2月，毛里求斯广播电视公司正式开播，每天广播三小时。毛里求斯广播电视公司初期的目标是培育岛民的民族意识，以便为未来的独立奠定基础。1968年，在围绕亚历山德拉公主（Princess Alexandra）访问的报道中，首次进行户外现场直播。20世纪70年代，黑白电视机逐渐在毛里求斯普及。1973年，媒体开始对新闻发布会和其他地方事件进行录制。1978年，毛里求斯广播电视公司对设备进行了升级，具备了开通彩色电视广播的能力。1987年11月，毛里求斯广播电视公司的播出时间由每天3小时增至13小时，并开始在罗德里格斯岛运营。90年代初，毛里求斯广播电视公司先后增设了两个频道，播出时间也改为全天24小时播放。

从1999年开始，针对放宽广播电视领域有关限制的争论越来越激烈。在2000年大选中，政府控制和不正当利用毛里求斯广播电视公司的议题成为各方关注的焦点。新政府决定淡化毛里求斯广播电视公司的政治色彩，并放宽对广播电视媒体的管控。2001年，毛里求斯广播电视业的法律法规逐渐完善，先后成立了广播权益协会（IBA）和信息与传播委员会（ICTA），其中前者主要由政府部长和由总理任命的主席组成，负责管理广播电视业并发放许可证。

第七章 文 化

2002年，毛里求斯最终完成了对广播电视媒体的立法改革工作，允许成立一家民营电视台和三家民营广播电台。这使私人资本得以进入广播领域。第一频道（Radio One）、广播+（Radio Plus）与最高FM（Top FM）三家民营广播电台分别于2002年3月、4月、12月成立。然而，政府并不打算放弃对这一领域的控制，相关法律的实施十分缓慢。例如，由于上述民营电台未能获得"多载波"服务，它们并不能同时进行广播。为了规避政府在广播领域的限制，部分公司开始通过互联网向居民提供广播服务。相比之下，毛里求斯民营电视台至今仍未成立。不过，值得注意的是，毛里求斯现有四家收费的卫视公司提供其他国家的电视转播服务，分别为抛物线（Parabole）、DSTV、伦敦卫星（London Satellite）和卡纳尔（Canal）。此外，毛里求斯居民也可订阅英国天空新闻（British Sky News）频道、法国运河+频道（French Canal Plus）和CNN等外国新闻频道。

目前，毛里求斯广播电视公司仍是国有，由总理直接领导。公司董事会由七名董事组成，日常事务由台长负责。毛里求斯广播电视公司的节目大部分为法语，其次是英语、印地语、克里奥尔语等，同时也有少量的客家话和广东话节目。现在有7个广播频道（分别是RM1、RM2、Kool FM、Taal FM、World Hit FM、Best FM和Music FM）和3个综合电视频道（分别是MBC1、MBC2和MBC3），此外还向全国提供17个频道的电视服务。2012年1~2月，毛里求斯广播电视公司与中国文化中心（Chinese Cultural Centre）合作举办了"中国电视剧展播"活动。在此期间，毛里求斯广播电视公司播放了由中国中央电视台提供的30集电视连续剧《五星大饭店》。该剧配有法文字幕，周一至周五播放，每天播放一集。2011年，公司迁往莫卡，搬入了由中国援助建设的新办公楼。公司的收入源于每户交纳的电视执照费（约占60%）和广告费（约占40%）。在毛里求斯，电视用户需要在交电费的时候一并缴纳电视执照费。①

---

① Damodar R. SarDesai, "Basic Data", Press Reference, 2018, http://www.pressreference.com/Ky-Ma/Mauritius.html.

第八章

外　交

第一节　外交概况

一　外交历史

1968年脱离英国殖民统治后，毛里求斯首次获得了外交自主权。不过，由于独立之初毛里求斯面临着巨大的经济发展压力，因而通过促进对外贸易、吸引外部资金与援助以促进经济发展成为这一阶段毛里求斯外交工作的主要关注点。

通过积极参与与发达国家的多边与双边贸易谈判，毛里求斯成为《洛美协定》等多个优惠贸易安排的受益国。毛里求斯还成功争取到了来自英国、法国、印度、南非、美国以及中国香港等国家和地区的大量外部投资，有力地促进了自身的经济建设。与此同时，毛里求斯在非经济领域则主要采取依附西方国家尤其是前宗主国的战略，以尽可能减少不必要的外交摩擦。其中，通过与英国签署共同防御协议，毛里求斯得到了来自英国的安全保证；而由英国女王担任国家元首并加入英联邦的做法也为毛里求斯应对潜在的外交纠纷提供了坚实的外部保障。

毛里求斯外交战略的转变始于1980年。20世纪70年代，随着出口加工区与旅游业的迅速发展，毛里求斯的经济状况得到改善。随后，毛里求斯逐渐改变了以谋取经济利益为核心的外交战略，开始积极争取外部政治权益。这一转变的重要标志便是改变了以往对领土纠纷问题的漠视与回

避态度，正式要求英法两国归还查戈斯群岛与特罗姆兰岛。通过不断在联合国提出申诉、将对争议地区的主权诉求写入宪法等手段，毛里求斯展示了维护国家主权与领土完整的坚定决心。

二　外交现状

21世纪以来，经过长期持续的经济增长，毛里求斯已经成为非洲最活跃的经济体之一，进入高水平国家行列。经济建设的巨大成功使毛里求斯成为发展中国家实现经济转型的范例之一。与此同时，气候变化问题也逐渐得到国际社会的广泛关注，而全球变暖对岛屿国家发展造成的影响也成为各国讨论的热点问题。这些都为毛里求斯国际话语权的提升创造了条件。在这种情况下，毛里求斯试图在国际上建立"小岛大国"的形象并在国际事务中发挥更为积极的作用。毛里求斯倡导减免发展中国家债务，推动非洲区域一体化，并力图将自身塑造为"小岛屿国家代言人"，积极在气候变化等重大国际问题上发声。毛里求斯试图有效利用自身的"非洲国家身份"与"小岛屿国家身份"，在探寻二者交集的基础上，拓展有为外交。

当前，拓展对外贸易、推广民主制度与利用小岛屿国家的特殊身份是决定毛里求斯外交政策的三个重要因素。毛里求斯长期奉行中立、不结盟和全方位的外交政策，坚持外交为经济建设服务，主张与所有国家发展友好关系。其一，由于毛里求斯与英法等西方国家有着悠久的历史文化联系，加之在贸易中对欧美市场的依赖，毛里求斯与欧盟国家（尤其是宗主国英国和法国）保持了较为密切的外交联系，法国的海外省留尼汪岛也是毛里求斯重要的地区合作对象。其二，毛里求斯与其最大的外来人口来源国印度也建立了极为特殊的外交关系。印度凭借在文化、宗教、经济等领域对毛里求斯的影响力，与后者在政治和国防领域均建立起密切的合作关系。其三，从地理上看，毛里求斯毗邻非洲大陆，十分重视与东部和南部非洲国家发展外交关系。其中，南非是毛里求斯重要的外交对象。对于与马达加斯加、塞舌尔、科摩罗等非洲印度洋岛国的关系，毛里求斯则积极发挥自身的外交影响力，并取得了在某些领域的领导地位，先后牵头成立了多个地区性合作组织。

当前，澳大利亚、英国、中国、埃及、法国、印度、马达加斯加、巴基斯坦、俄罗斯、孟加拉国和美国等十余个国家在毛里求斯设立了大使馆（见表8-1）。同时，毛里求斯亦向英国、法国、美国、中国、印度、南非等国派驻外交使团（见表8-2）。

表8-1 驻毛里求斯外国使团国家分布

国家	国家
澳大利亚	马达加斯加
孟加拉国	巴基斯坦
中国	俄罗斯
埃及	南非
法国	英国
印度	美国
利比亚	欧盟代表团

资料来源："Foreign Diplomatic Missions based in Mauritius", Ministry of Foreign Affairs, Regional Integration and International Trade, 2018, http://foreign.govmu.org/English/Pages/Foreign-Diplomatic-Missions-based-in-Mauritius.aspx。

表8-2 毛里求斯驻外使团分布

国家	城市	国家	城市
澳大利亚	堪培拉	莫桑比克	马普托
比利时	布鲁塞尔	巴基斯坦	伊斯兰堡
中国	北京	俄罗斯	莫斯科
埃及	开罗	沙特阿拉伯	利雅得
埃塞俄比亚	亚的斯亚贝巴	南非	比勒陀利亚
法国	巴黎	瑞士	日内瓦
德国	柏林	英国	伦敦
印度	新德里	美国	华盛顿特区
马达加斯加	安塔那那利佛	驻联合国使团	纽约
马来西亚	吉隆坡		

资料来源："Mauritius Diplomatic Missions Abroad", Ministry of Foreign Affairs, Regional Integration and International Trade, 2018, http://foreign.govmu.org/English/Pages/Embassies%20and%20Consulates/Mauritius-Embassies-Consulates-Abroad.aspx。

多边外交方面,毛里求斯是世界贸易组织(WTO)、英联邦(Commonwealth of Nations)、法语国家组织(Organisation internationale de la Francophonie)、非洲联盟(African Union)、南部非洲发展共同体(Southern Africa Development Community)、印度洋委员会(Indian Ocean Commission)、东南非共同市场以及环印度洋地区合作联盟(Indian Ocean Rim Association for Regional Cooperation)等地区性组织和国际组织(见表8-3)的成员。

表8-3 毛里求斯参加的地区性组织和国际组织

组织名	组织名
联合国开发计划署	国际移民组织
联合国人口基金	海牙常设仲裁法院
世界卫生组织	南部非洲区域技术援助中心
印度洋委员会	国际货币基金组织
环印度洋地区合作联盟	非洲开发银行
法国开发署	东南非贸易与开发银行
世界银行	

资料来源:"International and Regional Organisation Based in Mauritius (Resident)", Ministry of Foreign Affairs, Regional Integration and International Trade, 2018, http://foreign.govmu.org/English/Pages/International-and-Regional-Organisation-Based-in-Mauritius-(Resident).aspx。

三 外交机制

毛里求斯的外交、地区一体化与国际贸易部负责通过设在路易港的总部和世界各地的大使馆、高级专员和领事馆,维护并促进与外国的外交关系。相关部门的主要目标包括:第一,维护毛里求斯的主权和领土完整;第二,在双边、区域和国际外交中促进和维护毛里求斯的国家利益;第三,为建设安全、公平和民主的国际社会做出贡献;第四,加强现有的双边关系并拓展新的伙伴关系;第五,通过加速和深化区域一体化来实现可持续发展;第六,以全球化的视野扩大对外贸易,实现毛里求斯经济的包容性和可持续增长;第七,扩大毛里求斯在海外的联系网络,提高国家知名度。

毛里求斯外交、地区一体化与国际贸易部由部长负责,部长有权代表国家签署各类外交协定,不过协定须提交内阁批准并经议会通过后方能生效。外交、地区一体化与国际贸易部长为内阁成员,很多时候由总理兼任。设有一名外交秘书(Secretary For Foreign Affairs),负责统筹有关外交的各类事务性工作。具体的外交工作主要由5个司负责。其中,双边外交第一司主要负责对亚洲与中东地区的外交;双边外交第二司主要负责对欧洲、美洲与澳大利亚的外交;双边外交第三司主要负责对非洲与印度洋岛国的外交;多边经济司主要负责对各类经济合作组织(如世贸组织)的外交;多边政治第一司主要负责处理与联合国相关的事务;多边政治第二司主要负责非洲相互审查机制(African Peer Review Mechanism)、《2063年议程》(Agenda 2063)、非洲经济论坛(African Economic Platform)等事务。此外,还设有国际贸易司(International Trade Division)、地区一体化司(Regional Integration Division)。前者负责毛里求斯国际贸易政策的制定、审查和评估;后者负责监测与毛里求斯所属的区域组织有关的活动,包括南部非洲发展共同体、东南非共同市场、印度洋委员会、环印度洋地区合作联盟等组织。毛里求斯历任外交、地区一体化与国际贸易部长见表8-4。

表8-4 毛里求斯历任外交、地区一体化与国际贸易部长

序号	姓名	任期
1	西沃萨古尔·拉姆古兰	1968~1969年
2	盖尔唐·杜瓦尔	1969~1973年
3	西沃萨古尔·拉姆古兰	1973~1976年
4	哈罗德·沃尔特(Harold Walter)	1976~1982年
5	简-克劳德·拉斯塔克(Jean-Claude de l'Estrac)	1982~1983年
6	阿尼尔·加扬	1983~1986年
7	马丹·杜卢(Madan Dulloo)	1986年

续表

序号	姓名	任期
8	萨特卡姆·布莱尔	1986~1990 年
9	马丹·杜卢	1990 年
10	简-克劳德·拉斯塔克	1990~1991 年
11	保罗·贝仁格	1991~1993 年
12	斯瓦莱·卡塞纳利（Swalay Kasenally）	1993~1994 年
13	拉杜什·贾多（Ramduthsing Jaddoo）	1994~1995 年
14	保罗·贝仁格	1995~1997 年
15	纳温·拉姆古兰	1997 年
16	拉杰克沃·普里亚格（Rajkeswur Purryag）	1997~2000 年
17	阿尼尔·加扬	2000~2003 年
18	贾雅·克丽希娜·库塔里（Jaya Krishna Cuttaree）	2003~2005 年
19	马丹·杜卢	2005~2008 年
20	纳温·拉姆古兰	2008 年
21	阿尔文·布莱尔（Arvin Boolell）	2008~2014 年
22	艾蒂安·西纳坦布	2014~2016 年
23	西塔纳·卢切米纳赖杜	2016 年至今

资料来源："Foreign Ministers L-R", *Rulers*, 2018, http://rulers.org/fm3.html。

第二节 同法国的关系[①]

法国是毛里求斯的宗主国之一，两国在历史、政治、经济、社会与文

---

① 本节内容主要来自 "Organisation internationale de la Francophonie", Wikipedia, 2018, https://en.wikipedia.org/wiki/Organisation_internationale_de_la_Francophonie#Missions; "Foreign Relations", Country studies, 1994, http://countrystudies.us/mauritius/25.htm; "Les relations franco-mauriciennes", 2016, https://mu.ambafrance.org/Les-relations-franco-mauriciennes; "Relations bilatérales", 2018, https://www.diplomatie.gouv.fr/fr/dossiers-pays/maurice/relations-bilaterales/;《毛里求斯国家概况》，中华人民共和国外交部网站，http://www.fmprc.gov.cn/web/gjhdq_676201/gj_676203/fz_677316/1206_678164/1206x0_678166/。

第八章 外 交

化上均有着深远的联系。法国和毛里求斯之间的历史渊源可追溯到 1710 年。当时法国在毛里求斯建立了殖民地，并将其命名为"法兰西岛"。随后，法国在毛里求斯维持了长达一个世纪的殖民统治。虽然 1810 年后英国夺取了毛里求斯的控制权，但法国对毛里求斯社会带来的深刻影响依然持续至今。随着 1968 年毛里求斯脱离英国殖民统治获得独立，它得以重启与法国的外交关系。独立当年，法国便派拉斐尔·伦纳德·图泽（Raphaël-Léonard Touze）担任首任法国驻毛里求斯大使，并在路易港建立了法国驻毛里求斯大使馆。

经过独立后 50 余年的发展，法国与毛里求斯之间的外交关系愈加稳固，法裔居民仍是毛里求斯社会重要的组成部分。他们虽然人数较少，仅约占毛里求斯总人口的 2%，但掌握着毛里求斯大多数制糖厂及许多大型工商业企业，对毛里求斯的经济发展起到了至关重要的作用。此外，法语也是毛里求斯的通用语之一，《毛里求斯民法典》等重要法律的官方版本也为法文。在媒体与文学艺术领域，法语同样居于主导地位。2009 年，在法国的帮助下，毛里求斯公民获得了免签进入申根区的资格。此外，毛里求斯公民还可免签进入法属留尼汪岛和马约特岛。

毛里求斯与法国存在的主要矛盾是特罗姆兰岛的主权归属问题。特罗姆兰岛位于毛里求斯岛西北约 550 公里处，面积仅 1 平方公里，在 1772 年被西方殖民者首次发现。不过，由于特罗姆兰岛无论从资源还是从战略角度看都没有明显价值，因此长期处于无人居住状态。1954 年，法国在特罗姆兰岛建立了永久气象站。此举引起了毛里求斯政府的极大关注，并在 1959 年由世界气象组织主办的第三次世界气象大会上向法国提出抗议。毛里求斯认为，根据英法《巴黎条约》的内容，特罗姆兰岛因被认为是法兰西岛的附属岛屿而移交英国管辖，因此在独立后毛里求斯应继承对特罗姆兰岛的管辖权，并在 1976 年 4 月 2 日正式宣告对特罗姆兰岛拥有主权。不过，法国认为法文版的《巴黎和约》并没有将特罗姆兰岛割让给英国，因此该岛自 1814 年以来仍由法国管辖。两国关系因特罗姆兰岛的主权争端而一度紧张。1980 年 6 月，毛里求斯政府宣布将特罗姆兰岛作

毛里求斯

为属地条目列入宪法。随着200海里专属经济区的划定，两国对特罗姆兰岛附近渔业资源的争夺使该问题进一步升温。目前，两国就该岛屿的争端仍未得到解决，法国仍占有岛上的气象站，而毛里求斯对该岛的领土主张也未得到足够的国际支持。经过多轮磋商，两国在2010年6月就共同开发特罗姆兰岛周边资源问题签署了框架协议。

不过，总体而言，毛里求斯与法国的政治交往并未因特罗姆兰岛的领土争端而陷入停滞。在2004年与2006年，毛里求斯总理贝仁格和拉姆古兰曾先后访问法国。2006年7月，拉姆古兰还作为特邀嘉宾出席了法国的国庆活动。在政治、经济、文化、科技乃至国防领域，两国都保持着密切的合作。2010年框架协议的签署则标志着两国搁置了岛屿主权归属这一敏感问题，进一步扫清了两国关系发展的障碍，随后两国的政治交往变得更加频繁。2010~2013年，拉姆古兰总理出席法非峰会并先后对法国进行了三次访问。2015年9月30日，毛里求斯副总理泽维尔-吕克·杜瓦尔访问法国。2016年3月30日，毛里求斯总统古里布-法基姆访问法国，并与法国总统奥朗德（François Hollande）会面；6月29日，毛里求斯公共基础设施、土地和运输部长（Minister of Public Infrastructure and Land Transport）南德库马尔·博达（Nandcoomar Bodha）访问法国，与法方就加强基础设施领域合作的问题进行了磋商。2018年3月11~13日，法国外交国务秘书勒穆瓦纳出席了毛里求斯独立50周年庆典，并与毛里求斯总统、总理和外交、地区一体化与国际贸易部长等政要讨论了两国外交关系的未来发展问题。

值得注意的是，毛里求斯还加入了法语国家组织。该组织以促进法语推广，保持法语国家文化和语言多样性，维护和平、民主和人权，支持教育、培训和科研工作以及扩大可持续发展领域的合作为主要目标。毛里求斯在1993年10月承办第五届法语国家组织首脑峰会。在峰会上，毛里求斯主张进一步加强与法国及其他法语国家的经济合作。

毛里求斯与法国在经济领域的合作也基本未受两国领土争端的困扰。法国是毛里求斯极为重要的援助国。据统计，截至2017年9月，法国发展署（French Development Agency）对毛里求斯的累计援助已经超过4亿欧元。例如，在基础设施领域，法国帮助毛里求斯进行道路可行性研究和公路维修，并向毛里求斯贷款6000万美元建造了一座柴油发电厂。20世纪80年代末，法国阿尔卡特公司（Alcatel）帮助毛里求斯安装了3万条电话线路。为了促进毛里求斯的经济发展，法国还曾向其援建了1家罐头食品厂。此外，法国运输公司斯卡克－德尔马斯－维尔杰（SCAC-Delmas-Vieljeux）参与了对毛里求斯经济发展极为重要的自由港项目。2007年，毛里求斯与法国签署了一系列经贸和教育合作协议。在法国支持下，欧盟还决定向毛里求斯提供650万欧元援助，并宣布在6年内向毛里求斯提供2亿欧元的援助。2011年，毛里求斯与法国签署了涉及可持续发展与科学技术交流的两项合作协议。2012年，为帮助毛里求斯建设水坝，法国开发署决定向毛里求斯提供利率仅为2.9%的总额6250万欧元的低息贷款。

法国是毛里求斯最大的投资来源国。2017年，法国对毛里求斯投资额达43.8亿毛里求斯卢比，占当年毛里求斯接收海外投资总额的30.8%。目前法国在毛里求斯共投资企业超过170家，主要涉及建筑、电信、石油、发电、信息技术、教育、鱼类加工、旅游、银行等领域。与此同时，法国也是毛里求斯重要的对外投资对象。2017年，毛里求斯在法国的投资总额为2.2亿毛里求斯卢比，占毛里求斯对外投资总额的8.7%。而且，法国还是毛里求斯第二大出口目的地国与第三大进口来源国，2016年毛里求斯对法国的进出口额分别为128.8亿毛里求斯卢比与89.4亿毛里求斯卢比，占比分别为7.8%、11.4%。法国向毛里求斯出口的主要产品为食品、电器和电子产品、机械和工业设备、医药和化工产品、保健化妆品与交通工具等；而从毛里求斯进口的产品主要为纺织服装产品、皮具、医疗器械、首饰与食糖。此外，法国还是毛里求斯最大的游客来源国，据统计，2017年法国赴毛里求斯的游客达到27.2万人次。此外，毛里求斯与法国海外省留尼汪岛在地理位置上十分接近，被外界称为"姐妹岛"。两岛间同样也有着十分密切的经济、文化交流。2017年，毛里求斯接收来自留尼汪岛的投资额为3600万毛里求斯卢比，同时毛里求斯企业也向留尼汪岛投资3100万毛里求斯卢比。

毛里求斯

第三节 同英国的关系①

与法国一样,英国同样在毛里求斯建立了殖民统治。不过与法国相比,英国尽管对毛里求斯实施了长达150多年的殖民统治,但对该地区的影响有限。英国只是为毛里求斯带来了立法、行政和司法体系以及教育制度,并对其语言文化产生了一定影响。在很长时间内,来到毛里求斯的英国人大多是奉命前来担任行政管理职务的殖民官员,从事经营活动者仅占极小的比例。英国人是名义上的统治者,毛里求斯原有的法国式法律、制度、风俗、习惯等几乎原封不动地保留了下来,法裔居民依然享有法国殖民时期的特权。有人甚至将毛里求斯形容为"英国人的殖民地,法国人的社会"。

1968年,毛里求斯脱离英国殖民统治成为一个独立国家。不过,根据独立之前的相关协议,原属毛里求斯的查戈斯群岛在其独立后将与部分塞舌尔合并为英属印度洋领地并脱离毛里求斯的管辖。1966年,英国又将查戈斯群岛中的迪戈加西亚岛租借给美国作为军事基地。虽然在1968~1980年,毛里求斯基本没有在公开场合和外交会晤中质疑过查戈斯群岛的归属问题,但这仍成为两国日后关系恶化的隐患。独立之初,毛里求斯与英国维持着较为亲密的外交关系。毛里求斯1968年宪法规定:毛里求斯为君主立宪制国家,英国女王为毛里求斯国家元首,由女王任命的总督代为行使元首职权。两国间还签署了共同防御协议,由英国政府帮助毛里求斯政府应对任何的安全威胁,并帮助其训练警察等武装力量。此外,毛里求斯也是英联邦成员之一。

---

① 本节内容主要依据 In The Matter of The Chagos Marine Protected Area Arbitration, Permanent Court of Arbitration, 2015, pp. 37 – 42; "Foreign Relations", Country studies, 1994, http://countrystudies.us/mauritius/25.htm; "Mauritius Profile-Timeline", BBC, 2018, https://www.bbc.com/news/world – africa – 13882731;《毛里求斯国家概况》,中华人民共和国外交部网站,2018,http://www.fmprc.gov.cn/web/gjhdq_ 676201/gj_ 676203/fz_ 677316/1206_ 678164/1206x0_ 678166/。

第八章 外　交

不过，毛里求斯与英国的政治关系随着20世纪80年代以来两国在查戈斯群岛归属问题上的矛盾而出现变化。从1980年起，毛里求斯便在联合国大会上要求英国归还查戈斯群岛。1982年7月，毛里求斯新一届政府在法律上正式将查戈斯群岛列入毛里求斯国土范围。1984年，毛里求斯又宣布在查戈斯群岛划定专属经济区，此举遭到了英国政府的强烈反对。1992年，毛里求斯还将查戈斯群岛属于毛里求斯领土的相关条文写入宪法，毛里求斯与英国在领土上的矛盾愈发尖锐。2005年，毛里求斯颁布了《海洋区法案》(Maritime Zones Act)，将查戈斯群岛再次纳入其中，并向联合国大会提交了相关材料。此举引发了毛里求斯与英国间数次外交交锋。2007年3月，时任毛里求斯总统阿内罗德·贾格纳特甚至因领土纠纷而威胁要退出英联邦。2009年，毛里求斯与英国就查戈斯群岛的主权归属问题进行了两轮谈判，但未能取得一致。2010年4月，英国宣布在查戈斯群岛建立海洋保护区，禁止捕鱼活动。这一举措致使两国的矛盾彻底激化。同年12月，毛里求斯针对英国提起法律仲裁，请求国际仲裁庭裁定英国无权在查戈斯群岛设立海洋保护区，并且指责英国的这一行为违反了《联合国海洋法公约》的规定。2015年3月，国际仲裁庭最终裁决认为对毛里求斯涉及主权争议的请求事项不具有管辖权，但认定英国单方面划定海洋保护区的行为违法。2017年6月，第71届联合国大会应毛里求斯要求通过决议，请求国际法院就英国将查戈斯群岛从毛里求斯分裂出去并持续管理该岛对毛里求斯完成非殖民化进程的影响及相关法律后果发表咨询意见。在未来一段时间内，查戈斯群岛归属问题仍将成为困扰两国外交关系发展的重要因素。

除了领土纠纷，查戈斯群岛原住民的安置问题也是毛里求斯与英国发展外交关系的另一大障碍。20世纪60年代末，查戈斯群岛原有岛民约2000人。为了保障岛上军事基地的正常运作，英国与美国达成协议，决定将岛上原住民强行移居毛里求斯与塞舌尔。这一强制移民计划在1973年执行完毕，同时英国政府在1972年向毛里求斯支付了65万英镑用于重新安置岛民，另在1974年支付了400万英镑用于赔偿岛民因移居带来的损失。不过，由于难以融入毛里求斯社会且面临严重的经济问题，移居毛里求斯的岛民不断发起抗议活动。此外，当时毛里求斯的反对党战斗党也开始对英国强制移民的合法性提出质疑，岛民的安置问题逐渐上升为外交问题。虽然岛民曾数次将英国政府告上国际法庭并取得了阶段性的胜利，但至今英国仍不允许岛民重返查戈斯群岛。

由于查戈斯群岛归属问题及相关问题的进一步发展，英国虽与毛里求斯保持着较为密切的经济联系，但相较于法国而言仍有差距。在贸易领域，英国是毛里求斯第一大出口目的地。据统计，2016年毛里求斯向英国出口的商品总额为93.8亿毛里求斯卢比，占当年毛里求斯出口总额的12%，其中以蔗糖与纺织品为主。不过，毛里求斯从英国进口的商品较少。2016年，毛里求斯从英国进口的商品总额为36亿毛里求斯卢比，占当年毛里求斯进口总额的2.2%，位列第八位。在投资领域，2017年英国向毛里求斯投资总额为5.2亿毛里求斯卢比，占毛里求斯接受境外投资总额的3.6%；而毛里求斯对英国的投资十分有限，几乎可以忽略不计。此外，英国还是毛里求斯第二大游客来源国。2016年，英国赴毛里求斯游客数量为14.1万人次。

第四节　同印度的关系[①]

印度是毛里求斯主要的人口来源国，印度的传统文化、宗教甚至种姓制度均对毛里求斯产生了深远影响。两国交往可追溯到17世纪30年代初。殖民政府从本地治里和泰米尔纳德向毛里求斯运来了大量印度工匠以满足殖民地的发展需求。从19世纪20年代起，随着英国殖民政府废除奴隶制，大量印度工人开始以契约劳工的身份被带到毛里求斯参与甘蔗的种植。1834年11月2日，一艘名为"阿特莱斯"号（Atlas）的船停靠在毛里求斯，带来了第一批印度契约劳工。毛里求斯将这一天定为"印度劳工来毛里求斯纪念日"，是毛里求斯的法定公共假日之一。据估计，在从1834年到20世纪初的几十年间，共有50万名印度契约劳工来到毛里求

---

① 本节内容主要依据"India-Mauritius Relations", Ministry of External Affairs, Government of India, 2016, https：//mea. gov. in/Portal/ForeignRelation/Mauritius_ 08_ 01_ 2016. pdf。

第八章 外 交

斯,其中大约 2/3 的人永久定居于毛里求斯。目前,印度裔人口约占毛里求斯总人口的 68%。由于在人口上的绝对优势,除保罗·贝仁格外,毛里求斯总理一直是由印度裔担任。

由于两国间密切的历史联系,加之并无领土争端之类的敏感问题,因而毛里求斯与印度在政治、经济、文化、军事等领域都保持了密切、全面的合作。在政治领域,毛里求斯独立后的首任总理西沃萨古尔·拉姆古兰便将印度置于毛里求斯外交的核心位置。毛里求斯的历届政府也均遵循了这一原则。据不完全统计,2012~2017 年,两国部级以上官员的互访次数就达 14 次。其中,较为重要的外交成果包括:2012 年 2 月 6~12 日,毛里求斯总理纳温·拉姆古兰访印,两国签署了五份谅解备忘录,涉及科技、体育、青年发展和纺织领域,此外印度还宣布向毛里求斯提供 2.5 亿美元的贷款以及 2000 万美元的赠款;2013 年 3 月 11~13 日,印度总理什里·普拉纳布·穆克吉(Shri Pranab Mukherjee)访问毛里求斯,两国签署了三份谅解备忘录,内容涉及加强在卫生和医药、残疾人和老年人保障与旅游业领域的合作;2015 年 3 月 11~13 日,印度总理莫迪(Shri Narendra Modi)访问毛里求斯,两国政府签署了五份协定,涉及领域包括海洋经济和传统医学。此外,印度还宣布向毛里求斯提供 5 亿美元的贷款以支持毛里求斯进行民用基础设施的建设。

在经济领域,毛里求斯和印度也签署了大量的合作协议,主要包括 1982 年签署的《避免双重征税协定》(Double Taxation Avoidance Convention)、1998 年签署的《双边投资促进和保护协定》(Bilateral Investment Promotion and Protection Agreement)、2005 年签署的《关于消费者保护与法律计量合作的谅解备忘录》(MoU for Cooperation on Consumer Protection and Legal Metrology)、2012 年签署的《关于纺织品的谅解备忘录》(MOU on Textiles)以及 2015 年签署的《关于海洋经济开发的备忘录》(MoU on Cooperation in Ocean Economy)。在对外贸易领域,印度是毛里求斯第二大商品进口来源国。据统计,2016 年毛里求斯从印度进口商品的总额为 272.9 亿毛里求斯卢比,占当年毛里求斯进口总额的 16.5%。在投资领域,目前印度公共部门的 8 家企业在毛里求斯开展业务,其中包

括巴罗达银行（Bank of Baroda）、印度人寿保险公司（Life Insurance Corporation）、新印度保险公司（New India Assurance Corporation）、印度电信顾问公司（Telecommunications Consultant India Ltd）、印度石油毛里求斯分公司（Indian Oil (Mauritius) Limited）等企业。这些企业除了日常的经营活动外，还根据企业社会责任计划（Corporate Social Responsibility Schemes）积极参与毛里求斯的社区建设。值得注意的是，毛里求斯还是外国向印度投资的重要金融平台。据印度财政部门统计，近15年来，经毛里求斯中转流往印度的投资占印度吸引外资总量的1/3。从这个角度看，毛里求斯已成为印度最大的外资来源国。

印度还是毛里求斯重要的援助国。除了大量经济援助项目外，印度还向毛里求斯援建了一批社会发展项目，如圣雄甘地学院（Mahatma Gandhi Institute）、奥普迪亚训练中心（Upadhyay Training Centre）、贾瓦哈拉尔·尼赫鲁医院（Jawaharlal Nehru Hospital）、苏比拉马尼亚·巴拉蒂眼科中心（Subramania Bharati Eye Centre）、拉吉夫·甘地科学中心（Rajiv Gandhi Science Centre）、拉宾德拉纳特·泰戈尔研究所（Rabindranath Tagore Institute）、斯瓦米·维维卡南达国际会议中心（Swami Vivekananda International Conference Centre）。此外，印度还向毛里求斯提供了大量赠款与贷款援助。

在安全领域，毛里求斯同样与印度建立了十分密切的合作关系。两国在该领域签署的重要协议有2003年的《引渡条约》（Extradition Treaty）、2005年的《关于打击恐怖主义的谅解备忘录》（MoU on Cooperation against Terrorism）、《刑事司法协助条约》（Mutual Legal Assistance Treaty in Criminal Matters）与《关于移交被判刑人员的协定》（Agreement on the Transfer of Sentenced Persons），2008年的《与洗钱、资助恐怖主义有关的金融情报交流合作谅解备忘录》（MoU Concerning Cooperation in the Exchange of Finance Intelligence Related to Money Laundering & Financing of Terrorism），2009年的《沿海雷达监视系统供应合同沿海灾害预警协议》（Supply Contract for the Coastal Radar Surveillance System Agreement on Early Warning of Coastal Hazards）。除了上述双边条约外，印度还派遣安全顾问

帮助升级毛里求斯政府要员的安保措施，并向毛里求斯出口了巡逻舰、海上巡逻机等武器装备。两国还定期在毛里求斯的专属经济区开展联合巡逻。目前，毛里求斯海岸警卫队的指挥官与国家安全顾问均为印度人。毛里求斯也加入了印度海军的"国家指挥控制通信情报网"，允许印度在毛里求斯设立8座海岸监视雷达。

在文化领域，自1971年开始，毛里求斯与印度定期举行文化交流活动。其中，位于菲尼克斯的英迪拉·甘地印度文化中心（Indira Gandhi Centre for Indian Culture）是毛里求斯促进印度文化传播的重要场所。该中心为毛里求斯学生开设印度音乐、卡萨克舞蹈、塔布拉鼓和瑜伽等课程。拉宾德拉纳特·泰戈尔研究所则是毛里求斯研究印度文化与传统宗教的重要机构。毛里求斯还是世界印地语秘书处（World Hindi Secretariat）的成员之一。此外，印度还是毛里求斯学生的第四大留学目的地。当前，每年有300名毛里求斯学生赴印度留学，其中100名受到英迪拉·甘地印度文化中心的资助。

第五节　同美国的关系[①]

美国与毛里求斯有着较为悠久的外交联系。由于毛里求斯在18世纪末成为美国船只在印度洋活动的重要停靠点，早在1794年美国便在毛里求斯设立了领事馆。该领事馆在1911年关闭，后于1967年重新启用。1968年3月12日毛里求斯宣布独立的当天，美国便予以外交承认，随即将领事馆升格为大使馆。1970年以来，美国向毛里求斯派遣常驻大使，统筹毛里求斯、塞舌尔地区的外交工作。

由于在迪戈加西亚岛上建有军事基地，美国同样是查戈斯群岛领土争端的间接当事方。不过，毛里求斯同美国的关系主要以贸易为主，因此领

---

① 本节内容主要来自"U. S. Relations with Mauritius"，Bureau of African Affairs，2017，https：//www.state.gov/r/pa/ei/bgn/2833.htm；"Foreign Relations"，Country Studies，1994，http：//countrystudies.us/mauritius/25.htm；"Current Issues"，U. S. Embassy in Mauritius and Seychelles，2018，https：//mu.usembassy.gov/our-relationship/policy-history/io/.

毛里求斯

土问题对两国关系的影响不大。1982~1987年,毛里求斯对美国的出口额由2800万美元增至1.2亿美元,其中大多数为纺织品。1986~1991年,毛里求斯从美国进口的商品总额也由1100万美元增至4800万美元。不过,美国对毛里求斯的出口商品设定了配额限制,这阻碍了双方贸易的进一步深入。

随着美国在2000年颁布《非洲增长与机会法案》,毛里求斯符合"原产地规则"的产品获得了免税且无限额进入美国市场的贸易优惠。其中,纺织品是受惠的主要商品类别。在这种情况下,两国的贸易额迅速上升。2006年9月,两国政府又签署了贸易和投资框架协议,以消除贸易中的障碍,进一步加强两国之间的经济联系。2016年,美国成为毛里求斯第三大出口国。毛里求斯对美国的出口贸易额为87.4亿毛里求斯卢比,占毛里求斯出口总额的10.2%。毛里求斯向美国出口的产品主要包括服饰、蔗糖、非工业钻石、太阳镜、朗姆酒和切花。相比之下,美国对毛里求斯的出口较少,2016年仅有34.9亿毛里求斯卢比,占当年毛里求斯进口总额的2.1%,在毛里求斯进口国位列第十。美国出口到毛里求斯的主要商品包括飞机部件、自动数据处理设备、钻石珠宝、广播通信设备、工业机械和设备、书籍和工业化学品。

美国还是毛里求斯重要的投资来源地。据统计,200多家美国公司在毛里求斯经营业务,其中30家在毛里求斯设有办事处,以便为毛里求斯及周边地区提供各类服务。这些公司主要经营的领域包括信息技术、纺织、快餐、快递和金融服务。在毛里求斯,美国投资创设了加德士石油公司毛里求斯分公司(Caltex Oil Mauritius)和埃索公司毛里求斯分公司(Esso Mauritius)。美国品牌在毛里求斯也随处可见,其中肯德基、必胜客和麦当劳等品牌都已在毛里求斯经营多年。目前,毛里求斯还计划在《非洲增长与机会法案》基础上,与美国订立自贸协议,以扩大两国经贸合作。

此外,美国也是毛里求斯重要的援助国。早在查戈斯群岛领土争端较为激烈的20世纪80年代,美国仍在1982~1987年向毛里求斯提供了总额约5620万美元的发展援助。目前,安全成为美国向毛里求斯提供援助的重点领域。美国曾向毛里求斯安全人员提供反恐方法、法医学、海员技术和海事执法等方面的培训,还向毛里求斯提出了一个小型的军事援助计划。同时,美国也较为注重两国间的人文交流。美国向毛里求斯学生与学者提供了很多赴美交流访问的机会。从2005年至今,已有超过2000名毛里求斯学生赴美国学习。仅在2016年秋季学期,美国向毛里求斯留学生颁发的奖学金就达到68.7万美元。美国还通过国际访问者领导力计划(United States International Visitor Leadership Program)和非洲青年领导人倡议(Young African Leaders Initiative)加强与毛里求斯私营和公共部门的交流。同时,美国大使馆还为毛里求斯的社区团体和非政府组织提供资金支持。

第六节 同周边国家的关系

毛里求斯高度重视与其他非洲国家的外交联系与经贸合作,将"向非洲发展"确定为基本国策,积极谋求与非洲大陆国家共建经济特区,并与多个非洲国家签署投资、税收、贸易协定。此外,毛里求斯还致力于加强与非洲大陆的人文交流,向来自非洲大陆的留学生提供政府奖学金,给予非洲近30个国家免签证待遇。① 其中,经济较为发达的南非与地理上较为接近的马达加斯加、塞舌尔、科摩罗等非洲国家是毛里求斯发展对非关系的重点。

一 同南非的关系②

在毛里求斯的周边国家中,南非是不可忽视的地区大国。不过,

---

① 《毛里求斯国家概况》,中华人民共和国外交部网站,2018,http://www.fmprc.gov.cn/web/gjhdq_ 676201/gj_ 676203/fz_ 677316/1206_ 678164/1206x0_ 678166/。
② 本节内容主要依据 John H. Chettle, "Economic Relations between South Africa and Black Africa", *SAIS Review*, Vol. 4, No. 2, 1984, pp. 121 – 133;"Mauritius-South Africa relations", Wikipedia, 2018, https://en.wikipedia.org/wiki/Mauritius% E2% 80% 93South _ Africa_ relations。

毛里求斯

由于南非国民党政府执意推行全面种族隔离政策而遭到国际社会的谴责和制裁,因此在20世纪90年代以前,毛里求斯与南非的外交关系极为有限。1989年,南非公民还卷入了毛里求斯的毒品走私以及对总理贾格纳特的暗杀行动。这些事件进一步加深了两国之间的隔阂。尽管政治交往较为冷淡,但在20世纪80年代,毛里求斯仍与南非保持了较为密切的经贸联系。南非长期占据毛里求斯第一或第二进口来源国的位置。其中,玉米和小麦等粮食产品是南非向毛里求斯出口的主要产品。

20世纪90年代初,随着南非种族隔离政策的松动与国际形势的缓和,毛里求斯决定加强与南非的官方联系。1990年,毛里求斯成立了南非贸易局(South African Trade Bureau),以便增进两国的贸易合作。此外,1991年两国还签署了一项卫生合作协议,由此毛里求斯公民在必要的情况下可前往南非进行治疗。1991年11月,时任南非总统弗雷德里克·威廉·德克勒克(Frederik Willem de Klerk)对毛里求斯进行了国事访问。

1992年3月,毛里求斯与南非正式建立了领事级别的外交关系。1992年末,一家南非连锁度假村开始在毛里求斯营业。1994年,随着南非正式结束种族隔离制度,两国外交关系升级为大使级,这也标志着两国关系的完全正常化。在南非回归英联邦后,两国又互设了高级委员会(High Commission)作为在对方国家的代表。

目前,南非与毛里求斯签署的重要双边协定包括1998年2月的《促进和相互保护投资协定》(Agreement for the Promotion and Reciprocal Protection of Investments)、9月的《关于体育和娱乐方面双边合作的协定》(Agreement on Bilateral Cooperation on Sport and Recreation)、2006年10月的《艺术与文化领域合作协议》(Agreement on Co-operation in the Fields of Arts and Culture)、11月的《社会发展领域合作谅解备忘录》(Memorandum of Understanding on Cooperation in the Field of Social Development)、2009年的《关于经济合作的谅解备忘录》(Memorandum of Understanding on Economic Cooperation)、2010年11月的《关于协调搜

救服务的协定》(Agreement for the Co-ordination of Search and Rescue Services)以及2013年的《关于避免双向协定征税的双重征税和防止偷税的协定》(Agreement for the Avoidance of Double Taxation and the Prevention of Fiscal Evasion with Respect to Taxes on Income with Protocol)。

目前,南非是毛里求斯重要的贸易伙伴。据统计,2016年,毛里求斯向南非出口的商品额为63.5亿毛里求斯卢比,占当年毛里求斯出口商品总额的8.1%,位列第四;毛里求斯从南非进口的商品额为123.8亿毛里求斯卢比,占当年毛里求斯进口总额的7.5%,位列第四。此外,南非还是毛里求斯重要的旅游客源地与海外投资来源国。2016年,毛里求斯共接待来自南非的游客102180人次,占当年毛里求斯接待游客人数的8.1%。同年,南非企业共向毛里求斯投资19.7亿毛里求斯卢比,占当年毛里求斯接收外资总量的14.4%,位列第三。

二 同其他周边国家的关系

毛里求斯同其他周边国家也保持了较为密切的外交关系。其中,周边岛国马达加斯加、塞舌尔与科摩罗是毛里求斯对外交往的重点对象。毛里求斯与马达加斯加的外交关系始于1968年。两国关系长期保持稳定,在投资、文化、航空与中小企业发展等领域签订了数个双边合作协定。2009年马达加斯加爆发政治危机后,毛里求斯积极在各方之间进行斡旋。在2010年的南部非洲发展共同体峰会上,毛里求斯外长提议在毛里求斯驻马达加斯加大使馆成立马达加斯加政治危机协调联络办公室,此外还支持马达加斯加民间组织在解决危机中通过民主的方式发挥积极作用。2016年3月,马达加斯加总统埃里·拉乔纳里曼皮亚尼纳(Hery Rajaonarimampianina)访问毛里求斯。在与贾格纳特总理发表的共同声明中,双方表示毛里求斯与马达加斯加的双边关系将进入一个新的时期。在此次访问期间,两国签署了三项重要协议,分别为《关于经济特区的谅解备忘录》(Memorandum of Understanding on the Special Economic Zone)、《合作总体框架》(General Framework for Cooperation)

毛里求斯

以及《毛里求斯和马达加斯加设立联合委员会的协定》（Agreement for the Setting up of a Joint Commission Between Mauritius and Madagascar）。根据这些协定，毛里求斯将与马达加斯加共同建立特别经济区，促进两国间的投资与贸易交流，并互相实行短期签证免签。此外，两国还将进一步加强在农业、纺织、海洋、通信、旅游、反海盗等领域的合作。与此同时，马达加斯加还宣布将在毛里求斯设立贸易与投资办公室，以增进两国间的经贸合作。[①]

毛里求斯与塞舌尔的外交关系始于1988年。两国曾就萨耶·迪·马尼亚沙洲周边海域的归属问题发生争端，经协商后两国同意对该海域进行共同开发。2004年，毛里求斯总理贝仁格访问塞舌尔，双方签署了有关旅游、打击毒品交易等协议。毛里求斯还宣布向塞舌尔提供5万美元援助，以支持其印度洋海啸灾后重建工作。为了进一步明确两国的海洋权益，塞舌尔与毛里求斯分别在2008年和2012年签署了专属经济区划界协议以及对马斯克林海底高原的共管条约。此外，两国还在2009年联合申报了外大陆架划界案，维护了塞舌尔与毛里求斯的共同利益。2013年8月，塞舌尔与毛里求斯举行第10次联合委员会会议，就安全与打击犯罪进行合作达成框架协议。2014年6月，塞舌尔与毛里求斯首届商务论坛召开，双方签署了4个贸易和投资备忘录。[②]

科摩罗与毛里求斯于1985年建交。两国在卫生和文教等领域签署了多个合作协定。近年来，科摩罗决定向毛里求斯学习经济建设的成功经验，赴毛里求斯的人员逐渐增加。1999年4月，科摩罗发生军事政变后，毛里求斯予以谴责并停止援助。同时，毛里求斯还积极响应非洲统一组织的呼吁，对科摩罗联邦中单方面宣布独立的昂儒昂（Anjouan）岛采取禁运等制裁措施。2003年，在毛里求斯、马达加斯

[①] "Mauritius and Madagascar Deepen Bilateral Relations", Government of Mauritius, 2016, http://www.govmu.org/English/News/Pages/Mauritius - and - Madagascar - deepen - bilateral - relations - . aspx.

[②] 《塞舌尔国家概况》，中华人民共和国外交部网站，http://www.fmprc.gov.cn/web/gjhdq _ 676201/gj_ 676203/fz_ 677316/1206_ 678428/1206x0_ 678430/t9444. shtml.

第八章 外　交

加、南非等国的共同协调下，科摩罗联邦政府与三岛达成《科摩罗过渡措施协议》（Transitional Arrangements in the Comoros），暂时平息了政治危机。2007年11月，毛里求斯资助科摩罗30万美元用以偿还其拖欠非洲开发银行（African Development Bank）的债务。2007年昂儒昂岛再次出现独立危机后，马达加斯加、毛里求斯、塞舌尔等邻国举行多次地区外长会议，对科摩罗政府的立场表示支持。[①]

毛里求斯还积极发挥自身在印度洋地区的影响力，发起成立了多个地区性合作组织。1982年，在毛里求斯的倡议下，毛里求斯、马达加斯加、塞舌尔、科摩罗和留尼汪岛等国家和地区成立了印度洋委员会。该组织于1984年正式运行。1989年，印度洋委员会在毛里求斯设立了秘书处。该组织的主要目标是加强几个海岛国家之间的友好关系，打造非洲印度洋地区的合作平台。印度洋委员会的行动目标还包括通过推进可持续发展项目以保护环境、改善民众的生活条件、保护各岛赖以生存的海洋自然资源。作为一个只有岛屿国家组成的组织，印度洋委员会在区域和国际层面也经常维护小岛屿国家的利益。

毛里求斯还参与了环印度洋地区合作联盟（Indian Ocean Rim Association for Regional Cooperation）的成立工作。成立该组织的设想由南非外长博塔（Pik Botha）在1993年访问印度时首次提出。1994年，毛里求斯外长访问印度时再次提出"印度洋经济圈"设想，倡导建立印度洋周边国家的经贸合作组织，得到环印度洋国家的积极响应。1995年4月18日，南非、印度、澳大利亚、肯尼亚、毛里求斯、新加坡和阿曼在毛里求斯发表推动环印度洋经济圈计划的联合声明。在筹备过程中，参与国家数量由7个增加至14个。1997年3月，环印度洋的14个国家在毛里求斯首都路易港召开部长级会议，宣告环印度洋地区合作联盟正式成立，总部设在毛里求斯。该组织的主要目标是促进环印度洋地区及成员国经济的持续增长和平衡发展，促进经济自由化，

---

① 《科摩罗国家概况》，中华人民共和国驻科摩罗大使馆经济商务参赞处网站，http://km.mofcom.gov.cn/article/ddgk/201610/20161001498123.shtml。

清除自由障碍和贸易壁垒,促进环印度洋地区商品、服务、投资和技术的流动。

此外,在非洲、加勒比和太平洋地区国家集团与欧盟签署《经济伙伴协议》的前夕,毛里求斯与马达加斯加、塞舌尔、科摩罗四国在2007年10月成立了印度洋岛国(CMMS)地区组织,以便事先协调立场,更好地维护本地区国家的共同利益。

第七节 同主要国际组织的关系

一 同联合国的关系[①]

毛里求斯在1968年4月24日加入联合国。作为小岛屿国家,毛里求斯在联合国框架下十分注重对可持续发展问题的参与。为了确保马拉喀什进程(Marrakech Process)的顺利推进,毛里求斯是非洲第一个在联合国环境规划署(UNEP)指导下制定国家可持续消费和生产方案(National Programme on Sustainable Consumption and Production)的国家。毛里求斯希望将经济增长与对自然资源的耗损脱钩;通过改变消费模式、促进技术转变,实现可持续发展。2008年,国民议会通过的毛里求斯国家可持续消费和生产方案的重点为五个优先发展领域:(1)能源、水和可持续建筑;(2)教育和通信;(3)废物管理;(4)可持续的公共采购;(5)增加可持续产品的市场机会。迄今为止,毛里求斯已经成功实施了13个项目,其中包括制定关键家用电器的最低能源效率标准、对能源审计者进行能力建设、建立具有综合准则的制订绿色建筑

---

① 本节内容主要依据 *National Report of the Republic of Mauritius*, Third International Conference On Small Island Developing States, 2014;*National Synthesis Report 2012*, UNDESA, 2012;《访毛里求斯 潘基文呼吁国际社会帮助小国实现可持续发展目标》,联合国新闻中心, https://www.un.org/sustainabledevelopment/zh/2016/05/ban-urges-focus-on-small-states-in-realizing-development-targets/; "Small Island Developing States and the UN-timeline", http://www.un.org/en/events/islands2014/smallislands.shtml。

评级系统和制订绿色公共采购行动计划。

除了积极制订计划,毛里求斯在可持续发展的实施领域也积极与联合国有关部门展开协作。自1992年以来,联合国开发计划署(UNDP)便在毛里求斯实施了多个关键性项目,包括圆岛生态环境的恢复。21世纪初,联合国开发计划署在毛里求斯的主要贡献是帮助毛里求斯改革、升级电网系统,使任何公民都可以通过可再生能源生产电力并将其出售给电网。联合国开发计划署对毛里求斯电力系统发展的介入产生了明显效果,如能源效率管理办公室(Energy Efficiency Management Office)投入运行、能源使用效率提升。从更广泛的角度来看,联合国各机构在"可持续的毛里求斯"(Maurice Ile Durable)战略的指引下,在提升可持续消费和生产、能源效率、可再生能源和适应气候变化等领域为毛里求斯做了大量富有成效的工作。

作为小岛屿发展中国家的杰出代表,毛里求斯还积极在联合国框架下对小岛屿国家的发展问题发挥力所能及的影响。2005年1月,毛里求斯承办了联合国"小岛屿发展中国家可持续发展国际会议"(International Conference on Small Island Developing States)。此次会议共有114个国家的代表参加,其中18个国家的元首或政府首脑参会,60多个国家的部长出席。此次会议通过了《毛里求斯战略》(Mauritius Strategy)和《毛里求斯宣言》(Mauritius Declaration)。其中,《毛里求斯战略》在19个优先领域提出了行动目标,旨在支持小岛屿国家实现经济与社会发展;《毛里求斯宣言》则对小岛屿国家经济抗干扰能力建设给予了特别强调,同时还指出应该尽快在印度洋建立灾害预警系统,以防止类似印度洋地震和海啸等给人类带来巨大损失的灾难。

2016年5月,联合国秘书长潘基文在对毛里求斯进行访问时表示,"毛里求斯在实现可持续发展目标方面为世界树立了一个榜样。联合国将继续注视毛里求斯的经验,从毛里求斯将经济、环境和社会发展融为一体的方法中得到启迪,并承诺将在实现可持续发展目标的过程中随时向毛里求斯提供支持"。此外,潘基文还呼吁在实现可持续发展目标方面对毛里求斯这样的小岛屿国家给予更多的帮助和支持。

二 同非洲联盟的关系[①]

毛里求斯与非盟保持着十分密切的合作关系。独立之初,毛里求斯面临着与非洲很多国家相似的问题和挑战,如以农业为主的单一经济模式、各族群之间的隔阂与矛盾。不过,毛里求斯成功应对了这些挑战,并成功实现了经济与社会的快速发展。以此为前提,与非洲其他国家分享发展经验、积极推动非洲经济与社会发展便成为毛里求斯在非盟框架下活动的主要内容。

2013年4月,毛里求斯承办了非盟举办的第六届非洲一体化部长会议(Conference of African Ministers in charge of Integration)。非洲多个国家的外交部长、大使,区域经济共同体代表,非洲开发银行、联合国非洲经济委员会(United Nations Economic Commission for Africa)、非盟委员会的代表出席了会议。在本届会议上,非洲联盟委员会副主席埃拉斯特斯·姆温查(Erastus Mwencha)重申了实现非洲经济一体化对非洲在全球经济体系中实现有效竞争并保持可持续经济增长的重要性。此外,本届会议还回顾了非洲国家在区域一体化领域取得的成绩,同时也明确了进一步推进经济一体化将面临的挑战。这些挑战具体包括:人口流动自由性较低、在推动一体化项目时过度依靠外部资金捐助、公民所有权发展程度不高、在政策制定时缺少以普通居民为中心的环境决策以及协议落实程度较低等。对于非洲一体化进程的未来前景,姆温查强调了公民参与的重要性。他认为,在一体化进程中确保公民对重大决策的参与是关键性因素。此外,为了应对资金缺乏的

[①] 本节内容主要依据 "Sixth Conference of African Ministers In Charge of Integration 15 – 19 April 2013, Port Louis, Mauritius", African Union, 2013, https://au.int/en/newsevents/26630/sixth – conference – african – ministers – charge – integration – 15 – 19 – april – 2013 – port – louis; "African Economic Platform. Africa's Premier Business Forum", The Free Library, 2018, https://www.thefreelibrary.com/AFRICAN + ECONOMIC + PLATFORM. + Africa%27s + Premier + Business + Forum. – a0530107182; "A First for Africa! The Inaugural African Economic Platform Opens in Mauritius", African Union, 2017, https://au.int/en/pressreleases/20170320/first – africa – inaugural – african – economic – platform – opens – mauritius。

第八章 外　交

问题，也应加强私营部门对非洲一体化进程的参与。

2017年，毛里求斯被选为非盟每年举办一次的被誉为"非洲达沃斯"的"非洲经济论坛"的承办国。2017年3月，在路易港举行了首次会议。此次会议旨在为解决非洲各国面临的共同问题提供一个多方对话平台，以期帮助非洲国家和非国家行为体摆脱发展困境。本次论坛设有四个主要议题，分别为区域价值链提升、通过非洲贸易协定扩大地区内贸易、增强非洲私营部门竞争力以及青年赋权和能力提升。

毛里求斯也在查戈斯群岛等领土争端中寻求非盟的支持。例如，在非洲经济论坛的开幕式发言中，毛里求斯总理借此机会提醒听众，非洲的金融和经济独立需要以完全的政治独立和对其领土的充分主权为前提，并欢迎其他非洲国家通过非盟在查戈斯群岛领土纠纷上声援和支持毛里求斯。2018年1月，非盟委员会向国际法院提交了一份申请，请求后者就英国将查戈斯群岛从毛里求斯割裂出去的法律后果发表咨询意见。非盟认为，此举符合"2063年议程"（Agenda 2063）"以泛非主义理想和非洲复兴愿景为基础，建立一个一体化且政治统一大陆"的发展目标。[①]

第八节　同中国的关系[②]

一　历史回顾

中国与毛里求斯有着悠久的历史联系。早在17世纪中叶荷兰统治毛

[①] "ICJ Agrees that African Union Presents its Submission on Request for Advisory Opinion on Legal Consequences of Seperation of Chagos Archipelago from Mauritius in 1965", African Union, 2018, https://au.int/en/pressreleases/20180125/icj-agrees-african-union-presents-its-submission-request-advisory-opinion.

[②] 本节内容主要依据 "Foreign Relations", Country studies, 1994, http://countrystudies.us/mauritius/25.htm; "China-Mauritius relations", Wikipedia, 2018, https://en.wikipedia.org/wiki/China%E2%80%93Mauritius_relations; "Mauritians of Chinese origin", Wikipedia, 2018, https://en.wikipedia.org/wiki/Mauritians_of_Chinese_origin;《中国同毛里求斯的关系》，中华人民共和国外交部网站，2018，http://www.fmprc.gov.cn/web/gjhdq676201/gj676203/fz677316/1206678164/sbgx678168/。

毛里求斯

里求斯时期,殖民者便将部分华裔囚犯由巴达维亚运送至毛里求斯以补充当地的劳动力。1760年,法国殖民当局将约300名华侨从巴达维亚强行移居到毛里求斯,强迫他们参与岛上的种植园劳动。这些华侨对法国殖民者的这种行为进行了坚决抵制,并在经过长时间斗争后返回原住地。

18世纪80年代,数千名中国移民从广州出发,乘坐英国、法国或丹麦的船只来到毛里求斯。他们多为铁匠、木匠、鞋匠和裁缝。其中,以陆才新为侨领的福建人建立了毛里求斯最早的唐人街。陆才新的商店位于路易港马拉巴尔区皇家大道3号。第二批华人来自广东南海和顺德地区,他们的到来使原来的华人区从皇家大道扩展到孙中山街和大卫街。19世纪60年代以后抵达的客家人主要集中在孙中山街沿线和皇家大道南部。路易港的商业和制造业都源于唐人街。根据官方数据,唐人街总面积为135750平方米。[①]

在英国取得对毛里求斯的控制权后,华裔移民的数量不断增加。仅在1840~1843年,就有约3000名华人契约劳工来到毛里求斯。到19世纪60年代,华裔经营的商店已经遍布全岛。此外,还有大量华裔移民以毛里求斯为中转地,前往南非等非洲国家。到20世纪中叶,毛里求斯的华裔总人口接近两万人(见表8-5)。当前,华裔人口占毛里求斯总人口的比重约为3%。

表8-5 1850~1972年毛里求斯华人人口统计

单位:人

年份	总人数	男性			女性		
		生于毛里求斯	生于中国内地或香港	总人数	生于毛里求斯	生于中国内地或香港	总人数
1850	586	—	—	586	—	—	—
1861	1552	—	—	1550	—	—	2
1871	2287	—	—	2284	—	—	3
1881	3557	—	—	3548	—	—	9
1891	3151	—	—	3142	—	—	9

---

① 李安山:《二战后非洲华人社会生活的嬗变》,《西亚非洲》2017年第5期。

第八章 外 交

续表

年份	总人数	男性			女性		
		生于毛里求斯	生于中国内地或香港	总人数	生于毛里求斯	生于中国内地或香港	总人数
1901	3515	19	3438	3457	—	58	58
1911	3668	266	3047	3313	221	134	355
1921	6745	1116	4117	5233	1074	438	1512
1931	8923	1835	4508	6343	1511	1069	2580
1944	10882	3096	3712	6808	2893	1181	4074
1952	17850	6485	3936	10421	6038	1391	7429
1962	23058	9154	3500	12654	8987	1417	10404
1972	24084	10077	2772	12849	9968	1267	11235

资料来源：方积根编《非洲华侨史资料选辑》，新华出版社，1986，第160页。

华裔居民对毛里求斯的经济与社会发展做出了巨大贡献。其中，华商总会会长朱梅麟在第二次世界大战期间协调统筹各零售商的商品储备与出售，极大地缓解了毛里求斯物资短缺的情况。二战结束后朱梅麟因此当选毛里求斯立法委员，并获得英国女王伊丽莎白二世的接见，被授予爵士封号。1968年毛里求斯独立后，朱梅麟被任命为新政府财政部长。20世纪70年代，朱梅麟又致力于改变毛里求斯单一的经济结构，利用自己的华人身份吸引了中国香港和台湾地区的大量投资。为了纪念朱梅麟的巨大贡献，毛里求斯政府将他的头像印在了25毛里求斯卢比的纸币上。此外，被誉为"毛里求斯出口加工区之父"并担任过毛里求斯大学副校长的林满登也是享誉岛内外的著名华人。

二 政治交往现状

中国与毛里求斯的官方外交始于1972年4月15日。不过值得注意的是，20世纪70~80年代，毛里求斯与中国香港和台湾地区的交流要更为密切。随着独立后毛里求斯政府推行经济自由化与多元化战略，毛里求斯出台了大量优惠政策以吸引外资。在这种情况下，毛里求斯的华裔居民通过与中国香港和台湾地区的传统联系，成为毛里求斯招商引资的重要中间人。在华裔居民的不懈努力下，加之适宜的国际环境，中国香港和台湾地区成为20世纪80年代毛里求斯出口加工区最主要的投资来源地。其中，来自中国香港的投资一度占到毛里求斯出口加工区吸引外资总额的3/4以上。在中国港台企业的带动下，毛里求斯成为世界第三大羊毛针织品出口国。

随着中国改革开放与对外贸易的显著增长，中国与毛里求斯的贸易往来日益增加。1985年，双方成立了经济、技术和贸易合作混合委员会，以加强相关领域的合作。1994年6月，卡萨姆·乌蒂姆对中国进行国事访问，成为首位访华的毛里求斯总统。中方高度赞赏毛里求斯奉行的"一个中国"原则，并祝贺毛里求斯在民族团结以及经济建设方面取得的重大成就。乌蒂姆也对两国关系的发展表示满意，并赞扬中国近年来取得的重大进步；8月，由毛里求斯财政部长带领的毛里求斯财政部与中央银行代表团访问中国，双方正式签署了《中华人民共和国政府和毛里求斯共和国政府关于对所得避免双重征税和防止偷漏税的协定》，这为两国经贸关系的进一步发展创造了条件。

2002年是中国与毛里求斯建交30周年。以此为契机，毛里求斯总理、文化艺术部长、住房和土地部长等高级官员先后访华，中方则有十余个省部级代表团访问毛里求斯。当年7月，在毛里求斯总理阿内罗德·贾格纳特正式访问中国期间，两国领导人共同回顾了双方在各领域取得的合作成果，并表示要推动两国关系不断向前发展。此外，两国还签署了《中华人民共和国最高人民检察院与毛里求斯共和国总检察院、司法和人权部合作谅解备忘录》和《中华人民共和国教育部与毛里求斯共和国教育和科研部教育合作协议》。

2005年1月，中国外交部长李肇星对毛里求斯进行正式访问，并参加在毛里求斯举办的小岛屿国家可持续发展国际会议。其间李肇星与毛里求斯总统、总理进行了会谈，双方签署了《中华人民共和国与毛里求斯共和国政府经济技术合作协定》与《中华人民共和国与毛里求斯共和国外交和地区合作部关于建立政治磋商机制的协议》。当月，毛里求斯总理贝仁格访华，分别会见了中国国家主席胡锦涛、全国人大常委会委员长吴邦国，两国签署了《中华人民共和国政府与毛里求斯共和国政府关于双边劳务合作的协定》。

2006年，毛里求斯外交、国际贸易和合作部长以及总理先后访华，两国领导人均表达了在经贸、航空、海运、旅游等领域加强合作的意愿。当年3月，两国签署了关于航空运输合作的谅解备忘录。

2009年2月，中国国家主席胡锦涛对毛里求斯进行国事访问，其间会见了贾格纳特总统，并同拉姆古兰总理举行了会谈。胡锦涛主席对两国关系的进一步发展提出了五点建议。第一，保持高层交往势头，加强两国政府、立法机构、政党、地方友好往来，增进政治互信；第二，建立更加紧密的经贸合作关系，充分发挥两国经贸混委会等机制的作用，就扩大合作领域、提升合作水平经常交换意见，共同搞好经贸合作区建设。中国政府继续鼓励和支持中国企业加大对毛投资，愿积极推进两国基础设施建设领域合作。第三，加强应对金融危机的合作，中方愿同毛方就加强金融监管、扩大内需、促进经济增长等交流经验，共同探索应对国际金融危机的有效办法。第四，加强人文交流，深化教育、文化、体育、卫生、旅游等领域合作，扩大两国妇女、青年组织交往，使中毛友谊世代相传。第五，加强国际和地区事务中的合作，中方愿就气候变化、小岛屿国家可持续发展、安理会改革等问题同毛方保持磋商和协调，共同维护广大发展中国家正当权益。毛里求斯政府表示愿同中方进一步扩大双方在经贸、金融、基础设施建设、文化、教育、旅游等领域的互利合作。

2010年8月，毛里求斯总统贾格纳特来华出席上海世博会国家馆日活动，并对北京、广州进行了访问，他在访华期间还与全国人大常委会副委员长王兆国进行了会晤。2011年，贾格纳特总统分别于7月和9月两度访华，参加了毛里求斯航空公司直航上海的首航仪式，出席了在山西举办的第六届中国中部投资贸易博览会，并赴浙江、上海参观访问。2015年10月，毛里求斯总统阿米娜·古里布-法基姆来华出席2015年科技创新大挑战年会。12月，法基姆总统出席了中非合作论坛约翰内斯堡峰会。2016年1月，中国外交部长王毅访问毛里求斯。

毛里求斯

2017年5月，毛里求斯外交、地区一体化和国际贸易部长卢切米纳赖杜来华出席"一带一路"国际合作高峰论坛高级别会议并对中国进行工作访问。

2018年7月底，中国国家主席习近平对毛里求斯进行友好访问。习近平向贾格纳特总理提出，在面临新的机遇期之际，中毛两国要保持高层交往势头，加强政府部门、立法机构、地方等往来，继续在涉及彼此核心利益和重大关切问题上相互理解和支持；要挖掘务实合作潜力，提高双方贸易和投资自由化、便利化水平，早日商签中毛自由贸易协定，发挥毛里求斯参与共建"一带一路"的独特区位优势，加强沟通对接，深化广泛领域合作；要加强人文交流，促进相互了解。习近平还表示，中方愿同毛方加强气候变化南南合作，在国际事务中密切协作，维护发展中国家共同利益。①

三　经贸、文化往来

中国目前已经成为毛里求斯最重要的经济合作伙伴之一。2006年，中国国家主席胡锦涛在中非合作论坛北京峰会上宣布了加强中非经贸合作的八项举措，其中包括在非洲建立3~5个经济贸易合作区，毛里求斯经贸合作区是其中之一。该合作区始建于2009年8月，投资主体为山西晋非投资有限公司，施工企业为毛里求斯晋非经济贸易合作区有限公司，故而也被称为"晋非开发区"。它是中国商务部首批批准的境外合作区之一，也是中国对外经贸合作和外交总体战略的重要内容。在克服了一系列挑战之后，开发区的定位是"智慧城市型园区"，即集商务办公、休闲娱乐、文化旅游于一体、面向非洲的金融文化交流中心。②

2016年，毛里求斯从中国进口商品的总额为293亿毛里求斯卢比，

---

① 李满、杜尚泽、李锋：《习近平会见毛里求斯总理贾格纳特》，《人民日报》2018年7月29日，第1版。
② 王龙飞：《山西挺进非洲的"桥头堡"——毛里求斯晋非经贸合作区发展纪实》，《山西经济日报》2015年12月11日，第1版。

占当年毛里求斯进口商品总额的17.7%，位列第一。为了加强两国在金融领域的合作，中国银行于2016年9月在毛里求斯设立了分行。2017年12月，中国与毛里求斯签署了谅解备忘录，宣布正式启动两国自贸协定谈判。未来两国的贸易合作还将进一步升级。在投资领域，2016年中国企业向毛里求斯投资24.4亿毛里求斯卢比，占当年毛里求斯接收境外投资总额的17.9%，位列第二。此外，中国也是毛里求斯重要的援助国之一。自两国建交以来，中国先后向毛里求斯援建了水坝、机动车修理厂、体育场、桥梁、住宅、医院、老年人活动中心等项目。仅2000~2012年，中国官方就向毛里求斯援助了约47个金融发展项目。其中包括由中国进出口银行提供2.6亿美元优惠贷款修建西沃萨古尔·拉姆古兰爵士国际机场的新航站楼，以及通过中国政府提供的无息贷款翻修位于罗斯希尔的广场剧院等。最突出的则是由中国政府提供优惠贷款、中国企业承建的巴加泰勒水坝工程（2012年动工、2017年竣工）。水坝每年可储水6000万立方米，受益区域覆盖毛里求斯全国20%的国土，受益人口占全国人口的30%以上，将极大缓解当地人的淡水使用问题。

在文化领域，中国与毛里求斯在1980年签署了有关文化合作的协定。1988年，中国在海外设立的第一个文化中心落地毛里求斯，如今这里已成为毛里求斯民众了解中华文化的重要窗口。目前，毛里求斯是唯一将春节定为法定假日的非洲国家。为了方便两国的人文交流，中国在2003年宣布毛里求斯为中国公民自费出境旅游目的地。2011年7月，两国开通了上海至毛里求斯的直航航班。当前，中国与毛里求斯的直航航线已经增加至四条，分别为香港—毛里求斯、上海—毛里求斯、成都—毛里求斯、广州—毛里求斯。随着2013年10月《中华人民共和国政府和毛里求斯共和国政府关于互免签证的协定》正式生效，缔约一方持有本国有效护照的公民在缔约另一方入境、出境或者过境停留时间不超过30天的免办签证。此举极大地方便了两国间的人文交流活动。来华求学的毛里求斯学生越来越多，每年还有500多名毛里求斯各界人士来华参加各类培训。目前，中国已经成为毛里求斯重要的游客来源地。自两国互免签证以

毛里求斯

来，毛里求斯作为一个理想的旅游目的地，每年吸引中国游客近8万人次。[①] 其中，仅2016年，中国赴毛里求斯的游客就达到73413人次，占当年毛里求斯接待海外游客总人数的6.3%。2016年12月，毛里求斯大学孔子学院正式揭牌。2017年，毛里求斯大学孔子学院学生人数达到395人。[②]

[①] 孙功谊：《奏响新时代中毛友好新乐章》，《人民日报》2018年7月23日，第2版。
[②] 李锋、韩晓明：《毛里求斯各界热切期待习近平主席访问》，《人民日报》2018年7月28日，第2版。

大事纪年

1502 年	毛里求斯、罗德里格斯与留尼汪三个岛屿被首次绘制在海图上。
1598 年	荷兰人韦伯瑞特·范·沃尔范克率领的船队首次在毛里求斯登陆。
1638 年	荷兰人首次对毛里求斯进行殖民开发,科尼利厄斯·西蒙·古尔担任毛里求斯殖民地的首任总督。
1657 年	荷兰人初次决定放弃毛里求斯。
1664 年	荷兰人再次尝试对毛里求斯进行殖民开发。
1710 年	荷兰人彻底放弃在毛里求斯的殖民活动。
1715 年	法国东印度公司的考察队登上毛里求斯,宣布法国对该岛拥有主权。
1721 年	法国东印度公司开始对毛里求斯进行殖民开发。
1735 年	总督马埃·德·拉布尔多内马上任。
1740 年	首批华裔移民来到毛里求斯。
1764 年	毛里求斯成为法国王室直辖殖民地。
1790 年	法国大革命后毛里求斯经选举产生了包括 61 名代表的殖民地议会和市镇委员会,剥夺了总督和事务官的权力,毛里求斯开始实行短暂自治。
1794 年	美国在毛里求斯设立领事馆。

1803 年	拿破仑向毛里求斯派遣总督查尔斯·马修·伊西多·德康,废除了岛上议会,毛里求斯重归法国王室的统治。
1810 年	英国以压倒性兵力优势占领毛里求斯。
1814 年	《巴黎条约》正式将毛里求斯划归英国。
1831 年	英国殖民当局颁布了毛里求斯第一部宪法。
1834 年	第一批印度契约劳工来到毛里求斯。
1835 年	殖民政府与种植园主达成协议,在毛里求斯废除奴隶制,随后印度裔居民为填补劳动力空缺而大量来到毛里求斯。
1936 年	毛里求斯工党成立。
1951 年	毛里求斯与英国签署《英联邦糖业协议》。
1958 年	毛里求斯成立立法议会。
1965 年	伦敦制宪会议召开。
1966 年	英国将查戈斯群岛中的迪戈加西亚岛租借给美国作为军事基地。
1967 年	穆斯林行动委员会、工党和独立前进集团组成的竞选联盟赢得了大选的胜利,西沃萨古尔·拉姆古兰当选毛里求斯首任总理。
1968 年 3 月 12 日	毛里求斯独立。
1969 年	战斗党成立。
1970 年	毛里求斯颁布《出口加工区法》,决定大力发展出口导向的劳动密集型产业。
1972 年 4 月 15 日	中国与毛里求斯建交。
1982 年	战斗党与社会主义党组成的竞选联盟获得大选胜利,阿内罗德·贾格纳特当选毛里求斯总理。
1982 年	毛里求斯、马达加斯加、塞舌尔、科摩罗和留尼汪岛建立印度洋委员会。
1985 年	毛里求斯部分议员因走私毒品被逮捕,引发政

	府丑闻。
1992 年	毛里求斯通过宪法修正案改为共和国,卡萨姆·乌蒂姆成为毛里求斯首任正式总统。
1994 年	毛里求斯与南非建立大使级别外交关系。
1995 年	工党赢得大选胜利,纳温·拉姆古兰出任总理。
1997 年	环印度洋的 14 个国家在毛里求斯首都路易港召开部长级会议,宣告环印度洋地区合作联盟正式成立。
1999 年	因著名歌手卡亚死于狱中,毛里求斯发生骚乱。
2000 年	由社会主义战斗党与战斗党组成的竞选联盟获得了大选胜利,贾格纳特再次执政。
2002 年	毛里求斯政府赋予罗德里格斯岛一定程度的自治权。
2003 年	根据社会主义战斗党和战斗党达成的权力分享协议,贝仁格接替贾格纳特担任毛里求斯总理,成为首任非印度裔总理,贾格纳特出任总统。
2005 年	工党联合多个小党取得大选胜利,纳温·拉姆古兰再次当选毛里求斯总理。
2007 年	毛里求斯与马达加斯加、塞舌尔、科摩罗四国共同成立印度洋岛国地区组织。
2009 年 2 月	胡锦涛主席对毛里求斯进行国事访问。
2010 年	毛里求斯政府美德珀特诊所收购丑闻爆发。
2012 年	总统阿内罗德·贾格纳特宣布辞职,原议长凯莱希·普里亚格接任总统。
2015 年	阿米娜·古里布-法基姆当选总统,成为毛里求斯历史上第一位女性总统。
2016 年	美德珀特诊所收购丑闻尘埃落定,毛里求斯高级法院判普拉文·贾格纳特无罪。

2017 年	阿内罗德·贾格纳特辞去总理职务,将权力移交其子普拉文·贾格纳特。
2018 年 7 月	中国国家主席习近平过境毛里求斯并对毛里求斯进行友好访问。

参考文献

一 中文文献

1. 〔法〕奥古斯特．图森:《马斯克林群岛史》,梁易译,上海人民出版社,1977。
2. 〔毛里求斯〕厄斯诺·巴伯吉:《毛里求斯简史》,梁易译,上海人民出版社,1973。
3. 北京大学国际关系学院编《坦桑尼亚、桑给巴尔、毛里求斯、科摩罗群岛》,北京大学国际关系学院,1975。
4. 观笔:《天堂原乡:毛里求斯》,世界知识出版社,2014。
5. 〔毛里求斯〕T. 兰丁:《毛里求斯地理》,江苏人民出版社,1978。
6. 刘金源:《印度洋英联邦国家》,四川人民出版社,2003。
7. 〔澳〕孤独星球公司编《毛里求斯、留尼汪和塞舌尔》,中国地图出版社,2017。
8. 〔肯尼亚〕A. A. 马兹鲁伊主编《非洲通史(第八卷):1935 年以后的非洲》,中国对外翻译出版公司,2003。
9. 《世界各国宪法》编辑委员会编《世界各国宪法:非洲卷》,中国检察出版社,2012。
10. 王丽娟、毋恒生、程桢:《WTO 成员国(地区)经贸概况与礼仪习俗》,中国物价出版社,2002。
11. 吴士存:《世界著名岛屿经济体选论》,世界知识出版社,2006。
12. 中国银行股份有限公司、社会科学文献出版社编《毛里求斯》,社会科学文献出版社,2016。

二 英文文献

1. Adam Aft & Daniel Sacks, "Mauritius: An Example of the Role of Constitutions in Development," *University of Miami International & Comparative Law Review*, Vol. 18, No, 1, 2010.
2. *Annual Report 2014*, Port Louis: National Library, 2014.
3. Auguste Toussaint, *History of Mauritius* (London: Macmillan, 1977).
4. *Business Activity Statistics*, *January-December 2012*, Port Louis: Ministry of Finance and Economic Development, 2017.
5. *Consumer Price Index*, Port Louis: Ministry of Finance and Economic Development, 2018.
6. *Digest of Agricultural Statistics 2016*, Port Louis: Statistics Mauritius, 2017.
7. *Digest of External Merchandise Trade Statistics Year 2016*, Port Louis: Ministry of Finance and Economic Development, 2017.
8. *Digest of Labour Statistics 2016*, Port Louis: Ministry of Finance and Economic Development, 2017.
9. *Education Statistics-2017*, Port Louis: Ministry of Education and Human Resources, Tertiary Education and Scientific Research, 2017.
10. *Environment Statistics-2016*, Port Louis: Ministry of Finance and Economic Development, 2017.
11. Gilles Joomun, "The Textile and Clothing Industry", in Herbert Jauchm Rudolf Traub-Merz, eds, *The Future of the Textile and Clothing Industry in Sub-Saharan Africa* (Bonn: Friedrich – Ebert – Stiftung, 2006).
12. *Gross Direct Investment Flows1 for Calendar Year 2017 (Provisional)*, Port Louis: Bank of Mauritius, 2018.
13. *Health Statistics Report 2015*, Port Louis: Ministry of Health and Quality of Life, 2015.
14. *Household Budget Survey 2012: Analytical Report*, Port Louis: Ministry of

Finance and Economic Development, 2015.

15. *Housing and Population Census*, Port Louis: Ministry of Finance and Economic Development, Vol. X, 2011.

16. *Information and Communication Technologies (ICT) Statistics – 2016*, Port Louis: Ministry of Finance and Economic Development, 2018.

17. *Infrastructure Statistics*, Port Louis: Ministry of Finance and Economic Development, 2018.

18. Kade A. Parahoo, "Early Colonial Health Developments in Mauritius", *Original Articles on Underdevelopment and Health*, Vol. 16, No. 3, 1986.

19. L. Amedee Darga and Gilles Daniel Joomun, *Strengthening Parliamentary Democracy in SADC Countries: Mauritius Country Report* (Braamfontein: The South African Institute of International Affairs, 2005).

20. *National Accounts of Mauritius 2016*, Port Louis: Ministry of Finance and Economic Development, 2017.

21. *Participation in Sport Report 2015*, Port Louis: Ministry of Youth and Sports, 2017.

22. *Performance of Small and Medium Enterprises (SMEs), 2007 to 2015*, Port Louis: Ministry of Finance and Economic Development, 2016.

23. *Pestle Analysis of Mauritius and Analysis of Major Industries Available In Mauritius*, Ahmedabad: Gujarat Technological University, 2013.

24. R. N. G. Kee Kwong, "Status of Sugar Industry in Mauritius: Constraints and Future Research Strategies," *Sugar Tech*, Vol. 7, No. 1, 2005.

25. *Road Transport and Road Traffic Accident Statistics*, Port Louis: Ministry of Finance and Economic Development, 2018.

26. S. A. De Smith, "Mauritius: Constitutionalism in a Plural Society," *The Modern Law Review*, Vol. 31, No. 6, 1968.

27. *Social Security Statistics 2013 – 2017*, Port Louis: Ministry of Finance and Economic Development, 2017.

28. *Survey of Inbound Tourism, Year 2016*, Port Louis: Ministry of Finance

and Economic Development, 2017.
29. *Trade Policy Review of Mauritius*, Geneva: WTO, 2014.
30. Y. Luximon, M. D. Nowbuth, "A Status of Food Security in Mauritius in face of Climate Change," *European Water*, Vol. 32, 2010.
31. Yacob Aklilu, *An Assessment of the Meat Market in Mauritius*, USAID, 2008.

三 主要网站

1. 毛里求斯国家统计局网站，http://statsmauritius.govmu.org/。
2. 毛里求斯国民议会网站，http://mauritiusassembly.govmu.org/。
3. 毛里求斯外交、地区一体化与国际贸易部网站，http://foreign.govmu.org/。
4. 毛里求斯政府门户网站，http://www.govmu.org/。
5. 毛里求斯最高法院网站，https://supremecourt.govmu.org/。
6. 美国中央情报局有关毛里求斯的在线数据库，https://www.cia.gov/library/publications/the-world-factbook/geos/mp.html。
7. 世界银行有关毛里求斯的在线数据库，https://data.worldbank.org/country/mauritius。
8. 维基百科，https://en.wikipedia.org/wiki/Mauritius。
9. 中华人民共和国外交部网站，http://www.fmprc.gov.cn/。
10. 中华人民共和国驻毛里求斯共和国大使馆网站，http://www.ambchine.mu/chn/。

索 引

A

阿加莱加群岛 1，4，6，34，147
阿米娜·古里布-法基姆 53，54，72，313，319
阿内罗德·贾格纳特
 7，46，51~54，58~61，72，74，75，85，96~99，295，312，318，319，320

B

比松多亚尔 41
保罗·贝仁格 7，44，46，52，59~61，74，95，96，98，290，297
博巴森 77，140，171，261，277，279，281
博纳丁·德·圣皮埃尔 255，256
伯特兰·弗朗索瓦·马埃·德·拉布尔多内马 19
波拿巴岛 33
波旁岛 70，279，280

C

查戈斯群岛 1，4，5，34，42，54，286，294~296，299，300，309
财政和经济发展部 19，21，75，81，82
初级法院 92
初审法院 88，89
村议会 77~81，249，268
初级教育证书 241，242

D

迪戈加西亚岛 4，95，294，299，318
德文·维拉索米 44，61，256，261
渡渡鸟 10，23，28，30，262，265，272，273
当然委员 65，66
大港区 3，131，221，222

F

弗拉克区 3，131，140，221，222

法兰西岛 30，55，70，256，280，291

非洲、加勒比和太平洋地区国家集团 123，161，306

G

工党 40~47，49~53，58~62，66，72，74，88，93~100，210，318，319

国防和内政部长 74

国家海岸警卫队 171

官方反对党 84

公共议案 87

国务秘书 67，292

高级法院 54，319

H

皇室殖民地 70

荷兰东印度公司 28~30，70，105

哈里什·布杜 46，61，96

皇家法院 88

J

居尔皮普 8，20~22，57，61，77，79，140，141，271，282

居尔皮普植物园 22

检察长 92，170，171

K

卡萨姆·乌蒂姆 49，50，72，312

凯莱希·普里亚格 52，53，72

《快报》 87，281

魁北克城 21

科科河 4

卡萨姆·穆兰爵士 71，91

《科托努协定》 115

L

《洛美协定》 109，115，123，125，285

蓝色便士博物馆 20，147

罗德里格斯岛法院 92

立法议会 42，59，67，69，82，318

伦敦制宪会议 58，59，318

立法委员会 41，42，66，67

路易港 3，6，7，15，17~21，28，31，32，35，36，39，40，43，48，56，57，59，77~79，113，121，130，140~142，144，146，170，174，178，207，221，222，226，260，263~266，268，278，288，291，305，309，310，319

罗斯希尔 3，7，50，140，277，278，281，282，315

雷米·欧内尔 39

丽塔·提洛克 90

罗德里格斯岛 1，2，4，6，7，12，17，22，24，27，30，33，34，51，69，76，77，92，101，141，143~146，220~222，227，230~232，249~252，254，261，262，281，282

M

毛里求斯银行 19，153
毛里求斯内阁 43，59，75
莫卡区 3，131，221，222
马可邦 3，33，140，228，263，264，278
马斯克林群岛 28
《毛里求斯宪法》 68
马特琳港 4，17，22，141，231
毛里求斯社会民主党 42
毛里求斯大学 45，233，241，246，255，311，316
马尔科姆·德·沙扎尔 255，257，262

N

纳温·拉姆古兰 50～53，61，62，74，94，98，99，290，297
南部非洲发展共同体 161，288，289，303

P

庞波慕斯区 3，20，130，140，221，222
庞波慕斯植物园 18
普莱桑斯 140，142，143

Q

区议会 17，76～79，81，268，272
区法院 89，92
约瑟夫·雷金纳德·托匹斯 6
"七色土"国家公园 17，18

R

朗帕河区 3，20，130，140，221，222

S

首席法官 89～93
市镇委员会 32，317
社会主义战斗党 47～49，51～53，58～62，72，74，88，93，94，97～99
《思想》 257，258
萨凡纳区 3，130，131，221，222
苏亚克 3，228，267
"赛加" 261，262
"赛盖" 262
西沃萨古尔·拉姆古兰 20，40，42，43，48，57，59，71，74，95，96，98，143，228，265，266，289，297，318
萨特卡姆·布莱尔 46，58，290
泽维尔-吕克·杜瓦尔 51，54，98，99，292

T

特别机动部队　171～173，176，178

特罗姆兰岛　1，4，5，286，291，292

W

威廉平原区　3，19，48，130，221，222

维拉萨米·林加杜　49，71，72

瓦科阿　77，140，142，170，171，173，257，277，278

韦伯瑞特·范·沃尔范克　28，317

沃里克港　28

外交、地区一体化和国际贸易部　156，288，289，292

卫生和生活质量部　226

X

宪法协商委员会　41

宪法审查会议　42

Y

英属印度洋领地　5，42，294

印度文化协会　40

约翰·杰里米　35

议长　52，67，73，83～86

议会领袖　74，84，85

《英联邦糖业协议》　109，318

印度洋岛国运动会　273

Z

殖民地议会　32，33，88，226，280

政府委员会　39，40，65

执行委员会　66，67，77，78，102

总督　19，28～35，38，39，41～43，49，55，57，65，66，70，71，74，88，105，106，122，144，169，177，225，265，279，294，317，318

战斗党　44～53，58～62，72，74，88，93～99，261，281，295，318，319

新版《列国志》总书目

亚洲

阿富汗
阿拉伯联合酋长国
阿曼
阿塞拜疆
巴基斯坦
巴勒斯坦
巴林
不丹
朝鲜
东帝汶
菲律宾
格鲁吉亚
哈萨克斯坦
韩国
吉尔吉斯斯坦
柬埔寨
卡塔尔
科威特
老挝
黎巴嫩
马尔代夫
马来西亚
蒙古国
孟加拉国
缅甸
尼泊尔
日本
塞浦路斯
沙特阿拉伯
斯里兰卡
塔吉克斯坦
泰国
土耳其
土库曼斯坦
文莱
乌兹别克斯坦
新加坡
叙利亚
亚美尼亚
也门
伊拉克
伊朗
以色列
印度
印度尼西亚
约旦

毛里求斯

越南

非洲

阿尔及利亚
埃及
埃塞俄比亚
安哥拉
贝宁
博茨瓦纳
布基纳法索
布隆迪
赤道几内亚
多哥
厄立特里亚
佛得角
冈比亚
刚果
刚果民主共和国
吉布提
几内亚
几内亚比绍
加纳
加蓬
津巴布韦
喀麦隆
科摩罗
科特迪瓦
肯尼亚
莱索托
利比里亚
利比亚

卢旺达
马达加斯加
马拉维
马里
毛里求斯
毛里塔尼亚
摩洛哥
莫桑比克
纳米比亚
南非
南苏丹
尼日尔
尼日利亚
塞拉利昂
塞内加尔
塞舌尔
圣多美和普林西比
斯威士兰
苏丹
索马里
坦桑尼亚
突尼斯
乌干达
西撒哈拉
赞比亚
乍得
中非

欧洲

阿尔巴尼亚
爱尔兰

爱沙尼亚
安道尔
奥地利
白俄罗斯
保加利亚
比利时
冰岛
波斯尼亚和黑塞哥维那
波兰
丹麦
德国
俄罗斯
法国
梵蒂冈
芬兰
荷兰
黑山
捷克
克罗地亚
拉脱维亚
立陶宛
列支敦士登
卢森堡
罗马尼亚
马耳他
马其顿
摩尔多瓦
摩纳哥
挪威
葡萄牙
瑞典
瑞士
塞尔维亚

圣马力诺
斯洛伐克
斯洛文尼亚
乌克兰
西班牙
希腊
匈牙利
意大利
英国

美洲

阿根廷
安提瓜和巴布达
巴巴多斯
巴哈马
巴拉圭
巴拿马
巴西
玻利维亚
伯利兹
多米尼加
多米尼克
厄瓜多尔
哥伦比亚
哥斯达黎加
格林纳达
古巴
圭亚那
海地
洪都拉斯
加拿大
美国
秘鲁

毛里求斯

墨西哥	巴布亚新几内亚
尼加拉瓜	斐济
萨尔瓦多	基里巴斯
圣基茨和尼维斯	库克群岛
圣卢西亚	马绍尔群岛
圣文森特和格林纳丁斯	密克罗尼西亚
苏里南	瑙鲁
特立尼达和多巴哥	纽埃
危地马拉	帕劳
委内瑞拉	萨摩亚
乌拉圭	所罗门群岛
牙买加	汤加
智利	图瓦卢
	瓦努阿图
大洋洲	新西兰
澳大利亚	

当代世界发展问题研究的权威基础资料库和学术研究成果库

国别国际问题研究资讯平台

列国志数据库 www.lieguozhi.com

列国志数据库是以"十二五"国家重点图书出版规划项目、中国社会科学院创新工程学术出版资助项目《列国志》丛书为基础,全面整合国别国际问题核心研究资源、研究机构、学术动态、文献综述、时政评论以及档案资料汇编等构建而成的数字产品,是目前国内唯一的国别国际类学术研究必备专业数据库、首要研究支持平台、权威知识服务平台和前沿原创学术成果推广平台。

从国别研究和国际问题研究角度出发,列国志数据库包括国家库、国际组织库、世界专题库和特色专题库4大系列,共175个子库。除了图书篇章资源和集刊论文资源外,列国志数据库还包括知识点、文献资料、图片、图表、音视频和新闻资讯等资源类型。特别设计的大事纪年以时间轴的方式呈现某一国家发展的历史脉络,聚焦该国特定时间特定领域的大事。

列国志数据库支持全文检索、高级检索、专业检索和对比检索,可将检索结果按照资源类型、学科、地区、年代、作者等条件自动分组,实现进一步筛选和排序,快速定位到所需的文献。

列国志数据库应用范围广泛,既是学习研究的基础资料库,又是专家学者成果发布平台,其搭建学术交流圈,方便学者学术交流,促进学术繁荣;为各级政府部门国际事务决策提供理论基础、研究报告和资讯参考;是我国外交外事工作者、国际经贸企业及日渐增多的广大出国公民和旅游者接轨国际必备的桥梁和工具。

数据库体验卡服务指南

※100元数据库体验卡目前只能在列国志数据库中充值和使用。

充值卡使用说明:
第1步 刮开附赠充值卡的涂层;
第2步 登录列国志数据库网站(www.lieguozhi.com),注册账号;
第3步 登录并进入"会员中心"→"在线充值"→"充值卡充值",充值成功后即可使用。

声明

最终解释权归社会科学文献出版社所有。

数据库服务热线:400-008-6695
数据库服务QQ:2475522410
数据库服务邮箱:database@ssap.cn

欢迎登录社会科学文献出版社官网(www.ssap.com.cn)
和列国志数据库(www.lieguozhi.com)了解更多信息

卡号:348748964421

图书在版编目(CIP)数据

毛里求斯/王涛,曹峰毓编著.--北京:社会科学文献出版社,2019.9
（列国志:新版）
ISBN 978-7-5201-4314-1

Ⅰ.①毛… Ⅱ.①王… ②曹… Ⅲ.①毛里求斯-概况 Ⅳ.①K948.4

中国版本图书馆 CIP 数据核字（2019）第 028283 号

·列国志（新版）·
毛里求斯（Mauritius）

编　著／王　涛　曹峰毓

出 版 人／谢寿光
责任编辑／王晓卿
文稿编辑／肖世伟

出　　版／社会科学文献出版社·当代世界出版分社（010）59367004
　　　　　　地址：北京市北三环中路甲 29 号院华龙大厦　邮编：100029
　　　　　　网址：www.ssap.com.cn
发　　行／市场营销中心（010）59367081　59367083
印　　装／三河市尚艺印装有限公司

规　　格／开　本：787mm×1092mm　1/16
　　　　　　印　张：22.75　插　页：0.75　字　数：345 千字
版　　次／2019 年 9 月第 1 版　2019 年 9 月第 1 次印刷
书　　号／ISBN 978-7-5201-4314-1
定　　价／98.00 元

本书如有印装质量问题，请与读者服务中心（010-59367028）联系

▲ 版权所有 翻印必究